大夏书系·师道文丛

檀传宝·丛书主编

完整的呵护

Wanzheng de Hehu

学前教师伦理研究

冯婉桢 / 著

华东师范大学出版社
全国百佳图书出版单位
·上海·

图书在版编目（CIP）数据

完整的呵护：学前教师伦理研究／冯婉桢著.—上海：华东师范大学出版社，2022
（大夏书系.师道文丛）
ISBN 978-7-5760-3351-9

Ⅰ.①完… Ⅱ.①冯… Ⅲ.①幼教人员—师德—研究 Ⅳ.①G615

中国版本图书馆 CIP 数据核字（2022）第 210316 号

大夏书系·师道文丛

完整的呵护
——学前教师伦理研究

丛书主编	檀传宝
著 者	冯婉桢
策划编辑	李永梅
责任编辑	万丽丽
责任校对	杨 坤
装帧设计	奇文云海·设计顾问
出版发行	华东师范大学出版社
社 址	上海市中山北路 3663 号 邮编 200062
网 址	www.ecnupress.com.cn
电 话	021-60821666 行政传真 021-62572105
客服电话	021-62865537
邮购电话	021-62869887 地址 上海市中山北路 3663 号华东师范大学校内先锋路口
网 店	http://hdsdcbs.tmall.com
印 刷 者	北京密兴印刷有限公司
开 本	700×1000 16 开
印 张	16
字 数	237 千字
版 次	2022 年 12 月第一版
印 次	2022 年 12 月第一次
印 数	6 100
书 号	ISBN 978-7-5760-3351-9
定 价	59.80 元
出 版 人	王 焰

（如发现本版图书有印订质量问题，请寄回本社市场部调换或电话 021-62865537 联系）

丛书总序

学段特性与教师伦理的时间之维

学校德育与师德建设，同为立德树人事业的重要组成部分。也可以说，师德建设其实也是广义德育之一种。师德建设与一般德育的区别，只在于教育对象的不同：德育是对学生的道德教育；而师德建设，尤其是师德修养，更多的是对教师自身的道德教育。在德育实践中，落实因材施教原则的一个重要前提是考虑学生的发展特点。从时间的视角，教育者既要关注学生所处的时代（20世纪、21世纪）、世代（00后、10后之类）等大的时间规定性，也要关注学生具体发展阶段。比如，皮亚杰按照认知特点将儿童心理发展分为感知运动、前运算、具体运算、形式运算四个阶段，而儿童心理学一般概括性划分为乳儿、婴儿、幼儿、童年、少年、青年六个阶段，在认知、情感、行为等方面具有时间规定性（特性）。同理，师德建设若要求实效，当然也一定要确立观察教师专业道德的时间视角——教师伦理的时间之维——认真关注教师伦理的时间规定性。

一、教师伦理的三大时间之维

所谓"教师伦理的时间之维"，至少应该有三个最主要的维度。一是教师伦理赖以建构的大时代背景。比如，现代教师伦理与古代教师伦理，就既有一脉相承的继承关系，也有时代变迁导致的巨大差异。其区别最大者，可能是现代社会的教师会更关注学生以及教师自身的个人权利，教育公正原则也理所当然地成为现当代教师伦理的核心价值。二是教师生涯阶段对于教师伦理建构的影响。一个新手教师、一个成熟型教师和一个即将退职的老教师对于同一教师伦理的需求、理解、遵守，都会带有其不同职业生涯阶段的特性。目前教师职业生涯理论多聚焦于教师教学专业的发展，而对本应内含其中的教师专业伦理的生涯阶段性基本无视，是教师教育研究的一大遗憾。三是教师伦理的时间之维，就是教师工作学段的特殊性对于教师伦理的规定性。学段本是学生特定学习阶段的简称。我们常常将学生们稍长一些的学习区间习惯地称为某某学段，如学前段、小学段、中学段、大学段等。学段虽是学生的学习阶段，但是也会直接影响不同学段教师的工作及其伦理建构。很明显，幼儿园教师和大学教师虽然都应该同样奉行公正、仁慈的原则，但是由于学段的实际差异甚大，公正、仁慈等教育伦理之具体规范、实践在目标、内容、方式上都会有巨大的差异。此外，有些阶段很重要的内容，在另外一个学段就明显没有那么重要：幼儿园教师对儿童"生活"的全方位关注，在大学教师那里已不再是教育任务的重点了；大学教师所特别在意的科研伦理，中小学阶段教师虽然也要同样遵守，但是其伦理重要性的排序也一定会让位于教学伦理。

十分遗憾的是，以上三大教师伦理的时间之维迄今为止均未在教师伦理研究以及相应的师德建设实践中完全建立起来。少数关于教师伦理的时代特征的关注多停留在教育伦理思想史[1]的一般描述范式，严肃的理论研究、实证研究都严重不足。关于教师职业生涯、教师道德学习阶段对于教师伦理影响的零星探索，也只见诸青年学人的学位论文、博士后报告[2]。至于考虑不同学段对于教师伦理特性的影响的专门研究，目前尚未真正开始[3]。2018年，教育部相继印发过《新时代高校教师职业行为十项准则》

---

1 钱焕琦.中国教育伦理思想发展史[M].北京：改革出版社，1998.
2 王丽娟.教师专业道德的发展阶段初探[D].北京：北京师范大学，2003. 傅淳华.教师道德学习阶段相关研究述评[D].北京：北京师范大学，2017.
3 2016年，华东师范大学出版社出版了冯婉桢的《与诤友对话：幼儿园教师师德案例读本》、蔡辰梅的《小学大爱：小学教师师德案例读本》、杨启华的《为师之梦：中学教师师德案例读本》、李菲的《大学的良心：高校教师师德案例读本》，虽为学段伦理的探索，但是研究成果仍然是"案例读本"。

《新时代中小学教师职业行为十项准则》《新时代幼儿园教师职业行为十项准则》。大学、中小学、幼儿园不同学段的教师职业行为十项准则在同一年分别印发,至少表明在师德规范的政策制定层面已经开始有了学段思维。但是诸"准则"仍然显得笼统、抽象,相同的规范表述远多于其对于学段特性的关注。其深层原因之一,当然就是关于学段伦理的基础研究严重滞后。故对于教师伦理学的健康发展和师德建设的实效提升来说,较于时代之思、生涯之思,在理论上厘清学段教师伦理特征的任务尤具迫切性。

二、学段特性与教师伦理

本质上说,学段之所以成为影响教师伦理建构的重要时间之维,是因为教育劳动的特点与教师职业道德存在内在的关联。教育劳动的特性有很多,但是直接在学段这一时间之维上影响教师伦理建构的是其中的两大突出特性:一是"教育劳动的主体与工具的同一性"(教师本人既是劳动者,又是劳动的工具,所谓"言传身教"是也);二是"教育劳动关系的复杂性"(教师在工作中会面临多重人际关系)[1]。换言之,我们完全可以从教师的社会角色、人际关系两大维度去看教师工作的学段实际,进而推论各学段教师伦理所具有的基本特征。

教师的社会角色及其在工作中涉及的人际关系无疑都具有十分明显的学段特性。当一位学前或者小学低年级的家长将自己的孩子送到学校时,他(她)差不多是将孩子的全部都托付于学校和教师。家长、儿童,甚至全社会都会像许多社会学家所描述的那样,期待教师成为"父母的替代"。这时儿童和教师之间、家长和教师之间、社会与教师之间的社会关系,是一种全方位的委托关系。相应地,教师的道德责任或工作内容则是要实现对安全、健康、游戏到文化学习等儿童权利的全方位保护。在小学

---

[1] 檀传宝,等. 走向新师德——师德现状与教师专业道德建设研究[M]. 北京:北京师范大学出版社,2009:4–5.

阶段，特别是小学高年级，儿童"已经长大"，家长、儿童、全社会都会将教师的社会角色逐渐定义为文化学习以及道德人格影响上的"重要他人"。在小学阶段，儿童几乎在所有事情上都极其信赖教师，教师是所谓的权威"师尊"，具有最强大的教育影响力。与此同时，由于在这一阶段，家校之间、师生之间的关系慢慢演变为一种教育、教学的合作关系，故除了开展必要的安全教育，教师已经不太承担小朋友的保育之责了。到了中学阶段，教师慢慢成为文化课学习意义上的"业师"，对学生发展的实际影响力与学前和小学阶段会有明显下降。这是由于青春期儿童的独立性迅速增长，学生同伴群体的作用越来越大，甚至超过包括教师在内的成人社会的垂直影响力。故无论是为了践行师生平等的道德原则，还是追求实际教学效率的提升，在中学阶段，教师对儿童自尊、个性的维护，对于青少年亚文化的理解等，都势必成为教师伦理的核心内涵之一。在高等教育阶段，学生虽然尚在青年期，但已经是成年人。这一时期，教师成为学生的"导师"，教师与教师、教师与学生之间更多的是一种"学术共同体"的关系。良好的大学教育，即便是在本科阶段，教师都应当让学生有越来越多的研究性学习的机会，专题讨论式的教学方式（seminar）也会在这一阶段得到越来越广泛的应用。在大学，即便是教学也带有学术研究的性质，本科生、硕士生、博士生，随着高等教育程度的提升，教师作为学术人的示范意义也会越来越重要。故大学里的"导师"之"导"与旅游上的"导游"之"导"在本质上是一致的。社会服务是与教学、科研相并列的现代大学职能之一，但是很显然，大学教师所要承担的社会服务责任的基础也仍然是学术研究。由于学术研究的重要性明显高于中小学和幼儿园等其他学段，故科研伦理肯定会成为大学教师专业伦理的重点内容之一。与此同时，由于家长已经是一个远离校园的社会存在，也由于大学生的个人生活部分逐步成为学生的私人领域，不再作为教师工作一般关注的重点，师生关系、家校关系都会逐步演变为完全的成年人之间的关系。正因为如此，在世界范围内，对于学生私人领域的尊重已经日益成为现代大学教师伦理的重要内容之一。

综上所述，教师的社会角色、人际关系具有明显的学段特性。教师从学前阶段的"保育者"、小学阶段的"师尊"、中学阶段的"业师"，到大学阶段的"导师"角色的演变，既意味着不同学段教师专业伦理的逻辑转换——不同学段教师在道德权利与责任的逻辑有严格区别，也意味着不同学段的社会关系处理的内容、范式会产生巨大的差异，教师专业伦理的内容结构（教学伦理、科研伦理、社会服务伦理）及其权重都会发生重大的改变。

三、一个亟须告别的时代

从学段这一时间之维去思考教师伦理的建构，不仅具有重要的理论价值，更具有重大的伦理实践价值："遍观国内书市或图书馆有关教师伦理、教师职业道德的著作，对教师真正有益的为数寥寥。其主要原因之一就是大而化之、笼而统之，不同学段'一锅煮'。而事实上幼儿园教师、中小学教师、大学教师虽然有教育伦理的一致性，但是由于教育生活的巨大差异，他们所要面临的伦理课题也差异甚大……不做专门、具体的研究，'对我们自己的''为我们自己的'道德教育如何做到有的放矢、因材施教？"[1] 如前所述，师德建设尤其是师德修养事实上就是教师对自己的道德教育。若贯彻因材施教原则是包括师德建设在内的全部德育都应遵循的教育常识，则师德建设当然也应当因"材"（教师伦理的学段实际等）施教，教师伦理在理论和实践上"一锅煮"的时代就亟须告别了。而告别这一时代的前提，当然就是我们要通过深入的研究努力分析，厘清分学段教师伦理的特性。确立教师伦理的时间之维的本质，是要求教师专业伦理在言说方式上有范式变革。本文丛的各位作者对不同学段教师伦理特点做深度解读，可谓一个可喜的开始。

檀传宝

北京师范大学教育学部教授

---

[1] 檀传宝，等. 教师专业伦理基础与实践［M］. 上海：华东师范大学出版社，2017：5.

前言

学前教师专业伦理研究有着实践与理论两个层面的价值。从实践层面来看，学前教师专业伦理表现的提升需要系统的专业伦理研究的指导，且学前教师专业伦理规范的建设经验需要理论层面的总结与反思。2010年以来，随着我国学前教育事业的快速发展，幼儿园教师队伍数量迅速增长，教师伦理失范现象时有发生，幼儿园师德建设与学前教师教育机构中的师德教育迫切需要增强实效性。国务院办公厅印发的《关于促进3岁以下婴幼儿照护服务发展的指导意见》（2019年）实施以后，托育机构的发展得到了社会的关注与支持，其教师队伍素质问题与教师的职业道德建设也很快成为社会公众关注的焦点。2018年，我国教育部制定了专门的《新时代幼儿园教师职业行为十项准则》，为幼儿园教师提供了专门的伦理规范。这一规范的制定时间虽然晚于部分发达国家学前教师专业伦理规范的制定时间，但这是我国学前教师专业伦理建设的一大进步。

在教育研究层面，随着教师伦理研究的深入，分学段的教师专业伦理研究成为必然，以为不同学段教师的专业伦理建设提供指导。学前教师专业伦理研究在近十年受到了越来越多学者的关注，其中以青年学者为主，所取得的成果多为硕士和博士毕业论文。已有研究指出了幼儿园教师专业伦理表现中的问题，强调了教师专业伦理建设的意义，并且比较分析了部分国家的学前教师专业伦理建设经验。尽管相关研究在发表时间上都较新，但已经出现了研究主题重复与研究话语交叉的现象。这既为构建系统的学前教师专业伦理研究提供了一定的基础，又说明了全面构建学前教师专业伦理研究话语体系的必要性。学前教师专业伦理研究应拓展学前教师专业伦理研究谱系，理清不同内容主题之间的关系，确立一个相对全面的内容结构与概念体系，并说明学前教师专业伦理的特殊性，完成该领域研究的基础性工作。

本书对学前教师专业伦理的研究将尽可能做到全面系统，并突出学前教师专业伦理的特殊性。第一，本书提出了学前教师专业伦理的研究对象、研究方法与概念体系，确立了从伦理规范、伦理表现与伦理建设三个层面来展开的学前教师专业伦理研究框架。第二，本书在与其他学段教师专业伦理比较的基础上，提出了学前教师专业伦理的特殊性。第三，本书全面回顾了我国学前教师专业伦理规范的历史，并比较分析了世界上多个国家当前正在使用的学前教师专业伦理规范，总结指出了其中的共识与差异。第四，本书从学前教师所面对的教育人际关系出发，依次建构提出了学前教师在各类关系中所应遵循的伦理原则，并指出了学前教师在关系处理中会遇到的典型伦理困境，进而给出了解决伦理困境的建议。第五，本书从提升学前教师专业伦理表现的目的出发，分别从教师自身的师德养成、学前教育机构的专业伦理建设与教师教育机构的专业伦理教育三个层面，论述了学前教师专业伦理表现提升的途径与方法，并指出了在三个层面的活动中常见的问题。

写作这本书的过程就是一个对话的过程，包括与自己对话、与同仁对话。我本人在写作过程中思考和解答了内心的许多困惑。例如，伦理与道德如何在研究中联结与转换？2007—2010年，我完成了博士论文《以权利为基础的教师专业伦理的边界研究》，从伦理角度来研究教师专业伦理，追求教师专业伦理规范的正当性，以基于教师的立场通过理论建构来维护教师的权利。2010年工作以后，我有机会接触到不同类型的学前教师，并开始更多地从家长和学前教育管理者的立场来关注教师专业伦理问题，研究焦点逐渐转向了教师的专业伦理表现。一方面，我希望通过制定和使用专业伦理规范来有效地改善学前教师的伦理表现，于是在2013年编著了教材《幼儿教师专业规范与行为礼仪》；另一方面，我期望理解学前教师的伦理表现，寻找教师行为背后的原因，并通过道德对话给教师以鼓励和指导，于是在2016年完成了专著《与诤友对话：幼儿园教师师德案例读本》。在写这本书的过程中，我融合了伦理和道德两个层面的思考，追求"道德的人"与"道德的社会"的理想结合,并坚信人具有道德能动性。一方面,我认为学前教师专业伦理规范应当是正当且有约束力的。伦理规范的目的是引导学前教师合乎伦理地行动,同时伦理规范在手段上应当注意保护教师的权利,尤其在内容上不能有失正当。另一方面,我认为学前教师会自觉地追求做一名师德高尚的好老师,在复杂的教育环境与情境中会努力克服干扰与诱惑,寻求适宜的策略,用智慧且明智的方式来实践教育理想,并拥护正当合理的专业伦理规范。为了避免个人行动中负担过重和行为偏差,学前教师需要的是有效的伦理指导,以帮助教师从伦理困境中超越与解脱出来,并掌握践行道德动机的良好策略。在个体心理层面,教师认同外在专业伦理规范要求时,教师就会自觉地整合伦理规范的主张与自身的道德追求,实现伦理与道德的联结与转换。同时,在群体心理层面,当大多数教师的道德追求外化为群体的专业伦理规范时,伦理与道德也实现了联结与转换。

本书的写作得到了很多幼教同仁的帮助。一些教师在提到道德或师德时,会表现出敬而远之的疏离。但是,个人在从教过程中的焦虑不安或停滞不前,都或多或少地与内心的伦理困境有关。只有解决了内心深处隐匿的关乎道德或价值的问题,个体才能确立积极的价值信念,明确行动方向,自觉地做好老师,追求专业上的进步。为此,很多幼教同仁愿意敞开心扉,分享自己对本人或身边同行的观察与思考。在与这些幼教同仁对话的过程中,我分析概括了大家常遇到的伦理困境,并在此基础上给出了相应的解决建议。例如,在面对物质幸福对精神幸福的冲撞时,学前教师对专业工作的认同与投入会受到消极影响。在此困境中,学前教师应当树立正确的职业幸福观,合理对待物质生活,努力追求精神幸福。进而,学前教师才能坚定专业选择,并且高度投入到工作中,增强在专业工作中的幸福感。

最后,希望本书能够帮助广大学前教师享有更多的职业幸福,吸引更多的学前教育研究者将对学前教育的热忱投入到学前教师专业伦理研究中来。书中的不足之处,也请读者批评指正!

冯婉桢

目 录

第一章 概述 ... 1

第一节 学前教师专业伦理的含义与内容结构 ... 1
一、学前教师专业伦理的含义 ... 1
二、学前教师专业伦理的内容结构 ... 3

第二节 学前教师专业伦理研究的对象与方法 ... 12
一、学前教师专业伦理研究的对象 ... 12
二、学前教师专业伦理研究的方法 ... 14

第二章 学前教师专业伦理的特点 ... 17

第一节 学前教师专业伦理规范的特点 ... 17
一、以保护和促进每一名儿童权利的完整实现为构建起点 ... 18
二、保护儿童的安全与健康是学前教师的首要责任 ... 21
三、保障儿童游戏和获得情感满足是学前教师的特殊责任 ... 23
四、为家庭提供教育支持是学前教师的附加责任 ... 25

第二节 学前教师专业伦理表现的特点 ... 28
一、教育对象稚嫩与伦理表现重自律 ... 28
二、教育环境复杂与伦理表现多风险 ... 29
三、教育组织灵活与伦理表现需智慧 ... 32

第三章　我国学前教师专业伦理的历史 ······ 35

第一节　古代对儿童教养者的伦理期待 ······ 36
一、对"三公"与"三母"的伦理期待 ······ 36
二、对父母的伦理期待 ······ 37
三、对蒙师的伦理期待 ······ 39

第二节　近现代对学前教育人员的伦理倡议 ······ 40
一、清朝末期对保姆的伦理倡议 ······ 40
二、民国时期对幼稚园教师的伦理倡议 ······ 41
三、老解放区学前教育中对教师的伦理倡议 ······ 47

第三节　新中国成立后对幼儿园教师的伦理要求 ······ 48
一、学前教育政策文件中对幼儿园教师的伦理要求 ······ 49
二、适用于幼儿园教师的教师伦理规范 ······ 53
三、专门为幼儿园教师制定的伦理规范 ······ 54

第四章　学前教师专业伦理的国际比较 ······ 61

第一节　不同国家的学前教师专业伦理 ······ 61
一、美国 ······ 62
二、英国 ······ 67
三、澳大利亚 ······ 68
四、挪威 ······ 71

第二节　学前教师专业伦理的国际比较·····················75
　　　一、共识：学前教师专业伦理规范中的共同主张···············75
　　　二、差异：不同文化背景中学前教师专业伦理规范的区别·········79

第五章　学前教师与幼儿关系中的专业伦理·············83

　　第一节　师幼关系中的伦理期待·························84
　　　一、尊重幼儿·····································84
　　　二、对幼儿高度负责·······························88
　　　三、公平地对待每一名幼儿····························90
　　　四、关怀幼儿·····································91
　　第二节　师幼关系中的伦理困境与解决·····················93
　　　一、伦理困境·····································94
　　　二、伦理困境之解决·······························99

第六章　学前教师与家长关系中的专业伦理············105

　　第一节　亲师关系中的伦理期待························106
　　　一、尊重每一位家长·······························106
　　　二、公平地对待每一位家长····························107
　　　三、与家长沟通合作·······························108

第二节　亲师关系中的伦理困境与解决……110
一、亲师关系中的伦理困境……110
二、亲师关系中的伦理困境之解决……115

第七章　学前教师与同事关系中的专业伦理……119

第一节　同事关系中的伦理期待……119
一、尊重同事的权利……120
二、公正地对待每一位同事……121
三、与同事通力合作……122

第二节　同事关系中的伦理困境与解决……124
一、伦理困境……125
二、伦理困境之解决……129

第八章　学前教师与社会关系中的专业伦理……133

第一节　与社会关系中的伦理期待……133
一、树立"为社会执教"的教育信念……134
二、在专业活动中主动回应社会需求……134
三、凭借专业知能承担更多社会责任……136

第二节　与社会关系中的伦理困境与解决……137
一、伦理困境……137
二、伦理困境之解决……140

第九章　学前教师与专业和自我关系中的专业伦理……143

第一节　与专业和自我关系中的伦理期待……144
一、认同专业工作且努力投入……144
二、自觉维护专业形象……147
三、保持且不断提升专业水准……149

第二节　与专业和自我关系中的伦理困境与解决……150
一、伦理困境……150
二、伦理困境之解决……153

第十章　学前教师专业伦理建设……161

第一节　学前教师自身的专业道德修养……161
一、个体专业道德修养的目标与内容……161
二、当前学前教师专业道德自我修养中的问题与建议……165

第二节　学前教育机构中的专业伦理建设……166
一、专业伦理建设的途径与方法……166
二、当前学前教育机构专业伦理建设中的问题与建议……169

第三节　学前教师教育机构中的专业伦理教育……171
一、学前教师专业伦理教育的目标、内容与方法……171
二、当前学前教师专业伦理教育中的问题与建议……178

附 录 181

附录1 我国学前教师专业伦理规范及相关规范要求 181
1-1 《新时代幼儿园教师职业行为十项准则》及与其他学段准则的比较 181
1-2 《幼儿园教师违反职业道德行为处理办法》 183

附录2 其他国家学前教师专业伦理规范英文原文与中文译文 187
2-1-A 全美幼教协会《伦理规范与承诺声明》英文原文 187
2-1-B 全美幼教协会《伦理规范与承诺声明》中文译文 201
2-2-A 英国早期教育协会《伦理准则》英文原文 213
2-2-B 英国早期教育协会《伦理准则》中文译文 217
2-3-A 澳大利亚早期教育协会《伦理守则》英文原文 220
2-3-B 澳大利亚早期教育协会《伦理守则》中文译文 225
2-4-A 挪威教育协会《教学工作专业伦理》英文原文 228
2-4-B 挪威教育协会《教学工作专业伦理》中文译文 232

参考文献 235

第一章 概述

第一节 学前教师专业伦理的含义与内容结构

一、学前教师专业伦理的含义

要理解学前教师专业伦理的含义,需要我们依次来厘清伦理、专业伦理、学前教师这三个概念的含义。

(一)伦理

伦理与道德相近,又有所区别。在概念内涵上,伦理与道德一样包含客观之规范与主观之德性两方面的含义。在实际使用中,人们经常根据语境和表达需要交替运用这两个概念。比较来看,伦理侧重于客观的规范,是调节与约束人际交往的一系列原则、准则与具体的行为规则;道德侧重于主观的德性,是人在社会交往中表现出来的较为稳定的个性品质与行为倾向。

(二)专业伦理

专业伦理是指在专业工作中从业者所应遵循的特殊的伦理规范,或专业工作者在工作中的伦理表现。在众多的社会工作中,一些工作被公认为专业工作。通常,专业工作在社会生活中发挥着重要且不可替代的价值,从业者需要接受专门的长期培训才能胜任,且要求从业者必须遵守相应的专业伦理规范,有良好的专业伦理表现。

专业伦理规范是对专业实践活动的特殊的、具体的指导与要求,因专业工作内容、对象、手段、环境和主体自身等方面的特殊性而定。其目的在于约束和指导专业工作人员的行为，提升专业服务的质量，并维护专业自身的社会形象。专业工作者的伦理表现不仅决定着其专业服务质量，而且在很大程度上左右着社会公众对专业本身的评价。并且，专业工作者的伦理表现更多地依靠工作者本身的自觉与自律，而非外在的监督与约束。

与适用于所有社会公众的一般社会伦理相比，专业伦理有其特殊性的一面，但也有与一般社会伦理相同的一面。专业伦理是特殊的，仅适用于专业人员，且不同的专业工作有各自不同的专业伦理规范，其内容里常有对专业人员的特殊要求。同时，专业伦理与一般社会伦理在基本价值层面和部分规范要求上是一致的，但通常专业伦理比一般社会伦理有更高水平或更具体的要求。

教师是从事教育教学工作的专业人员。为了提升教育质量和维护教师队伍的社会形象，教师应自觉遵守专业伦理规范，表现出良好的专业伦理。世界上许多国家都制定了自己的教师专业伦理守则，并且一些国家给不同学段的教师制定了分学段的教师专业伦理守则。这说明世界各国在进一步追求教师专业伦理的专业化。例如，我国教育部在2018年分别印发了《新时代高校教师职业行为十项准则》《新时代中小学教师职业行为十项准则》《新时代幼儿园教师职业行为十项准则》。

（三）学前教师

无论是在世界范围内，还是在中国，学前教育机构的类型都是多种多样的。经济合作与发展组织（OECD）在2015年调查了24个国家的学前教育，将学前教育机构分为常规保教机构、家庭托育中心和临时托育中心三类，又将常规保教机构分为三类：一是面向3岁以下幼儿的机构，通常由社会福利或事务部门设置，相比教育功能，更强调保育功能，例如托儿所；二是面向3岁以上幼儿的机构，通常属于教育系统，例如幼儿园和学前班等；三是面向所有学前儿童的综合型机构，接受从出生或1岁起到入小学前的婴幼儿，提供保育和教育两方面的服务。[1]

---

[1] 参见 OECD. *Starting Strong* Ⅳ: *Monitoring Quality in Early Childhood Education and Care* [M]. OECD Publishing, 2015: 23–24.

在我国，学前教育机构的主体形式是幼儿园。大多数幼儿园接收3—6岁的幼儿，提供保育和教育两方面的服务。少部分幼儿园同时接收3岁以下的幼儿。除幼儿园外，我国还有其他多种幼教机构类型，包括托育机构、培训机构和学前班。托育机构专门面向3岁以下幼儿提供保育与教育服务，其中占比较多的类型为早教中心。培训机构形式更加复杂，通常根据教育内容设置，且为短时间段服务，补充家庭教育或幼儿园教育。

学前教师指在各种不同类型的学前教育机构中工作的教师，包括幼儿园教师、学前班教师、早教中心教师等。鉴于幼儿园是学前教育机构的主体形式，学前教师队伍中的主体是幼儿园教师。显然，与幼儿园教师这一概念相比，学前教师这一概念所适用的群体范围更广，人员类型也更加多样。在学前教育机构多元化发展与整合趋势并存的背景下，本书以幼儿园教师为主要关注对象，全面关照多种类型的学前教师的专业实践。

综合来看，学前教师专业伦理有两个层面的含义：一是指学前教师在专业工作中应遵守的伦理规范；二是指学前教师在专业角色下表现出的德行。也就是说，学前教师专业伦理既指调节和约束学前教师社会交往与人际互动的伦理规范，也指学前教师在教育工作中的伦理表现，尤其是在多种教育关系处理中的表现。

二、学前教师专业伦理的内容结构

学前教师专业伦理的内容包括学前教师专业伦理自身及其变化，即学前教师专业伦理在内容上由三方面构成：（1）社会规范层面的专业伦理规范；（2）个体或群体行为层面的专业伦理表现；（3）社会活动层面的专业伦理建设。专业伦理建设指向的是专业伦理的变化，是以提升教师专业伦理表现和优化教师专业伦理规范为目的的一系列管理和教育活动。

学前教师专业伦理的内容是围绕着教育关系的处理展开的。"道德发生的先在条件是关系存在，即关系存在是道德发生的前提。道德问题只有当相对独立的主体之间发生相互作用、相互影响、相互冲突的关系时，才有可能产生。"[1]在学前教育工作中,学前教师需要处理好六类关系,包括学前教师与幼儿的关系(简称师幼关系)、与家长的关系(简称亲师关系)、与同事(含机构管理者在内)的关系(简称同事关系)、与社会的关系、与专业的关系,以及与自身的关系。其中,学前教师与幼儿的关系是核心,其他所有关系的处理都围绕着这个中心展开。幼儿、家长和同事是教师所面对的具体的交往对象,社会与专业是抽象的关系对象,教师自身是反身性关系对象。

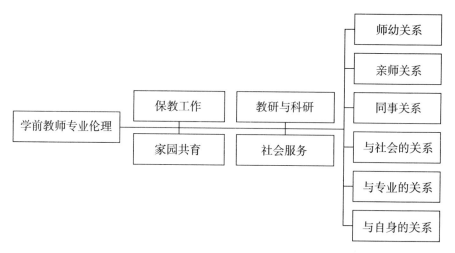

图1-1 学前教师专业伦理内容结构示意图

除此之外,我们还可以从学前教师的工作领域区分来认识学前教师专业伦理的内容。学前教师的工作领域可以相对划分为四个,包括保教工作、家园共育、教研与科研、社会服务等。

保教工作指学前教师在机构内部面向幼儿开展的保育与教育工作。家园共育指学前教师与家长之间以改善幼儿家庭教育和机构教育为目的的联合活动。教研与科研活动是教师与同事或相关专业人员联合,为提高学前教育质量与增进人们对学前教育的认识而开展的活动。通常,在教研与科研活动中,教师打破了日常在幼儿班级内或在学前教育机构中的活动界限,有更多

---

[1] 陈延斌,王体.再论人与自我身心关系是道德调节的应有之义[J].江海学刊,2012(02):54-58,238。

与其他班级或其他机构的人员交往的机会,并且活动范围有可能在学前教育机构以外。社会服务是学前教师直接参与的、以服务社会公众为目的的活动。这不同于教师通过对幼儿的教育来对社会产生影响,也不同于教师在教研与科研活动中对学前教育本身做出贡献。教师在机构内的工作也是在为社会提供服务,但这里的社会服务专指教师在机构内部工作任务以外承担的直接为其他更广泛的社会群体提供的支持与帮助。例如,教师在社区居委会的邀请下为家长开展早期教育公益讲座,教师参与社区儿童保护座谈会为社区内的儿童安全问题解决提供建议。在四个工作领域中,保教工作是最主要的,其他工作是保教工作的延伸或辅助。

除了以上相同的工作关系结构和工作领域结构之外,学前教师专业伦理规范、学前教师专业伦理表现与学前教师专业伦理建设还各有自己独特的更具体的内容结构。

(一)专业伦理规范

学前教师专业伦理规范是学前教师在专业工作中应遵守的伦理规范。这不仅指"应然"层面上学前教师应遵守的专业伦理规范,也指"实然"层面上社会对学前教育专业人员提出的专业伦理要求。"应然"层面的专业伦理规范多在政府的宣传引导与学者的理论倡导中表达。"实然"层面的专业伦理规范存在于政府、专业组织或学前教育机构为学前教师制定的伦理制度中,以及学前教育管理者对学前教师的口头要求中。

学前教师专业伦理规范的内容可以分为三个层次:理想、原则与规则。"其中,师德理想体现着教育专业至善至美的道德境界,具有激励功能;师德原则是指导教师职业行为的准则和依据,具有指导功能;师德规则是对教师职业行为的最低要求,具有约束功能。"[1]

---

[1] 傅维利,朱宁波.试论我国教师职业道德规范的基本体系和内容[J].中国教育学刊,2003(02):52-56。

图1-2　学前教师专业伦理规范层次示意图

理想是学前教师专业伦理规范的统领，是原则和规则的制定与阐释依据，是学前教师专业追求的最高境界和所有专业活动的价值依据。从理想层面来看，学前教师应当最大可能地促进幼儿的健康发展与幸福，并使幼儿的潜能得到充分实现。在此过程中，学前教师应当与幼儿家庭和同事通力合作，并对社会、学前教育专业、机构和自身负有积极的责任。

原则对学前教师的专业活动具有普遍指导价值，"着眼于从理想主义与现实主义相结合的角度对教师职业道德的定位，它既表达了现实社会特别是教育工作对教师职业伦理行为的基本道德要求，同时又考虑到我国教师现有的道德水平以及如何拉动教师职业道德向更高层次迈进"[1]。依据学前教育专业伦理规范中的理想说明，基于当前我国学前教师的专业伦理表现，本书认为学前教师专业伦理的原则应依次为尊重、负责、公正和关怀四项原则。

1. 尊重

尊重，就是重视和敬重，意味着表示承认与认可。尊重，不仅是尊重人，还包括尊重物、事和制度。尊重人，意味着尊重人的人格、尊严、权利、潜能、个性、文化、兴趣和选择等。学前教师不仅要尊重幼儿，尊重幼儿家长，尊重同事，尊重社会上的其他交往对象，还要尊重自己的学前教育专业和所在的机构，以及自身。

2. 负责

负责，就是担负起责任。责任可以分为需要我们积极作为来履行的积极责

---

[1] 傅维利，朱宁波.试论我国教师职业道德规范的基本体系和内容[J].中国教育学刊，2003（02）：52-56。

任，以及需要我们避免某些行为来承担的消极责任。同时，责任可以分为在强约束力下必须履行的完全责任，以及在弱约束力下个人可选择的不完全责任。负责不仅意味着完成制度所规定的任务，还应该在合乎要求的基础上尽力做得更好。学前教师最大的责任就是促进幼儿的健康发展，增进幼儿的幸福体验，支持幼儿潜能的实现。同时，学前教师要对家长和同事的委托负责，对社会负责，对学前教育专业的整体形象负责，对自己的专业发展负责等。

3. 公正

公正包括两个层面的要求：一是同样的情况，同等对待；二是不同的情况，区别对待。教师在处理一个群体内部多个成员之间的关系或多个群体之间的关系时，一定要遵循公正原则。例如，面对多名幼儿，学前教师应做到公正，在平等对待幼儿的同时，又要因材施教；面对不同的家长和同事，学前教师应做到公正，平等对待每一个人，在有差异的情况下灵活处理，保证每一个人得到其应得的权益。

4. 关怀

关怀，就是关注他人，体察他人的需要，并尽自己所能积极地回应和满足他人的需要。与普通人之间的关怀不同，学前教师要用理性的教育方式来回应他人的需要，并且让他人感受得到自己作为教师的关怀。学前教师最大的关怀对象是幼儿。学前教师不仅应当关心幼儿的身心健康，关注幼儿的学习与发展，还应当用宽容的心态接纳幼儿的过失与不足，给予幼儿无条件的关怀。同时，学前教师在专业活动中应当对家长、同事和社会给予必要的关怀。

规则是"对教师职业伦理行为的底线要求，是每一个教师在教育工作中必须遵守的职业伦理要求"。规则"一般直指教师的外显行为特征，有很强的可观察性和可操作性"，并且"通常采用否定式语言格式，以明确在教育工作中哪些行为是教师不允许采用或呈现的"。[1] 查阅国内外的学前教师专业伦理规范，我们常常会看到对学前教师的规则要求。例如，"不体罚或变相体

---

1 傅维利，朱宁波. 试论我国教师职业道德规范的基本体系和内容[J]. 中国教育学刊, 2003（02）: 52-56.

罚幼儿"[1];"不得利用与家长的关系谋取私人利益,不得为了工作而介入家庭关系"[2]。

在教育实践中,按照专业伦理规范适用范围的不同,学前教师专业伦理规范可以分为国际通用的伦理规范、国家范围内全面使用的伦理规范、地区范围内适用的伦理规范,以及特定机构的学前教师专业伦理规范。目前,我国有在全国范围内适用的学前教师伦理规范《新时代幼儿园教师职业行为十项准则》,也有地方学前教师专业伦理规范和机构伦理规范,例如《某市幼儿园教职工职业道德规范》与《某园教师专业伦理规范》。

(二)专业伦理表现

学前教师的专业伦理表现展现在学前教师的教育交往与工作任务完成过程中,以及教育交往对象的感受与评价中。要了解学前教师的专业伦理表现,我们需要具体地考察学前教师的师幼关系或师幼互动、亲师关系或亲师互动、同事关系或同事互动,以及教师与其他社会人员的互动,了解幼儿、家长、同事和相关社会人员对学前教师的道德评价。人际互动指人们之间彼此交往互动的过程,人际关系是人际互动的结果或内核,人际关系形成或变化后影响着人际互动的展开,人际互动的调整会带来人际关系的变化。当然,学前教师的专业伦理表现也展现在教师对各类工作任务的完成中。这些工作包括日常保教、家园共育、教研与科研等。我们也可以从各类工作任务的完成过程与结果来考察学前教师的专业伦理。

学前教师的专业伦理表现是个体与环境相互作用的结果。从个体内部来看,学前教师的专业伦理表现是个体多方面心理成分综合作用的结果。我们一般从知、情、意、行四个方面来分析个体的道德心理结构。这个结构内的要素区分清晰,但不能充分解释教师专业伦理表现的形成过程与所存在的问题。这里借鉴美国学者雷斯特(J. Rest)的道德行为四成分模型来建构提出学前教师专业伦理表现的心理结构,包括道德敏感性、道德判断、道德动机

---

1 中华人民共和国教育部. 幼儿园教师专业标准(试行)[EB/OL]. http://www.moe.gov.cn/srcsite/A10/s6991/201209/t20120913_145603.html,2012-02-10.

2 全美幼教协会(NAEYC). 伦理规范与承诺声明[EB/OL]. https://www.naeyc.org/resources/position-statements/ethical-conduct,2011-05-01.

和道德品性。并且,这里对应指出了某种心理结构缺失后学前教师的专业伦理表现的不足。

(1)道德敏感性是个体"对情境的领悟和解释能力,是对情境的道德内容的觉察和对行为如何影响别人的意识,即敏感地认识到'这是个道德问题'。其中,还包括对各种行为如何影响有关的当事人的观点采择和移情,想象事件的因果链,或者还会虑及一些能适用于该情境的特定的道德规范或原则"[1]。与道德敏感相反的表现是道德冷漠,指个体对教育情境中的行为的伦理属性或伦理问题觉察不到或者视而不见,或者将其视为非伦理行为或问题,很少考虑行为对相关人员的影响或社会对教育行为的伦理要求。

(2)道德判断是指个体对同一情境下多种行为选择哪种更为合理的判断,或者对已经发生的行为在伦理上是否合理的判断。对已经发生的行为在伦理上是否合理的判断可以称为道德反思。如果教师不能做出清晰明确的道德判断,意味着教师陷入了道德困境,在多种行为选择之间无法判定哪种选择更为合理,或者不清楚在一个情境下该如何行动,甚至对已经发生的行为的合理性也无法给出明确的评价。道德困境的本质在于教师难以兼顾多项伦理义务,或者在意图践行伦理义务时受到了某种观念、文化或制度的影响而面临困难。道德困境的难点不是在善与恶之间进行选择,而是要在多种善之间或善与非善之间进行选择。

(3)道德动机是"指在多种价值观并存的情况下,把道德价值置于其它价值之上,并采取道德行动,为某种道德结果履行自己的道德责任"[2]。相反,为不道德结果推卸自己的责任,在行动中将其他价值置于道德价值之上,则表现为道德推脱。"道德推脱是指个体产生的一些特定的认知倾向,这些认知倾向包括重新定义自己的行为使其伤害性显得更小、最大程度地减少自己在行为后果中的责任和降低对受伤目标痛苦的认同。"[3]

---

[1] 郑信军,岑国桢.道德敏感性的研究现状与展望[J].心理科学进展,2007(01):108-115.
[2] 同上.
[3] 杨继平,王兴超,高玲.道德推脱的概念、测量及相关变量[J].心理科学进展,2010(04):671-678.

（4）道德品性是"坚持不懈地履行道德职责、有勇气克服疲惫和诱惑的干扰，执行服务于某个道德目标的程序，表现为一种道德行为的实施技能"[1]。这其中包括道德意志和道德策略两方面的内容。道德意志就是克服疲惫或诱惑的干扰，坚持不懈地履行道德职责的一面。道德策略指一系列服务于某个道德目标的程序，使得道德行为成为可能。如果教师放松了对自我的要求，忽视了自身的责任，或者没有抵挡住疲惫或其他方面的诱惑而未履行责任或做出不合伦理的行为，就表现为道德失范。即便教师愿意坚持履行道德职责，但是缺乏相应的道德策略，行为无法控制地受到外在环境的消极影响，未能履行责任或做出不合伦理的行为，也表现为道德失范。

表1-1 学前教师专业伦理表现的构成要素

	要素名称	缺失后的表现
个体内部心理成分	道德敏感性	道德冷漠
	道德判断（包括道德反思）	道德困境
	道德动机	道德推脱
	道德品性（包括道德意志、道德策略）	道德失范
外部环境因素	具体教育情境	
	教育环境	
	社会环境	

从外部环境来看，学前教师所处的具体教育情境、教育环境和社会环境都在不同程度地影响着教师的专业伦理表现。具备某些特征的教育情境或环境会让学前教师在更大程度上面临伦理风险。伦理风险意味着教师很有可能表现为道德失范。例如，教育情境中本身就充斥着矛盾，或者其中某些要素限制了教师对多方面利益的兼顾考量。教育环境或社会环境中有很多不合伦理的行为表现，这些行为不仅没有被人察觉，也没有被人批评或惩罚，甚至还变相地得到了肯定或奖赏。或者，教育环境或社会环境中的人们并不认同学前教师的专业

---

[1] 郑信军，岑国桢.道德敏感性的研究现状与展望[J].心理科学进展，2007（01）：108-115.

价值观。相反，合乎道德的教育情境、教育环境和社会环境都能够给教师积极的暗示与引导，支持教师做出合乎专业伦理要求的表现。尤其，当大多数学前教师都积极践行专业伦理规范，营造了一个伦理自觉的氛围时，教师会更加容易在道德方面表现优秀。

（三）专业伦理建设

专业伦理建设以推动学前教师专业伦理的向好变化为目的，是多主体参与的系统工程。结合学前教师专业伦理规范与专业伦理表现的内容来看，学前教师专业伦理建设的内容包括：（1）专业伦理规范的制定或修订，使在"实然"层面存在的学前教师专业伦理规范不断地趋近于"应然"层面的专业伦理规范，增强专业伦理规范的正当性与效用，使作为制度实际使用的专业伦理规范发挥更有效的约束与指导作用；（2）面向教师的专业伦理培训或教育，以增强教师的道德敏感性、道德动机与道德意志，指导教师进行道德判断，丰富教师的道德策略，以使教师表现出良好的道德品性；（3）指向教育环境的专业伦理宣传或氛围营造，以减少环境中的伦理风险，给教师更多的伦理支持，鼓励和支持教师不断地提高自身的专业道德修养。

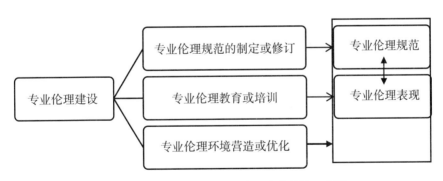

图1-3　学前教师专业伦理建设内容结构示意图

依据参与主体的不同，学前教师专业伦理建设可以区分为不同层面的活动：（1）教师个体的专业道德修养，包括教师的阅读、自我反思、与他人对话、行为训练与调整等；（2）学前教育机构内的专业伦理建设，包括伦理氛围的营造，机构内专业伦理规范的制定与使用，对教师专业伦理表现的评价、监督与奖惩，教师专业伦理培训等；（3）学前教师教育机构内的专业伦理教育，包括开设专门的专业伦理课程，在其他课程中渗透专业伦理教育，以及通过校园环境和各类综合活动给教师以引导等；（4）教育行政管理部门的专业伦理建设工作，包括相应管理范围内的学前教师专业伦理规范的制定与使用，相关教师与学前教育机构评价与管理办法的制定，社会舆论环境的引导等。

第二节 学前教师专业伦理研究的对象与方法

一、学前教师专业伦理研究的对象

学前教师专业伦理研究以学前教师专业伦理及其变化为研究对象。其中涉及五方面的研究内容：（1）学前教师专业伦理的内涵与特点；（2）学前教师专业伦理的历史与比较；（3）学前教师专业伦理规范的制定与使用；（4）学前教师专业伦理表现的评价与解析；（5）学前教师专业伦理建设的原理与方法。

学前教师专业伦理的特殊性是学前教师专业伦理研究开展的理论前提。为了充分地理解和把握学前教师专业伦理的特殊性，我们应当回顾历史上人们对学前教师的伦理期待和学前教师的伦理表现，比较当代不同国家学前教师专业伦理规范与学前教师的专业伦理表现，以及不同学段的教师专业伦理规范与教师专业伦理表现，进而采用历史分析与比较分析相结合的方式总结概括学前教师专业伦理的特殊性。

学前教师专业伦理研究的目标是探究学前教师专业伦理规范的制定与实施原理，评价分析学前教师专业伦理表现的现状与不足，解析学前教师专业伦理建设的原理与方法，最终帮助提升学前教师的专业伦理表现。可以说，提升学前教师的专业伦理表现是学前教师专业伦理研究的最终目标。对学前教师专业伦理规范的研究不仅可以从"应然"角度来分析专业伦理规范之"应是"，探讨应该如何制定专业伦理规范以及制定怎样的专业伦理规范，也可以从"实然"角度来分析专业伦理规范之"所是"，调查专业伦理规范的实际产生过程、内容的正当性以及实际使用效果。学前教师专业伦理表现中的不足是专业伦理规范制定与实施的现实基础，也是专业伦理教育与专业伦理建设的重点内容。提升教师专业伦理表现的路径有三个：一是从他律的角度制定和实施专业伦理规范；二是从自律的角度对教师进行专业伦理教育，或教师自身主动加强伦理修养；三是从环境影响的角度加强学前教育机构或整个专业群体的专业伦理建设，从伦理氛围上影响教师的专业伦理表现。

基于以上理论和实践层面的考虑，本书的主要内容将从以下四个方面展开。

第一，本书将在第一章解释学前教师专业伦理的含义与内容，学前教师专业伦理研究的对象与方法，确立起学前教师专业伦理的内容体系与研究框架。同时，本书将在第二章介绍学前教师专业伦理的特点。书中从工作任务、工作对象、工作环境与工作组织四个层面比较分析了学前教师工作与其他学段教师工作的不同，并据此指出了学前教师专业伦理规范与专业伦理表现的特点。

第二，本书将从教育制度和教育思想两个方面回顾梳理中国学前教师专业伦理的历史，并选择世界范围内有代表性的国家的学前教师专业伦理规范文本比较分析当代不同国家在学前教师专业伦理上的差异与共识。

第三，本书将围绕学前教师的教育关系，在理论上建构提出学前教师应遵循的伦理原则，同时对应指出学前教师在专业伦理表现中常遇到的伦理困境，并为伦理困境的解决提供建议，帮助教师践行伦理规范。其中包括学前教师与幼儿的关系、与家长的关系、与同事的关系，以及与自我、专业和社会的关系。在解析学前教师专业伦理规范的具体内容时，本书选择从伦理原则入手展开。这是因为伦理原则相比统领教师伦理追求的理想要具体，相比规定教师伦理底线的伦理规则要概括，能够用一个相对稳定的结构层次清晰地说明学前教师专业伦理规范的所有内容。在解析学前教师的专业伦理表现时，本书选择从伦理困境入手说明。伦理困境形成与解决是个体道德发展过程中的关键节点。用伦理困境来把握教师专业伦理表现中的不足，更好地体现了对教师作为道德发展主体的尊重，也更利于解决教师专业伦理改进中的难题。

第四，本书将从教师自身的伦理修养、学前教育机构的伦理建设、教师教育机构中的伦理教育三个层面分析提升教师专业伦理表现的原理与方法，对应指出三个层面工作的现状及其存在的问题，并给出相应的建议。

二、学前教师专业伦理研究的方法

学前教师专业伦理研究的方法是多种多样的,既要有理论思辨的方法,也要有实证分析的方法。研究要坚持历史与现实相统一的原则,调查分析与学前教师专业伦理规范、伦理表现与伦理建设相关的事实信息,并基于历史变化来理解学前教师专业伦理的现状。同时,研究要追求价值与事实相统一,在理论上建构提出学前教师专业伦理规范体系,并为实践中教师专业伦理表现的改善提供指导。

以下简要说明本书写作过程中所使用的具体方法,并以此为例介绍学前教师专业伦理研究的方法。

(一)文献分析法

本书对国内外相关文献进行了搜集分析,为在理论上建构提出学前教师专业伦理的内涵与特点,分析学前教师专业伦理的历史,以及阐述学前教师专业伦理规范的内涵做准备。中文文献检索采用标题含有"教师专业伦理""教师职业道德""教师专业道德""师德"或"道德+教师"的方式。英文文献检索采用标题含有"teacher and ethics""teacher and moral""teacher and kindergarten"或"teacher and preschool"的方式。

(二)文本分析法

文本分析法是对与研究相关的原始文字资料进行分析。本书在写作过程中搜集和分析了相关的五类文本:(1)历史上关于学前教师伦理的文献记录;(2)世界上不同国家的学前教师专业伦理规范(见附录2);(3)我国国内部分地区和学校的学前教师职业道德规范与行为守则;(4)网络上公开的关于学前教师的新闻或评论,以及学前教师自身发表的教育日志;(5)学前教师反思日志中所记录的伦理困境。

(三)问卷调查法

为了解学前教师的专业伦理表现与专业伦理修养现状,研究对学前教师、学前教育管理者、家长、教师教育者发放多类问卷进行了调查。例如,研究向教师发放"师生关系量表",调查分析了学前教师与幼儿的关系中存在的问题。

同时，研究向教师教育者发放"学前教育专业职业道德教育现状调查问卷"，发现了学前教师专业伦理教育的现实状况。

（四）观察法

研究者进入不同类型学前教育机构的活动室进行自然观察，记录分析学前教师与幼儿、同事和家长的互动过程，发现其中的问题或有效策略。这一方面为指出学前教师专业伦理表现中的困境提供了事实依据，另一方面为如何破解教育实践中的伦理难题寻求实践策略上的启示。

（五）访谈法

研究者采用个别访谈与小组访谈相结合的方式，对不同地区不同专业发展阶段的学前教师进行访谈，了解其在教育实践和教师教育实践中的亲身经历或观察发现，发现教师专业伦理表现或专业伦理修养中的问题与困境，并分析问题形成的原因与过程。同时，研究者对多家学前教育机构的管理者和教育机构的教师教育者进行访谈，了解学前教师专业伦理建设和专业伦理教育的现状，分析其中有效的方法和存在的问题。

第二章　学前教师专业伦理的特点

学前教师专业伦理是教师专业伦理体系的一部分，遵循教师专业伦理的规律与要求。同时，与中小学和高校教师专业伦理相比，学前教师专业伦理有着自身的特点。学段不同，教师面对的学习者不同，承担的工作任务不同，所处的工作环境不同，使用的教育组织形式与教育方法也不同。这些差异使不同学段教师在处理教育关系和完成工作任务时要遵照的具体伦理要求有着显著差异，也使得教师的伦理生活有了诸多不同。自然，面向学前教师的专业伦理建设工作也会有所不同。

第一节　学前教师专业伦理规范的特点

与其他学段的教师专业伦理规范相比，学前教师专业伦理规范的特殊性有哪些？这是教师专业伦理研究中的原理性问题。各国教师专业伦理专业化的重要追求之一在于，为不同学段的教师提供有针对性的引导与约束。美国、英国、澳大利亚等国早已制定和使用了专门的学前教师伦理守则。我国在2018年为幼儿园教师专门制定了《新时代幼儿园教师职业行为十项准则》与《幼儿园教师违反职业道德行为处理办法》。现有研究对中小学、高校和幼儿园教师专业伦理进行了一些分别或者独立的探讨，并且对部分国家和地区的专业伦理规范进行了比较分析，但少有研究在比较不同学段的基础上探讨某个学段教师专业伦理的特殊性。

在学前教育阶段，教师专业伦理规范的逻辑起点与其他学段有着根本不同，进而对学前教师责任的内容与优先顺序的规定有着诸多不同。本书基于儿童权利的完整实现来提出学前教师专业伦理的特殊性，从而为学前教师专业伦理规范的制定提供参考依据、促进学前教师专业伦理建设实效性的提升。

一、以保护和促进每一名儿童权利的完整实现为构建起点

教师专业伦理主要是对教师责任的规定。"专业伦理实质上是一种'角色'伦理，即按照社会赋予教师的基本角色和教师在整个社会分工中担负的主要职责来确定其基本的伦理规范。"[1] 责任是"与职务有关的、职务所要求的必须且应该付出的利益"，具有"必须性、强制性、法规性"[2]。"责任伦理是以他者为逻辑起点的"[3]。在教育实践中，教师所面对的"他者"包括儿童、同事、家长和社会公众等，儿童是其中最重要的"他者"。教师对其他主体的责任皆由对儿童的责任而派生。

保护与促进儿童的权利是教师责任的主要来源。权利在本质上有利益、资格、自由、主张等多方面的含义。《儿童权利公约》指出儿童享有多方面的权利，包括生存权、发展权、受保护权与参与权四项基本权利。其中生存权包括健康和医疗保健权等，发展权包括受教育权和游戏权等。同时，《儿童权利公约》确立了儿童利益优先原则，即"关于儿童的一切行为均应以儿童的最大利益为一种首要考虑"。儿童权利的保护与实现需要全社会各方的努力，但学校教师无疑是其中重要的主体。

儿童一般指 18 岁以下的社会成员。由于幼儿年龄小、最易受伤害，因此学前教育机构和中小学校的教师相比，有更大责任全面保护、实现儿童的权利，也更需贯彻儿童利益优先原则。也可以说，保护和促进每一名儿童权利的完整实现，是建构学前教师专业伦理的逻辑起点。这是学前教师专业伦理与其

---

1 徐廷福. 论我国教师专业伦理的建构 [J]. 教育研究，2006（07）：48–51.

2 王海明. 新伦理学 [M]. 北京：商务印书馆，2001：317.

3 曹刚. 责任伦理：一种新的道德思维 [J]. 中国人民大学学报，2013（02）：70–76.

他学段教师专业伦理在逻辑上的显著不同之处。例如，高校教师当然也不可侵犯学生作为成人所享有的权利，但在面对伦理选择时会考虑社会的整体福利，而不仅仅是学生个体的利益。这样，高校教师才能扮演好"社会守夜人"的角色。中小学教师专业伦理的构建的重点是实现儿童的受教育权。中小学教师当然有责任保护儿童的所有权利，但其主要职责是面向儿童进行教育，积极主动地促进儿童受教育权之实现。鉴于学前儿童的身心发展特点与需要，学前教师需要保护儿童的生存权与发展权等多方面的权利，承担保育与教育的双重责任。并且，在教育过程中，学前教师应偏向于消极（自然）取向的教育，以支持学前儿童自由探索和自我潜能的释放为主。学前教师与中小学教师相比，实现儿童受教育权的方式也是不同的。为此，学前教师专业伦理的构建起点不是单一的儿童受教育权，而是全面的、完整的儿童权利。

从学前教育的工作实际角度来分析，以保护和促进每一名儿童权利的完整实现为起点来规定学前教师的责任是合理的。

首先，学前教师能否关照到每一名儿童，以及能否保护和促进儿童权利的实现，关系着儿童的生存与健康状况的好坏。学前儿童身心发展稚嫩且脆弱，对教师的照护与教育需求强烈。教师对任何一名学前儿童的疏忽都有可能危及学前儿童的生命安全与健康。世界上很多国家都对学前教育机构中的师生比做出了明确的限定。学前教育的师生比要明显高于其他学段，就是为了保障学前教师能够具体、细致地关照到自己职责范围内的每一名学前儿童，而不是一般、原则地关照到儿童群体。同时，在所有学段中，学前儿童与教师的力量悬殊是最大的。学前儿童面对教师的威胁最无反抗可能。儿童权利的基本价值在于"为教育权力设置了必要的伦理限度"[1]，以遏制教师和其他成人的权利。将保护和促进每一名儿童权利的完整实现作为学前教师专业伦理的构建起点能够增强教师的权利意识，在制度层面给予儿童权利最大的尊重与保护。如若学前教师不能正确地认识和对待儿童的权利，学前教师专业伦理又遑论权利底线之上对各种善的追求，学前教育实践中就容易表现出无根基的"伪善"。与此同

---

[1] 王本余.儿童权利的基本价值：一种教育哲学的视角[J].南京社会科学，2008（12）：125-131.

时,在基本权利无法保障的情况下,学前儿童有可能遭遇灭顶之灾,并且他们在身体或心理上受到的伤害有可能会持续终身。

其次,学前教师的责任灵活多样,难以全面罗列和规定上限,以保护和促进每一名儿童权利的完整实现为起点来构建学前教师专业伦理更具可操作性。学前儿童的生长发育速度最快,身心潜能巨大,且学前儿童之间的个体差异十分明显。学前教师所面对的儿童的具体情况不同,保育与教育工作的具体内容与要求就不同。学前教师专业伦理规范难以全面罗列教师的责任,也不可能规定教师责任的上限。儿童权利既具有消极防护的意味,也彰显了人们对儿童作为社会成员的充分尊重与积极期待。以保护和促进每一名儿童权利的完整实现为起点来构建学前教师专业伦理规范,能够兼顾伦理底线与伦理理想两个层面的内容。

再次,已有多国的学前教师专业伦理规范强调了保护和促进儿童权利完整实现的价值取向。英国早期教育协会(The British Association for Early Childhood Education)《伦理准则》(Code of Ethics)(附件2-2)在第一条原则中就提出,要"尊重《儿童权利公约》里制定的权利,并且承诺支持这些权利"。澳大利亚早期教育协会(Early Childhood Australia)的《伦理准则》(Code of Ethics)(附件2-3)在序言中指出,该准则以《儿童权利公约》里的原则为依据,并且在核心原则中强调"儿童从出生起就是享有民事、文化、语言、社会和经济权利的公民",要求学前教师"为所有儿童的最佳权益而行动"。挪威教育协会(Union of Education Norway)的《教学工作专业伦理》(Professional ethics for the teaching profession)(附件2-4)在基本价值观部分表示,教学工作要"以普遍人权的价值观和原则为基础,尤其是联合国对儿童权利的约定。在早期教育和学校教育中,这些权利必须得到促进和保护。人的个体自由不容侵犯,每个人都有对安全和关怀的基础需要"。我国在《新时代幼儿园教师职业行为十项准则》(附件1-1)中也强调要"规范保教行为""尊重幼儿权益"。所谓"尊重《儿童权利公约》里制定的权利,并且承诺支持这些权利"等提法,指的就是要全面理解并切实尊重条约规定的所有儿童权利。

认可保护和促进每一名儿童权利的完整实现是学前教师专业伦理的构建起

点之后，我们会进一步发现学前教师的责任与中小学和高校教师相比在责任内容、责任排序、责任范围、责任履行方式与履行目标上的特殊之处。

二、保护儿童的安全与健康是学前教师的首要责任

在前述儿童的多项权利中，具体权利的实现顺序并不相同。生存权与受保护权的实现，一定优先于发展权与参与权。对学前儿童来说，生存权的实现是第一位的，构成其学习生活的主要内容并且极大地依赖于他人的保护与促进。学前儿童身心稚嫩，容易被疾病和外在伤害威胁，需要成人来保障他们处于安全的环境中，为他们提供含有充足营养的食物、给予适宜的生活照料和医疗保健等。在安全与健康的基础上，学前儿童的发展权和参与权才有机会被考虑。对更年长的儿童来说，生存权虽同样具有优先性，但慢慢不再是权利实现的主要内容。这是因为年长儿童的安全与健康不像学前儿童那样容易受到威胁，并且随着儿童日渐成长，他们会逐渐具有一定的自我保护能力和维护自身健康的能力，无须将这一权利的实现全部寄托于他人。

这就使得学前教师的责任内容与责任排序有了与其他学段教师不同的地方。学前教师的首要责任是保护儿童的安全与健康，满足学前儿童的生存所需。学前教师要承担保育与教育两方面的职责，在履行教育职责之前要先承担保育职责。具体的保育职责包括：第一，学前教师要为儿童提供安全的物质环境与精神环境；第二，学前教师要保证学前儿童获得营养充足的饮食；第三，学前教师要照顾好学前儿童的"一日生活"，包括充足的睡眠、充分的锻炼和及时有效的医疗保健。与之相较，中小学和高校教师的主要责任是促进学生发展权的实现，主要承担教育职责，越来越不需要承担保育的职责。

同时，就教育职责的履行来看，学前教师的履责方式与履责目标与其他学段也有不同。学前儿童的教育几乎等同于他们的"生活"。学前教师要将教育渗透在儿童的"一日生活"中，把培养学前儿童的生活自理能力作为教育目标之一。为了维持个体生存，学前儿童"一日生活"中的很多时间都用于就餐、睡眠和盥洗等生理需求的满足上。学前儿童年龄越小，越是如此。学前教育的

目标首先就是帮助个体解决自我生存问题，而这样的教育只能在生活中展开。在中小学和高校，教育更多的是联系生活，在课堂教学中展现教学内容与生活的联系，而不是在一日生活中进行教育。教育与日常生活是相对分离的。而且，中小学和高校所关注的生活不只是儿童的日常生活，更多的是广阔的社会生活。其教育内容的广度、深度都是学前教育阶段所无法比拟的。

比较分学段教师专业伦理规范文本也可以发现，学前教师有责任主动作为来保护儿童的安全与健康，这一责任在学前教师自身的责任体系中具有优先性，所占比重相比其他学段教师的责任构成来看也更大。这里以中美两个国家的分学段教师专业伦理规范的比较为例来说明。首先，比较我国三个学段的教师职业行为十项准则的文本（见附件1-1）会发现，我国《新时代幼儿园教师职业行为十项准则》在第五条规定幼儿园教师要"加强安全防范"。这一规定先于"关心爱护幼儿"之规定。在《新时代中小学教师职业行为十项准则》中，"关心爱护学生"的规定要先于"加强安全防范"。《新时代高校教师职业行为十项准则》中则没有规定教师要加强安全防范。其次，再以美国为例来看，全美幼教协会（National Association for the Education of Young Children）的《伦理规范与承诺声明》（Code of Ethical Conduct and Statement of Commitment）（附件2-1）中规定教师有责任为儿童"创建并维持一个安全、健康的环境"，并且为教师提出了原则要求——"当得知一种行为或情况威胁到儿童的健康、安全或者福利时，我们有责任保护儿童，或通知能够保护儿童的家长或其他人"。全美教育协会（National Education Association）的《教育专业伦理规范》（Code of Ethics of the Education Profession）中规定教师对学生的义务主要是"帮助每个学生实现其潜能"，更多地从消极防范的立场上要求教师保护学生——"必须作出合理的努力保护学生，使其免受有害于学习或者健康和安全之环境的影响"。美国大学教授协会（American Association of University Professors）《专业伦理宣言》（Statement on Professional Ethics）中围绕学生的学业学习和学术表现规定了大学教师对学生的责任，已没有提及保护学生安全的责任。

三、保障儿童游戏和获得情感满足是学前教师的特殊责任

教师的教育责任主要来源于儿童的发展权,但学前儿童的发展需求与发展方式和其他年龄阶段的个体相比具有明显不同的特点,这就使得学前儿童发展权实现过程中的关注焦点和实现方式不同。与之相应,学前教师的教育责任在内容和履行方式上有与其他学段不同的地方。

第一,保障儿童游戏是学前教师的特殊责任。儿童的发展权不仅包括受教育权,还包括游戏权等。对学前儿童来说,游戏权的获得与否相比受教育权的获得具有更重要的发展意义。游戏是学前儿童的主要活动与学习方式,是儿童的自然需求与主要活动。儿童年龄越小,对游戏的需求越强烈,游戏对其身心发展的影响也越大。童年时期游戏机被剥夺会影响到个体的心理健康与人格健全。与中小学教师的主要职责都集中在实现儿童的受教育权所不同的是,学前教师在保障学前儿童受教育权的同时要重点保障学前儿童游戏权的实现。保障学前儿童的游戏权要求学前教师为儿童提供充足的游戏时间、游戏空间和适宜的游戏指导。我国幼儿园更是明确规定要以游戏为基本活动,并且每天保障学前儿童至少有2小时的户外游戏时间。

同时,对学前儿童的发展权的尊重、保护具有更多的消极权利的意味。"'消极权利'是指'要求权利相对人予以尊重与容忍的权利','积极权利'是指'要求权利相对人予以给付或作为的权利'。"[1]学前儿童主要通过游戏来学习,游戏是学前儿童的主要学习方式。儿童在游戏中自发、主动地探索外部世界,在与环境的互动中增长经验。学前教师要通过游戏来履行对学前儿童的教育责任,寓教于乐是学前教师履行教育责任的主要方式。学前教育机构的教学活动要尽可能地游戏化。学前教师不能够像其他学段的教师一样依靠直接的教来促进儿童的发展,而应该通过放权给儿童,让儿童自由、自主地游戏,以及在游戏中自由探索和渗透教育,来实现儿童的发展。这是学前教育在教育手

---

[1] 周刚志.论"消极权利"与"积极权利"——中国宪法权利性质之实证分析[J].法学评论,2015(03):40–47.

段与方式上与其他学段截然不同的地方。从学前儿童的学习方式与学前教师的教育方式两方面来看，学前儿童发展权的实现更需要成人的尊重与包容，而不是给付或作为。学前儿童发展权的实现更多地表现为消极权利意义上对学前儿童游戏和自由探索的维护。

保障儿童游戏的责任在多国的学前教师专业伦理规范中有清晰的规定。英国早期教育协会的《伦理准则》中要求教师"拥护每一个儿童在满足他们需要并且没有不利条件的环境中游戏和学习的权利"。澳大利亚早期教育协会的《伦理准则》在核心原则中强调教师要认识到"游戏和休闲对幼儿的学习、发展和幸福至关重要"，并要求教师"了解并能够向他人解释如何游戏和休闲"。我国《幼儿园教师专业标准》中对教师的"幼儿保育和教育的态度与行为"做出了详细规定，其中一条强调教师要"重视环境和游戏对幼儿发展的独特作用，创设富有教育意义的环境氛围，将游戏作为幼儿的主要活动"。与学前教师专业伦理不同，中小学和高校教师伦理规范中很少涉及保障学生的游戏或休闲。这并不是说游戏或休闲对中小学和高校学生不必要，而是保障学生的游戏或休闲不再是教师的主要责任。

第二，学前教师需要比其他学段的教师更多地关注和回应儿童的情感需求。学前儿童对情感依恋的需求最为强烈，亲密的师幼关系对学前儿童的社会适应与身心发展具有即时价值与长远价值。其他年龄阶段的学生也需要教师的关爱，但能否从教师这里获得情感满足之于自身发展的重要性远不及学前儿童那般迫切、重要。学前教师对学前儿童的情感关注与回应，不是可有可无，而是影响着学前儿童当下对周围世界的态度和对自我的认知，并且持续影响着个体的心理健康与社会性发展。"幸福的人用童年治愈一生，不幸的人用一生治愈童年"。其在一定程度上说明了儿童早期亲密关系对个体一生的重要影响。

学前教师不仅应为儿童营造一个信任、安全的人际环境，并且应更多地通过积极的师幼互动让学前儿童获得情感满足与健康发展。学前教师需要与儿童有比较多的个别互动与直接互动，以及专门围绕情感进行交流与沟通。有研究调查了幼儿园教师、家长、幼儿园管理者和社会公众这些不同群体对幼儿园教师理想道德形象的期待，发现抚慰儿童的情绪是不同利益主体对学前教师的共同的责任期待。[1] 师幼互动是许多国家评估学前教育机构质量的重要指标，儿童是否在师幼互动中获得充分的情感支持又是评价师幼互动效果好坏的重要指标。相比来看，中小学和高校教师会更多地关注和回应学生知识和能力提升方面的需求。同时，在中小学和高校，教师与学生之间的互动会更多地表现为课堂教学中的集体互动，并且是以学业内容为中介展开的互动。

学前教师有责任保障学前儿童获得情感满足，这点在现有的学前教师专业伦理规范中也得到了支持。英国早期教育协会的《伦理准则》规定，学前教师要"理解儿童的脆弱性和他们对成人的依赖"。全美幼教协会的《伦理规范与承诺声明》提出，教师应为儿童"创造并维持一个安全、健康的环境，以促进儿童的社会性、情绪、认知和身体发展，并尊重他们的尊严和贡献"。这些规定再次肯定了学前儿童对情感依恋的需求，以及促进学前儿童情绪情感健康发展的重要性。与学前教师专业伦理不同，中小学和高校教师责任的重点不在于满足学生的情感需求，甚至教师应与学生保持适度的距离。例如，全美教育协会的《教育专业伦理规范》倡导"教育工作者为探究精神的激发、知识和理解力的获得以及对有价值的目标深思熟虑的构想而工作"。英格兰教学协会（The General Teaching Council for England）在其《注册教师行为和实践守则》（Code of Conduct and Practice for Registered Teachers）中建议教师"在与学生的交往过程中，建立和维护恰当的专业界限"。这些责任也在一定程度上适用于学前教师，但是学前教师会在这些责任之外更多地考虑如何满足学生的情感需求，与学前儿童建立亲密的师幼关系。

四、为家庭提供教育支持是学前教师的附加责任

儿童的受教育权有受教育的自由权与要求权两方面的含义。从自由权的含

---

[1] 胡晓慧. 理想的幼儿园教师道德形象研究——历史梳理、国际比较与现实分析[D]. 北京：北京师范大学，2017.

义来说，儿童有选择接受何种形式教育的自由。从要求权的含义来看，家庭、学校和社会都有责任为儿童提供适宜的教育，支持儿童的发展。三类教育各有功能与特点，在个体的不同年龄时期所发挥作用的比重不同。儿童年龄越小，对家庭的依赖越多，受家庭的影响越大，家庭教育的影响比重越大。家庭对儿童的影响是全面和终身的，并且在深层次上影响着儿童自我的构建和存在意义的形成。学前儿童可以选择是否接受机构教育，却无法脱离家庭的影响。即便学前儿童进入机构接受教育，家庭仍然作为底色影响着学前儿童，并且作为中介影响着学校和社会对儿童的作用。学前教育机构不可能替代家庭的作用。相反，为了学前儿童的健康发展，学前教育机构应该积极了解学前儿童的家庭，并为其家庭教育的改善提供指导与帮助。

相应地，学前教师不仅有责任与家庭和社区建立伙伴关系，还有责任为家庭提供教育支持。这是学前教师的附加责任，是其他学段的教师在责任范围上与学前教师不同的地方。在高等教育阶段，学生基本脱离家庭独立生活，准备谋求完全独立的社会生存。高校教师很少考虑与家庭联合对学生进行教育，除非学生出现特殊情况、高校本身无法独立处理某些教育难题。在中小学教育阶段，学生的主要任务是学业学习，而学生的学业学习由学校主导。中小学教师要考虑与家庭联合，保持家校教育同步，但最终目的是寻求家庭的配合来共同促进学生的学业学习。中小学教师很少深入到儿童的家庭生活中为儿童的家庭教育本身如何开展提供指导，更不需要负责让学生的家庭教育与学校教育建立直接的关联。在学前教育阶段，儿童学习的主要任务之一就是提高生活能力。"生活"本身就意味着学前儿童置身于家庭、机构和更广泛的社会场合。对学前教师来说，教育职责的范围就包括两个部分：一部分是做好学前教育机构内的教育工作；另一部分则是延伸到家庭，指导家长做好家庭教育工作。我国《幼儿园工作规程》中明文规定幼儿园的任务不只是面向儿童实施全面发展教育，还要"同时面向幼儿家长提供科学育儿指导"。

为家庭提供教育支持是学前教师相比其他学段教师来说的一项特殊的附加责任。这从同一国家不同学段的教师专业伦理规范的比较中可以发现。全美教育协会《教育专业伦理规范》中只规定了教师对学生和专业的义务。而全美幼教协会的《伦理规范与承诺声明》在规定了学前教师对儿童的责任之后就用专门的一部分规定了学前教师对家庭的责任。其中不仅要求教师了解儿童及其家庭信息，考虑将儿童家庭信息"用来规划和实施教学计划"，还要"参与影响幼儿的重大家庭决定"。英格兰教学协会的《注册教师行为和实践守则》中要求教师"努力与家长和看护者建立富有成效的伙伴关系"，但在具体内容上只是要求教师帮助家长了解学生在学校的表现。而英国早期教育协会的《伦理准则》不仅要求学前教师要"尽量去了解每一个家庭的家庭结构、生活方式、文化传统、语言、宗教和信仰"，还要求学前教师"与家庭分享关于儿童教育和发展的信息"，帮助家长掌握最新的儿童教育知识，持续性地增长能力，以更好地理解他们的孩子。

总之，教师专业伦理主要是对教师责任的规定。保护和促进儿童权利的完整实现是教师责任的主要来源。基于儿童权利完整实现的视角来解释学前教师的责任是分析学前教师专业伦理特殊性的一个重要路径，可以有效反映教育对象不同所带来的教师责任的差异。整体上，学前教师专业伦理相比其他学段的教师专业伦理表现出了四方面的特殊性。第一，学前教师专业伦理的价值逻辑起点不同，以保护和促进每一名儿童权利的完整实现为构建起点。第二，学前教师的首要责任是保护儿童的安全与健康，要在工作中优先履行保育职责，并要在教育工作中提高儿童维护自身安全与健康的能力。第三，学前教师的特殊责任在于保障儿童游戏和获得情感满足。学前教师要重点保障学前儿童的游戏权，并且在履行教育职责时要更多地选择消极取向的教育，将教育渗透在游戏中。同时，学前教师要更加积极地与幼儿互动，充分地关注与回应学前儿童的情感需求，以促进学前儿童的健康发展。第四，学前教师相比其他学段教师多了一项附加责任，即为家庭提供教育支持。其他学段的教师不需要像学前教师一样深入了解每个家庭，并帮助家长改善家庭教育。以上分析不仅在理论上方便我们更为深入、具体地理解教师伦理的学段特征，而且在实践上更有利于学前教育专业伦理的恪守与学前教育质量的提升。

第二节　学前教师专业伦理表现的特点

在学前教育实践中，学前教师的专业伦理表现更倚重于教师的自律，教师所面临的伦理风险更多，且需要教师具有更多的智慧才能维系良好的专业伦理表现。这与学前教师所面对的教育对象的特殊性，身处的教育环境的复杂性，以及所使用的教育组织形式和方式的灵活性有关。

一、教育对象稚嫩与伦理表现重自律

学生与教师之间的力量悬殊在学前教育阶段是最大的。学前教育阶段的婴幼儿身心稚嫩，他们在师生互动中的需求与所面对的风险与中小学生或大学生有着明显不同。因此，学前教师在教育实践中的伦理表现更加倚重教师的自律。

首先，从消极防范的立场来看，学前教师应自觉规范自身言行，防止给婴幼儿造成伤害，保障婴幼儿的安全与利益。一般而言，服务的对象越弱小，工作人员的伦理就愈重要；也就是说，如果工作人员对服务对象所具有的权力愈大，就愈需要内化的约束力，以免滥用权力。[1] 婴幼儿易受伤害，且缺乏自我保护能力与充分的语言表达能力来应对或报告伤害。如若婴幼儿受到了教师忽视或打骂等有违专业伦理的对待，婴幼儿毫无反抗能力，甚至无法用言语向他人报告自己的处境与所受伤害。在保教工作实践中，即便教师充满善意，一时不慎也可能给婴幼儿带来生理或心理伤害。例如，有教师想阻止幼儿哭闹抓住了幼儿的胳膊，却不想造成了幼儿脱臼。与其他学段相比，婴幼儿与教师之间的能力不对等是最为突出的。而外在的监督不可能监控师幼互动的全过程。所以，学前教师一定要足够自律，才能确保婴幼儿的安全与利益不受损。这要求学前教师在工作中自觉规范自身言行，审慎周全地做好各项工作，始终关注婴幼儿的身心状态与需要，保护好婴幼儿的安全与健康，防止婴幼儿受到伤害。

其次，从积极的保教立场来看，学前教师应自觉主动地关怀婴幼儿，给婴

---

[1]［美］丽莲·凯兹. 与幼儿教师对话［M］. 廖凤瑞, 译. 南京：南京师范大学出版社, 2011：251.

幼儿必需的安全与温暖。婴幼儿对身边成人的情感需求最为强烈，要求学前教师给予婴幼儿充分的关怀。能否与成人建立安全的依恋关系影响着婴幼儿的身心健康与人格发展，并且对婴幼儿有着终身影响。学前教师与婴幼儿之间的情感联系对婴幼儿来说不是可有可无的，而是不可或缺的，是婴幼儿在学前教育机构生活环境的一部分，是婴幼儿积极主动参与学习活动和探索周边环境的前提。师生之间情感联系的缺失带给婴幼儿的伤害要远大于中小学生或大学生。这会直接导致婴幼儿在学前教育机构里缺乏安全感和意义感，抑制婴幼儿的活动参与与表现，进而抑制婴幼儿的生理发育与心理发展，甚至导致婴幼儿出现发展障碍或行为问题。这要求学前教师在工作中高度投入，积极主动地关怀每一名幼儿。对学前教师而言，关怀幼儿是教师必须履行的责任，是判断教师合格与否的标准之一，而不是合格基础之上的个人理想追求或个人自由裁量。然而，学前教师是否关怀幼儿实际上取决于教师个人的意志，很难由外力驱动或改变。学前教师是否做到了关怀幼儿也很难通过外在的观察来评判，教师本人和幼儿的体验才是评判的最可靠依据。因为幼儿的语言表达能力和行动能力有限，我们又很难通过幼儿获得对教师关怀的可靠评价。这样，教师自身不仅是关怀幼儿与否的决定者，也是关怀与否或达到何种程度的评价者。因此，学前教师一定要高度自律，自觉主动地关怀幼儿，并不断地反思、检视幼儿是否感受到了被关怀。

二、教育环境复杂与伦理表现多风险

与其他学段相比，学前教师对教育环境负有更多的责任，并且学前教育环境本身更加复杂多变，甚至，其中充斥着大量的矛盾与冲突。这无疑增加了学前教师面临伦理风险的机会。学前教育与生活的联系更为紧密，与幼儿家庭和社区的互动更为频繁。学前教师所处的环境不是一个单纯的教育环境，是婴幼儿的生活环境、教育环境与社会交往环境的复合体。学前教师不仅要适应工作环境与应对工作环境中的变化，还要主动利用工作环境中的契机与资源开展教育活动，将教育渗透在生活和环境中。环境中他者的意志和行动的加入不仅会增加教师保障环境安全的难度，还会增加教师利用环境契机与资源的难度。这样，环境中的许多不可控因素会增加教师的伦理风险。具体来看，我们可将学前教师的工作环境分为与工作有关的物理环境和社会环境来分别展开讨论。

首先，学前教师的物理工作环境形态多变，并且管理要求严格，教师在使用和布置环境的过程中要承担更多的责任，也会遇到更多的伦理风险。学前教育机构的活动室不同于中小学或大学的教室，活动室不仅是婴幼儿参与集体教学活动的地方，也是婴幼儿生活和游戏的空间。里面不仅放置了桌椅教学设施，还布置了生活设施与游戏材料。并且，活动室的桌椅不是固定不变的，需要根据幼儿的活动需要随时调整变换。活动室对采光、通风、消毒等方面有严格的管理规定，以保障幼儿身心健康。例如，教师早晨要提前 20 分钟到岗，打开活动室窗户通风，保障幼儿进班时空气清新；教师要在每日饭前用蘸有消毒水的毛巾和干净毛巾擦两遍桌子供幼儿就餐使用；教师要根据幼儿的活动需要布置活动室，并在幼儿活动转换时及时调整环境布置。这些看似属于工作程序规定，但其中的工作任务都是教师的责任。教师在任一环节的疏忽都是不负责任的表现，会受到负面的道德评价。而在中小学和大学里，教师所处的物理环境是单一的教育环境，环境本身的变化会少于学前教育机构，环境管理要求也不会如学前教育机构一般严格。并且，物理环境布置与管理工作会更多地由学生参与负责或由后勤保障人员来承担。

学前教师不仅要管理好活动室这个室内工作环境，还要利用好户外活动场地、幼儿园周边的自然环境和其他社会公共场所。学前教师要因地制宜，有意布置环境或利用现有环境引发和支持婴幼儿的游戏与探索活动。在每次活动前，学前教师要做好充分准备，对婴幼儿的活动机会与风险进行认真推敲，最大化地支持婴幼儿活动，并消除安全风险。中小学教师或高校教师也有责任保护学生安全和利用身边环境资源开展教育，但都不像学前教师一样每天面对着高度失衡的活动自由与安全保护之间的关系。学前教育对教师如何布置和利用环境，以及如何消除和防范环境中的安全风险都提出了高度要求。例如，教师要在每次活动前检查户外设施和场地安全，排除安全隐患；教师布置的运动场地要能够让婴幼儿在不同水平和不同类型的运动中得到充分锻炼；教师要支持婴幼儿在自然环境中自由探索；教师要掌握急救知识，能够在危急情况下救助幼儿；等等。教师要具备相应的专业能力，能够运用环境开展教育工作。如果学前教师稍不留意，幼儿就可能遇到安全问题，进而成为教师的失责。

其次，从社会环境来看，学前教师的工作环境中人员类型和关系多样，且冲突常发，大大增加了教师陷入伦理风险的可能。学前教师需要团队协作长时间工作，且经常与家长、其他社会工作者交往互动。中小学教师或大学教师一般是个人独立负责短时间段的课堂教学或班级活动。学前教师几乎每日都是两到三个人负责一个班级的全天或半天活动。并且，学前教师不仅在每天婴幼儿接送环节与家长互动，还经常与家长一起组织亲子活动或家园共育活动。另外，学前教师经常组织婴幼儿在机构外开展综合实践活动，与各类社会公共场所的工作人员合作沟通。这一方面增加了学前教师与他人沟通协作的机会，另一方面增加了学前教师面对人际冲突的概率。

当前，家长和社会公众对学前教师的专业认可度与尊重程度并不高，远低于中小学教师或高校教师。学前教师队伍的专业水平也参差不齐，除了整体学历水平不及其他学段外，不时曝光的虐童行为更引发了家长与社会公众对学前教师专业素养的质疑。在实际工作中，学前教师与家长之间会发生冲突，与同事的合作及与其他社会成员的沟通也时有不畅。这可能是由于其他成员与教师的教育价值观念的差异带来的，也可能是由于工作中的相关程序或规范不明确导致的。学前教师会因工作中的人际冲突和人际压力产生职业倦怠，也会因与其他学段或其他职业的比较而产生内心冲突。这降低了学前教师在人际互动中主动投入和积极自律的动机，进一步加大了学前教师陷入伦理风险的可能性。

为了帮助学前教师减少或避免陷入伦理风险，很多国家的学前教师专业伦理规范为教师的人际互动提供了细致指导，甚至一些学前教育机构为教师提供了人际互动指导手册，包括面对幼儿、家长、同事时如何说和如何做，以及在不同情境下如何行动。例如，全美幼教协会《伦理规范与承诺声明》（附件2-1）中强调"在家长之间有冲突的情况下，公开地对他们做工作，并向他们提供我们对儿童的观察，帮助他们做出明智的决定。教师要避免成为家庭中任何一方的辩护者"。许多幼儿园在工作制度中详细规定了班级内多名教师的责任分工与沟通协调办法，并指定由专业能力强的主班教师负责与家长沟通对接，其他教师只能在主班教师的指导下协助家长沟通工作。这些规定本身其实再次证明了学前教师在教育实践中很容易陷入伦理风险。

三、教育组织灵活与伦理表现需智慧

学前教育是在生活中的教育，并且"以游戏为基本活动，寓教育于各项活动中"。这与其他学段以教学和学习书本上的间接经验为主截然不同。教师的指导主要通过师幼互动实现，并且要随着幼儿的生活与游戏表现灵活而定，没有固定统一的模式或程序。整体上，学前教育的教育组织形式和方法是灵活多样的。在灵活多样的组织形态下，教师的专业伦理表现对教育结果的影响更为显著，且更需要教师运用教育智慧。

在学前教育阶段，关系的处理要比知识的传递更为重要。师幼关系对儿童发展的影响是巨大的，其影响超出了课程模式与内容本身对学前教育结果的影响。这是学前教育与其他学段不同的地方。在其他学段以教学和学习为主要活动的情况下，课程模式与内容或许是首要的。在学前教育阶段，教师为幼儿构建一个良好的关系氛围，给幼儿安全和温暖必然是首要的。已有研究证明，师幼关系不仅对幼儿当前的社会适应和身心发展具有明显的直接影响，并且作为中介调节着其他因素对幼儿的影响，还会持续影响幼儿进入小学后的学校适应与学业表现。[1] 学前教师对以师幼关系为核心的教育关系的处理从伦理的角度来看就是教师的伦理表现。

从这个意义上来说，学前教师的专业伦理表现对儿童发展的影响是全方位和可持续的，其对于教育结果的影响力远远超出了其他学段。教师在游戏中与幼儿的互动并不着重教给幼儿知识与技能，而重在激发和鼓励幼儿的探索与体验，或帮助与保护幼儿完成自己的活动。如果教师在师幼互动中表现出对幼儿

---

[1] 冯婉桢，洪潇楠.幼儿园师幼关系类型分布及其与幼儿因素的关系[J].教师教育研究，2018（04）：44-49.

的尊重、关怀与公正，幼儿会更加主动地参与到学前教育机构的集体生活中来，会在游戏中表现出更多的探索与学习，会在发展上有明显的进步，也会在人格上受到积极的影响。相反，如果教师在师幼互动中有不合伦理的表现，给幼儿带来的伤害可能是巨大的，也可能是一生的消极影响。

另外，在灵活多样的组织形态下，学前教育的课程模式与教学方法中充满了弹性变化的空间，教育结果难以量化或外化评价，教育规范是不确定的。课程实施效果仍然在很大程度上取决于教师的专业伦理表现。无论是课程游戏化，还是游戏课程化，学前教育的课程一直是围绕幼儿的生活和游戏展开的弹性课程，而不是如中小学和大学一样从学科逻辑出发的结构和内容稳定的课程。在生活和游戏中，幼儿自由、自主地探索周围环境与世界，并在与周边事物或人的互动中产生新认识或扩展已有经验。在游戏中，每名幼儿有机会决定自己的活动内容与节奏。教师要尊重幼儿的游戏自主权，观察和指导幼儿的游戏，并善于发现生活中的教育契机，因势利导。即便是教师组织的集体教学活动，学前教师也应考虑到幼儿的不同发展水平和活动可能，设计分类型和分层次的活动任务，并给幼儿自主选择的机会。

学前教育中的集体教育活动不同于中小学，不仅不能用整齐划一的行动来要求幼儿，还需允许内容随着幼儿的学习状态灵活延展与变化。在学前教育课程的组织与实施中，教师是否能够及时地关注、理解、回应和支持每一名幼儿的学习兴趣与需要就显得格外重要。同时，教师能否在生成课程的过程中为幼儿选择有价值的学习内容也是保障课程实施效果的重要一环。这些工作都不是纯粹的技术性工作，其中需要教师的态度与价值观的参与，需要教师的主动投入与作为，也需要教师的智慧应对与推进。纯粹的技术性规范难以控制教师的教育行为，或给出课程实施的良方。要保障课程与教学效果，要真正地促进幼儿发展，就在很大程度上依赖于教师的伦理表现。这一方面是教师对待课程与教学的负责和精益求精的态度，对待幼儿的负责以及教师以儿童为中心的态度；另一方面是教师在前述态度指引下的教育智慧或伦理策略。道德本质上就是一种处世智慧。学前教师的专业伦理表现自然也是一种专业智慧。

第三章　我国学前教师专业伦理的历史

严格意义上来讲，学前教师专业伦理的历史应追溯到学前教育机构与学前教师的出现。自近代有学前教育机构开始，学前教师逐步成为一个独立的职业，对学前教师的伦理要求及其伦理表现的评价也随之产生。这一方面表现在学前教育机构的管理制度中，另一方面出现在教育思想家的著作和社会舆论评价中。但是，学前教师专业伦理具有历史性与继承性。近代对学前教师的伦理要求不是突然有之，乃受到了之前时期人们对家庭中的父母或替代养育者的道德期待的影响。因此，学前教师专业伦理的历史应追溯到学前教育机构出现前对家庭养育者的伦理要求。

中国学前教师专业伦理的历史可以依次按照古代、近现代和新中国成立后三个时期来回顾分析。在古代，学前儿童的养育多在家庭内完成，学前教师这一职业还未出现，已有历史记载中有关于对太子或世子的"三公"与"三母"的伦理期待、对父母的伦理期待，以及对蒙师的伦理期待。这些伦理期待是对儿童教养者个人道德的期待，且表达相对笼统，但鲜明地反映了我国学前教师专业伦理的文化传统，为今天我国学前教师专业伦理的形成奠定了文化基础。学前教育机构在近代开始出现，并在民国中后期有了一定的发展。这一时期在一些政策文件、教育实践记录和教育著作中可以见到零散的对学前教师的伦理倡议。这些伦理倡议中不乏对学前教师伦理原则的讨论，其中不仅关注教师的个人道德，更是结合幼儿教育实践中对教育方法等方面的要求有了对教师职业道德的关注。同时，这时期的伦理倡议受到了当时时代背景和西方教育理念的影响，为今天我国学前教师专业伦理的构建提供了内容基础。新中国成立后，我国逐步明确了对幼儿园教师的伦理要求，并制定了专门、系统的幼儿园教师专业伦理规范。这些伦理规范的专业性不断凸显，其内容囊括了理想、原则与规则三个层次，并带有强烈的制度意味，甚至对违反伦理规范的处理方式进行了规定与说明。

整体上，我国学前教师专业伦理在历史上逐步从关注教养者的个人道德到关注教师的专业道德，从关注教师的德性到关注教师的德行，从模糊的伦理期待细化为清晰的伦理制度，其约束力越来越强。

第一节 古代对儿童教养者的伦理期待

一、对"三公"与"三母"的伦理期待

我国古代多个朝代在宫廷之中设有保傅教育与乳保教育制度。太子自幼就有专门的"三公"（太保、太傅、太师）和"三少"（少保、少傅、少师）为其提供优良的教育。"保，保其身体；傅，傅之德义；师，道之教训。"[1]同时，太子或世子在出生后有"三母"（子师、慈母、保母）来共同负责他们的德性培养与日常生活照料，并配有乳母。"子师，教以善道者；慈母，审其欲恶者；保母，安其寝处者。"[2]这就是说，子师负责太子或世子行为规范的教育，慈母负责太子或世子衣食及其他生活需要的供给，保姆负责太子或世子居室的安置料理。乳母负责哺育世子。《礼记·内则》中记录了对"三母"的品格要求——

> 异为孺子室于宫中，择于诸母与可者，必求其宽裕、慈惠、温良、恭敬、慎而寡言者，使为子师，其次为慈母，其次为保母，皆居子室。他人无事不往。[3]

---

1 唐淑，钟昭华.中国学前教育史［M］.北京：人民教育出版社，1993：8.
2 同上。
3 同上。

从中可见,"三母"人选限定从"天子或诸侯王的众多妻妾中选择条件合格的"[1],并明确要求人"宽裕、慈惠、温良、恭敬、谨慎少言"。这一标准也影响着对乳母的谨慎选择,并为很多士大夫家庭的儿童教养人员所参照。清朝时期,张伯行在《小学集解》中对乳母选择标准的阐述继承了对"三母"的要求。

> 凡生男女,自赤子以至长大,皆当随时教训。而教从母始,乳母之教,所系尤切。盖乳母有贤否,所饲之子,性行多似之。故生子必择乳母,取其宽而德量有容;裕而临事不迫;慈而仁爱有恩;惠而性顺不拗;温而言动和蔼;良而平易无伪;恭而容貌端庄;敬而存心不二。有此八者,加之以谨慎寡言,此妇人之全德也。使为子师,教以善道焉。自能食能言,而应对之声,鞶带之用,分之分别刚柔,顺其天性而导之。[2]

西汉初期的政论家和文学家贾谊曾担任太傅一职,并在论述中举例说明了"三公"和"三少"的选择标准。为了在太子周围形成良善的教育环境,贾谊建议慎选左右,选择德才兼备者担任"三公"和"三少",即"孝悌博闻有术者"。并且,贾谊以西周时"三公"的品格为例进一步阐释了对"三公"的道德期待,包括"笃仁而好学,多闻而道(导)顺","诚立而敢断",能够"辅善而相义",清廉而正直,敢于"匡过而谏邪"。[3]

二、对父母的伦理期待

我国古代社会注重家庭教育和对儿童的道德训导,并对父母提出了相应的伦理要求,倡导父母以身作则,发挥示范作用。这些对父母的伦理要求散见于一些思想家的著述中。其中,多名思想家期待父母对儿童严慈相济与公正对

---

1 廖其发. 中国幼儿教育史 [M]. 太原:山西教育出版社,2006:16.
2 中国学前教育史编写组. 中国学前教育史资料选 [M]. 北京:人民教育出版社,1989:52.
3 唐淑,钟昭华. 中国学前教育史 [M]. 北京:人民教育出版社,1993:36-37.

待,并且顺应儿童的天性进行教育。

南北朝时期,颜之推根据自己的人生体验写成了《颜氏家训》一书,成为我国封建社会第一本家庭教育教科书。其中《颜氏家训·教子》一篇中指出,父母应"威严而有慈"。如果"无教而有爱",儿童成人后"终为败德"[1]。父母应将鞭挞作为必要的、有效的家庭教育手段。这如同生病了需要药物针灸一样。同时,书中强调父母对待子女应"均爱无偏"。颜之推在书中列举了历史上的多个反面案例,说明"人之爱子,罕当能均;自古及今,此弊多矣。贤俊者实可赏爱,玩鲁者亦当矜怜。有偏宠者,虽欲以厚之,更所以祸之"[2]。

明末清初的教育家张履祥主张父母要提高自身素质,并对儿童实施严格教育,认为严教与否是产生贤与不肖子弟的关键。他说:"人各欲善其子,而不知自修,惑矣!""修身为急,教子孙为重,然未有不能修身而能教其子孙者也。""子弟童稚之年,父母师傅严者,异日多贤,宽者多至不肖……严则督责笞挞之下有以柔服其血气,收束其身心,诸凡举动,知所顾忌,而不敢肆。宽则姑息放纵,长傲恣情,百端过恶皆从此生也。"父母应"勿以幼儿而宽之",每日履行"严君之职"。[3]

明末清初的教育家陆世仪强调父母要"端本清源",发挥良好的示范作用,以培养出具有善良品德的孩子。他说:"教子须是一身率先。每见人家子弟,父母未尝着意督率,而规模动定,性情好尚,辄酷肖其父,皆身教为之也。"[4]许多人家的孩子,父母并未有意识地教育引导,而孩子的言行举止、性格特点等,都与父母十分相像,这都是身教的缘故。教育者的言行举止须保持端正、庄重的形象。

---

1 唐淑,钟昭华. 中国学前教育史 [M]. 北京:人民教育出版社,1993:42.
2 中国学前教育史编写组. 中国学前教育史资料选 [M]. 北京:人民教育出版社,1989:58.
3 同1:63–64.
4 唐淑. 学前教育思想史 [M]. 北京:人民教育出版社,2009:45.

三、对蒙师的伦理期待

中国古代重视对儿童的启蒙教育，主张儿童八岁左右离家出外就学，或者在家中设私塾请先生教学。蒙学从夏商周时期就已建立，明清时期发展更为成熟。其教育对象虽以七八岁至十六七岁的儿童为主，但常有四五岁的儿童早早开蒙。随着蒙学的发展，对蒙师及其教学的要求逐步为人们所关注。历史上多名教育家在著述中倡导蒙师关注幼儿自身的天性与成长规律，提出因材施教、量资循序等原则。

明代王守仁指出儿童天性喜欢游戏，且不愿受拘束，建议教师多鼓舞儿童，使他们快乐，自然发展。"大抵童子之情，乐嬉游而惮拘检，如草木之始萌芽，舒畅之则条达，摧挠之则衰萎。今教童子，必使其趋向鼓舞，中心喜悦，则其进自不能已。"[1] 同时，王守仁批评了当时蒙学中压抑儿童个性的一些教育做法。"若近世之训蒙稚者，日惟督以句读课仿，责其检束而不知导之以礼，求其聪明而不知养之以善，鞭挞绳缚，若待拘囚。彼视学舍如囹圄而不肯入，视师长如仇寇而不欲见，窥避掩覆以遂其嬉游，设诈饰诡以肆其顽鄙，偷薄庸劣，日趋下流。是盖驱之于恶而求其为善也，何可得乎？"[2] 此外，他提出了幼儿教育的一些原则，包括因材施教、各成其才等。他说："因人而施之，教也，各成其材矣，而同归于善。"[3] 每个人的个性和发展水平不同，教育者应当采用不同的方法施以不同的内容，不能让儿童成为一样的人。

清代儿童教育家崔学古指出了蒙师作用的重要，并在其《幼训》一书中阐述了量资循序原则。"为父师者，不量子弟之资禀，不顾学问之生熟，而惟欲速以求成，不知工夫有序，何可一旦助长？故昔谓教子弟，不必躐等，当知循序，不必性急于一时，而在操功悠久。日复一日，月复一月，年复一年，毫不放空，亦不逼迫，优而游之，使自得之，自然慧性日开，生机日活。"[4] 他主张

---

1 中国学前教育史编写组.中国学前教育史资料选[M].北京：人民教育出版社，1989：73.
2 同上：74。
3 唐淑，钟昭华.中国学前教育史[M].北京：人民教育出版社，1993：57.
4 同1：72。

根据幼儿的实际水平循序渐进地开展教育，引导幼儿在愉悦状态下有计划地长期坚持学习，进而达成"自得""自然"和"生机日活"的结果。另外，崔学古提醒人们批评责罚儿童要注意分寸，讲究时机。在责罚时机上，他提出了"四毋责"，即"空心毋责，方饭毋责，毋乱责，毋出不意从背后掩责"[1]。否则，成人的责罚会伤害儿童，"皆足至疾"，是要绝对禁止的。

第二节 近现代对学前教育人员的伦理倡议

一、清朝末期对保姆的伦理倡议

近代，我国开始设立专门的学前教育机构，并颁布了专门的学前教育法规。但是，限于学前教育机构初步建立，各方面建制处于探索之中，对教师的要求并不具体，涉及伦理的规定更少。

1903年，清政府颁布癸卯学制，将蒙养院作为教育的起始阶段，并为学前教育专门制定了《奏定蒙养院章程及家庭教育法章程》（以下简称《章程》）。"这是我国近代学前教育的第一个法规"。[2] 该章程规定蒙养院招收三岁以上至七岁的儿童，并规定了蒙养院的教育要旨与课程条目等。同时，该章程规定蒙养院设置在育婴堂和敬节堂中，"利用两堂的乳媪和节妇以及谋生之贫妇担任保姆，权充蒙养院的师资"[3]，以解决当时社会中缺乏女师范生的师资困境。在师资缺乏的情况下，章程规定对为保姆者讲习保育教导之事，给认真且保育教导合法者发保姆教习凭单，没有更具体的对保姆的要求。

在此阶段，康有为在《大同书》中设想所有的婴幼儿公养公育，婴儿出生后交由育婴院抚育，断奶后交由慈幼院来照管，并对其中看护者的选择标准有所规定。他倡议："此院看护者皆女子，以男子心粗性动而少有耐性，不若女

---

1 何晓夏. 简明中国学前教育史［M］. 北京：北京师范大学出版社，2015.
2 唐淑，钟昭华. 中国学前教育史［M］. 北京：人民教育出版社，1993：71.
3 同2：75。

子之静细慈和而有耐性也,其名曰保。凡女保皆由本人自愿,而由总医生选其德性慈祥、身体强健、资禀敏慧、有恒性而无倦心、有弄性而非方品者,乃许充选。盖孺子既离产母,则女保有代母之任,其责最大,人类所关,不可不重其选也。"[1] 从中可见,康有为期待慈幼院看护者符合以下要求:女性,愿意从事儿童看护工作,德性慈祥,身体健康,聪慧,有恒心而无倦心,活泼而不呆板,细心,有耐性等。

二、民国时期对幼稚园教师的伦理倡议

民国中后期对学前教育人员的伦理要求相对具体,表现在当时教育部颁布的文件、幼稚园的教育制度和幼儿教育家的理论著作中。

(一)政策与制度文件中的相关论述

这时期的学前教育政策文件中明确地提出了一些教育原则,体现了对教师工作的要求。尤其,其中首次将教师与家庭合作以法规的形式确定了下来,并对教师伦理底线——不准体罚做出了规定。1932年,民国教育部公布了《幼稚园课程标准》,其中规定幼稚园教育总目标为:幼稚园教育要"力谋幼稚儿童应有的快乐和幸福","协助家庭养育幼稚儿童,并谋家庭教育的改进"。[2] 1943年12月,民国教育部公布的《幼稚园设置办法》中提出:"幼稚园之保育,应注重养成良好习惯,不得施行体罚及足使儿童感觉痛苦之苛罚","幼稚园应联络并协助家庭,对于儿童做一致之保育"。[3]

同时,这时期的制度文件对师范学校的教员提出了系列要求,并对应指出了对师范生的期待。一部分师范生毕业后即为学前教师,对师范生的期待在一定程度上可以说是对学前教师的伦理要求。例如,教育部公布的《师范学校规程》(1916年)提出"爱国家、尊法宪,为充任教员之要务,故宜使学生明建国之本原,践国民之职分。独立博爱为充任教员者之要务,故宜使学生尊品格

---

1 中国学前教育史编写组. 中国学前教育史资料选 [M]. 北京: 人民教育出版社, 1989: 89.

2 同上: 230–231。

3 同上: 228。

而重自治，爱人道而尚大公"[1]。这要求师范学校的教员以身示范，使师范生树立起对国家的责任感，重视品德与自治，拥有人道主义精神并推崇公义。

（二）幼稚园实践记录中的相关内容

民国时期，多种类型的幼稚园得到发展，当时幼稚园教育实践的记录中有与教师伦理相关的内容。部分记录详实具体，不仅可帮助人们了解当时的学前教师伦理，也能够为今天学前教师专业伦理构建提供启发。例如——

1919年成立的集美幼稚园，提出了自己的信条。其具体内容为：

（1）我们深信教育是立国的根本大计，幼稚教育是教育的基础，是造就良好国民的根本教育。

（2）我们深信教养儿童成为健康的儿童，才能有健全的国民。

（3）我们深信教育应以儿童为中心，教育的基础，建立在儿童的需要与生活的经验上。

（4）我们深信教师是儿童的伴侣，教育儿童应把全部精力贯注到儿童身上；幼稚教育是爱的教育，教师要发现儿童，领导儿童，应走向儿童的队伍里去。

（5）我们深信幼稚园教育有改造家庭教育的责任。[2]

这些信条是对教师信念的引领，阐明了教师应如何对待国家、儿童及其家庭，规定了教师的责任和履行责任的方式。

同时，集美幼稚园注重与幼儿家庭的联络，对教师与家庭联络的方式和内容进行了规定。如："（1）访问家庭。教师与师范生每周到幼儿家庭访问一次，以了解父母的职业、家庭生活及幼儿的品德、嗜好、学习、游玩、伴侣等情况，以作为教育幼儿的根据。（2）通讯联系，书面向家长报告幼儿的身心发展状况与在园情况。（3）定期召开恳亲会。一般每学期召开一次恳亲会，向家长

---

[1] 中国学前教育史编写组.中国学前教育史资料选[M].北京：人民教育出版社，1989：243.
[2] 同上：261。

报告幼儿在园的养育概况，并相互讨论养育的意见，以利幼儿的健全成长。"[1]

除了集美幼稚园，当时的四川省立成都实验幼稚园也有对教师伦理要求的相关记录。其在幼稚园实施计划的"实施原则"中主张，"教师与儿童实行共同生活，使儿童受到教师人格之感化"[2]。同时，其在实施计划的"教育实施"部分中要求"全园教师，对于儿童生活均负指导之责任，并绝对以身作则"[3]。另外，该园重视教师的进修活动，并要求教师开展实验研究。这些对幼稚园教师伦理责任的说明在今天依然适用。

（三）教育思想中的相关表达

民国时期，以陈鹤琴先生为代表的多名教育家关注和研究幼儿教育，他们的著作中不乏关于幼稚园教师的讨论，其中有许多关于教师伦理的倡议。

1. 陈鹤琴教育思想中的相关表达

陈鹤琴在其著作《怎样做幼稚园教师》中，从业务修养、教学技术和优良品质三方面展开说明了幼稚园教师应具备的专业素养，并对幼稚园教师应具备的优良品质做了详细论述。其中指出"教师本身的品质是养成儿童品格的重要因素"[4]，对教师的品质提出了六个方面13项具体要求。即——

（1）对人要和蔼可亲、不发脾气、帮助别人；

（2）对自己能掌握自我批评的武器、不自私、注意健康；

（3）对儿童要热爱、公平；

（4）对同事必须合作；

（5）对工作要有高度热情、富有创造性、决不灰心；

（6）对学问要"学习，学习，再学习"。[5]

---

1 中国学前教育史编写组.中国学前教育史资料选［M］.北京：人民教育出版社，1989：264.
2 同上：309。
3 同上：310。
4 陈鹤琴.怎样做幼稚园教师［M］.上海：华东师范大学出版社，2013：3.
5 同4：10-11。

同时，他在书中翻译了几种评估教师品格的量表，包括自我检讨的评量方式，对教师的道德行为给出了具体评量标准。这对当前学前教师专业伦理评价是极为重要的参考资料。

除此之外，他在其他文章中也提出了对学前教师的期望与要求。在《现今幼稚教育之弊病》（1924年）中，陈鹤琴建议教师要关注儿童的需要与意见。"虽然儿童做事不能任其所欲，我们也应从旁暗示，指导；不过我们不应事事随我们成人的意思去做。要知我们的意思未必尽善尽美的。儿童的意思未必都是错的。有许多地方，我们还是要随儿童的欲望和意思。"[1]在《我们的主张》（1927年）中，陈鹤琴先生提出了15条关于幼稚园教育的主张。其中第13条写道"我们主张幼稚园的教师应当是儿童的朋友"。教师不应像私塾先生那样让儿童害怕，而应该如朋友一样与学生接近，在共同游戏中一同学习。其中第14条为"我们主张幼稚园的教师应当有充分的训练"。[2]教师不能用呆板一律的方法去教儿童，要有充分的学识和高深的技能才能因材施教。《幼稚教育之新趋势》（1927年）中强调"教师要尽责，每天要有充分的准备，倘若不尽责，虽有丰富的教具、教材，也是无用的"[3]。《谈谈学校里的惩罚》（1934年）一文中提出了七条惩罚原则，包括："教儿童明了规则的意义；使儿童了解规则是公共应守的纪律；惩罚不得妨害儿童身体；惩罚不得侮辱儿童人格；惩罚不得妨害儿童学习；在可能范围内须尽力顾全名誉（除不得已时切勿在大众面前施行惩戒，以保全儿童的体面）；须鼓励儿童勇于改过引起她们的自爱。"[4]这些原则对教师如何实施惩罚给出了具体指导与要求。在《战后中国的幼稚教育》（1947年）一文中，陈鹤琴主张"幼稚师范是在培养优良的幼稚教师具有慈母的心肠、丰富的知能、和爱的性情、研究的态度"[5]。他强调学前教师一定

---

[1] 中国学前教育史编写组.中国学前教育史资料选［M］.北京：人民教育出版社，1989：147.

[2] 同上：159-160。

[3] 同上：163。

[4] 吕静，周谷平.陈鹤琴教育论著选［M］.北京：人民教育出版社，1994：250-251.

[5] 同1：175。

要经过严格的专业训练,有对儿童的爱与情感,以及从事学前教育工作的决心与认识。

2. 张宗麟教育思想中的相关表达

张宗麟在《幼儿园的社会》一书中细致规定了教师在幼儿新入园时的态度,包括服装、笑容、举动和爱四方面的要求。为了帮助幼儿快乐地加入幼稚园这个新社会,教师的服装要"与当地社会相仿佛","用微笑而极温柔的态度去欢迎"儿童,"拉拉他的手,问问他的名字,年龄",与儿童展开互动。在举动上,教师应"对每个孩子都极自然的欢迎。这里还有一件事须注意,就是不要分阶级,对于来园的孩子,一律平等看待。无论他的家庭贫富如何,无论孩子长得美丑如何,教师都不应当分青白眼的"。儿童第一天入园时,教师会很忙。在忙的时候,教师"心境要格外澄清而镇静,举动切忌鲁莽"。"'爱'是集合社会的唯一灵魂。教师与幼稚生从见面之日起,就是要共同组织一个生活团体,共营社会生活。""'爱'的表示在动作,在笑容,在语言。但是动作、笑容、语言,倘若缺少了爱,就是一切神情都表演得维妙维肖,结果仍旧是冰一样的冷酷。"[1]

《幼稚师范问题》(1926年)一文在谈到师范生的入学资格时指出,幼稚教师"于志趣方面尤宜有坚忍耐劳、不肯轻易改换的",即要选择有坚忍耐劳品性,且坚定选择学前教育的人进入师范学校学习。在《幼稚教师对社会应有的态度与技能》(1931年)一文中,张宗麟主张幼稚教师应有自身的觉悟,为大多数儿童谋幸福,并深入到社会去做社会工作,加入到当地家庭问题和妇女问题的解决中。做教师的应拿出侠义气概来帮助解决这些问题。为此,幼稚教师在跨出幼稚园大门做事情时应掌握一些新的本领。这些本领包括在技能与常识方面能讲演、会算账、会组织合作社、会医小病等,以及会替妇女抱不平、懂得本地一切风俗习惯、明了世界潮流国家大势。在态度方面,幼稚教师要"肯吃苦;能动手做;待人宽大,外表温厚;事事留心;终身从事幼稚教育为

---

[1] 张宗麟.张宗麟幼儿教育论集[M].张沪,编.长沙:湖南教育出版社,1985:277–278.

社会谋福利"[1]。尤其，教师应清楚"幼稚教育能否对社会发生效力，全在乎这点。做教师的要引导孩子到社会上去，为社会谋福利；如果自己中途躲去，做社会的享受者，这样的教育决没有成效的"[2]。

除了陈鹤琴和张宗麟两位教育家外，其他教育家也曾在著述中提出过对学前教师的伦理倡议。例如，恽代英曾在《儿童公育在教育上的价值》(1920年)一文中指出，教师的冷酷不适宜幼儿的发育，合宜的儿童教育者应"有彻底的觉悟，合度的修养"[3]。陶行知在《幼稚园之新大陆——工厂与农村》(1926年)一文中强调幼稚园应做好卫生保健工作，幼稚园教师应受过严谨的卫生训练，"做康健之神"[4]。

综合来看，民国时期学前教师专业伦理有以下两个特点：第一，在注重教师与儿童之关系的同时，重视教师与家庭和社会的关系。当时社会对幼儿园教育的重视程度有所提高，学前教育机构的数量有一定程度的增多，学前教育机构与家庭的关系自然受到关注。政策文件中也明确规定了学前教育机构对家庭负有辅助与改进作用。同时，当时学前教育机构的举办者和教育家多倡导通过教育改革社会，为此在幼儿园教育和学前师范教育中强调教师参与解决社会问题。第二，在继承古代对学前教师道德期待的同时，近现代结合幼儿园教育工作需要具体地规范了教师的态度或言行，并明确提出了部分伦理底线。例如，不得施行体罚。这得益于陈鹤琴与张宗麟等人躬身实践的探索与总结，也受到了以杜威为代表的西方教育理论的影响。总体而言，这一时期学前教师专业伦理规范处于萌芽阶段，对学前教师的伦理倡议散于各处规定与论述中，尚未成为一个系统化、制度化的规定。

---

1 张宗麟.张宗麟幼儿教育论集［M］.张沪，编.长沙：湖南教育出版社，1985：786-787。

2 同上：787。

3 中国学前教育史编写组.中国学前教育史资料选［M］.北京：人民教育出版社，1989：134.

4 同3：141。

三、老解放区学前教育中对教师的伦理倡议

在老解放区托幼机构建立与发展的过程中,关于学前教师的伦理倡议散见于一些政策文件、报纸舆论、教育实施记录和教育思想著作中。中国共产党在革命根据地创建了托儿所,颁布了托幼条例,发展了一批日托农村托儿所,以适应土地革命战争和生产建设的需要。在抗日战争和解放战争时期,中国共产党"建立了保育领导机构和各种类型的托幼组织,培训了一支新型的保教人员队伍"[1],以抚育烈士遗孤和革命后代。这些托幼机构对教师的期待与要求有着自己的特点,强调教师的政治责任意识与对儿童的关爱。这影响着新中国成立后学前教师专业伦理的发展。

在老解放区,托儿所被视为"革命的家庭"[2],"从事保育工作的同志,大半都把这一工作认为是一种革命事业,不是一种雇佣工作,也不是看作一种慈善事业"[3]。1938年,《新中华报》社论指出:"儿童保育工作的好坏,保姆是有很大的关系的。因此,必须特别注意对保姆的教育,不仅是技术上的教育,而且须要加强政治上的教育。从政治上来提高保姆的积极性责任心。""儿童保育工作,除保养之外,必须给儿童以抗战的教育与训练,灌输以民族意识,以造就未来一代的民族解放战士。同时,必须纠正过去在教育方式上的旧的传统的恶习气。"[4] 1946年,延安保育委员会在保育工作干部会议上强调保育工作应"以'为儿童'作中心,纠正片面'为大人'的偏向"[5]。

以陕甘宁边区第一保育院为例来看当时的托幼机构实践中对教师的伦理要求。第一保育院的教育原则强调"以母爱出发的感情教育。每个保育工作者对待孩子,其态度都极其慈爱温和,怀着慈母似的心情,从生活上健康上处处关

---

1 中国学前教育史编写组. 中国学前教育史资料选[M]. 北京:人民教育出版社,1989:361.
2 同上:369。
3 同上:373。
4 同上:378。
5 同上:374。

心儿童，使其感到保育院是个温暖的大家庭"[1]。在管教儿童的方法上，保育院明确提出——

1. 教员、保姆处处关心儿童，爱护儿童，态度温和，以身作则，做各种示范，帮助儿童做事。
2. 提倡讲道理作风，有纠纷时调查后要正确处理，不要有任何偏袒，不拿恫吓或欺骗手段来对付儿童。
3. 不过分干涉儿童行动，败坏他的创造力，使其自由生长，同时加以指导。
4. 组织儿童，做到自己管理自己和自觉遵守纪律的习惯。[2]

同时，保育院建议教师注意自己的行动和态度，"为儿童做表率""多采用间接的暗示，并经常给以鼓励和表扬"[3]。"要诚实地答复孩子们的要求与问题"[4]"一切掩盖事实带欺骗性的或者是敷衍了事的来答复儿童发问，在教育观点上说，都是错误的，就连性知识方面的问题也不能例外"[5]。

第三节 新中国成立后对幼儿园教师的伦理要求

新中国成立后，国家对学前教育日益重视，在不同时期制定了多项学前教育政策来规范和引导幼儿园发展，其中包括对幼儿园教师的伦理要求。同时，我国一直重视师德建设，对所有教师提出的师德要求，以及面向中小学教师的师德规范也强调适用于幼儿园教师。进入 21 世纪以来，我国先后制定了专门

---

1 中国学前教育史编写组.中国学前教育史资料选［M］.北京：人民教育出版社，1989：403.
2 同上：405。
3 同上。
4 同上：406。
5 同上：407。

的《幼儿园教师专业标准》，以及专门的幼儿园教师专业伦理规范《新时代幼儿园教师职业行为十项准则》，对幼儿园教师的专业伦理要求更加具体且更具有针对性。

一、学前教育政策文件中对幼儿园教师的伦理要求

《幼儿园教育工作指南（初稿）》是"1954年中央教育部委托北京师范大学编写，并于1957年夏下发全国各地使用和征求意见的有关幼儿园课程的指导性文件"[1]。虽然文件最终未能正式发布，但是其中有比较具体的对幼儿园教师的伦理要求。这包括："幼儿园里教师应当注意以身作则，慎重地对待每一件小事，为儿童树立正确的榜样；……在进行教育的过程中教师要注意尊重儿童，切勿损害儿童的自尊心。要善于发现儿童良好的一面，而加以巩固；但也不放纵儿童的缺点，对儿童的行为逐渐提出更高的要求。教师必须掌握鼓励和惩罚儿童的尺度，根据儿童个别的特点，用语言、表情和态度等表示对儿童满意或不满意。对较大的儿童可以严肃地指出儿童的缺点；但不能使儿童受到任何体力及精神上的痛苦。应当避免引起儿童恐惧的心理，绝对禁止体罚。"[2]"家庭和幼儿园共同为培养建设社会主义祖国的新生一代而努力；因此幼儿园必须而且可能取得家长的合作……二、教师还要和托儿所及小学取得联系……三、各班教师在执行全部教育工作时，还须制订计划……有目的、有顺序、有计划、有准备地向幼儿进行全面发展的教育；并促使教育工作质量的不断提高。四、……教师对全部教育工作起着主导作用。教师不仅要有高度的政治责任感，并须根据本书的要求，结合各地具体情况，幼儿发展水平及个别儿童特点，和本班其他的教师及工作人员紧密团结，创造性的进行工作；在工作中不断地钻研、思考，总结经验，纠正缺点，不断地提高政治业务水平，以实现

---

1 李莉. 20世纪50年代幼儿园课程中国化、科学化探索的结晶——《幼儿园教育工作指南（初稿）》述评[J]. 学前教育研究，2003（06）：25-27.
2 中国学前教育研究会. 中华人民共和国幼儿教育重要文献汇编[M]. 北京：北京师范大学出版社，1999：640.

祖国和人民所交付的为建设社会主义及共产主义社会而培养新生一代的伟大任务。"[1]

1979年,教育部印发了《城市幼儿园工作条例》。其中对幼儿园教养员和保育员提出了伦理要求,包括:"热爱幼儿,对幼儿耐心教育,细致照顾,全面关心幼儿的身心健康,切忌偏爱;保教结合,组织好生活、游戏和作业,提高保教质量;以身作则,在思想、言行方面严格要求自己,作幼儿的表率;努力学习,刻苦钻研,不断提高思想政治觉悟和文化、业务水平。幼儿园要注意与幼儿家长经常保持联系。要了解幼儿的性格、生活习惯和家庭环境等,便于针对个人的特点进行教育,并应帮助家长对幼儿进行正确的家庭教育。其他工作人员要热爱本职工作,加强政治、文化和业务学习,努力为幼儿教育服务。全体工作人员应该紧密团结,互相尊重,互相帮助,取长补短,共同提高。"

2001年,教育部颁布了《幼儿园教育指导纲要(试行)》。其中在总则部分强调"幼儿园教育应尊重幼儿的人格和权利,尊重幼儿身心发展的规律和学习特点,以游戏为基本活动,保教并重,关注个别差异,促进每个幼儿富有个性的发展"。这些事实上也是对教师的教育行为提出的要求。

同时,其中在第三部分的第十条指出"教师应成为幼儿学习活动的支持者、合作者、引导者",并就此给出了具体说明:教师应"(一)以关怀、接纳、尊重的态度与幼儿交往。耐心倾听,努力理解幼儿的想法与感受,支持、鼓励他们大胆探索与表达。(二)善于发现幼儿感兴趣的事物、游戏和偶发事件中所隐含的教育价值,把握时机,积极引导。(三)关注幼儿在活动中的表现和反应,敏感地察觉他们的需要,及时以适当的方式应答,形成合作探究式的师生互动。(四)尊重幼儿在发展水平、能力、经验、学习方式等方面的个体差异,因人施教,努力使每一个幼儿都能获得满足和成功。(五)关注幼儿的特殊需要,包括各种发展潜能和不同发展障碍,与家庭密切配合,共同促进

---

[1] 中国学前教育研究会. 中华人民共和国幼儿教育重要文献汇编[M]. 北京:北京师范大学出版社,1999:642.

幼儿健康成长"。[1]

2016年,教育部公布了新版《幼儿园工作规程》。《幼儿园工作规程》是规范幼儿园内部管理的规章,对幼儿园工作进行了全面的规范说明。《幼儿园工作规程》最初于1989年颁布试行版本,后于1996年发布正式版本,再于2016年修订。

其中在总则中提出了对幼儿园教职工的伦理要求,规定"幼儿园教职工应当尊重、爱护幼儿,严禁虐待、歧视、体罚和变相体罚、侮辱幼儿人格等损害幼儿身心健康的行为"。并且,在第五章"幼儿园的教育"部分结合幼儿园教育工作实际提出了对幼儿园教师的伦理要求。第25条中规定,幼儿园教育工作的原则包括"……遵循幼儿身心发展的规律,符合幼儿的年龄特点,注重个体差异,因人施教,引导幼儿个性健康发展。面向全体幼儿,热爱幼儿,坚持积极鼓励、启发引导的正面教育"。第30条中规定"幼儿园应当营造尊重、接纳和关爱的氛围,建立良好的同伴和师生关系"。第32条中规定"幼儿园应当为在园残疾儿童提供更多的帮助和指导"。

第七章"幼儿园的教职工"部分从幼儿园工作人员的资格与责任方面详细说明了对幼儿园工作人员的伦理要求。第39条中规定"幼儿园工作人员应贯彻国家教育方针,具有良好品德,热爱教育事业,尊重和爱护幼儿,具有专业知识和技能以及相应的文化和专业素养,为人师表,忠于职责,身心健康"。接着,《幼儿园工作规程》对幼儿园园长、教师和保育员的职责进行了分别说明——

> 幼儿园教师对本班工作全面负责,其主要职责如下:
> (一)观察了解幼儿,依据国家有关规定,结合本班幼儿的发展水平和兴趣需要,制订和执行教育工作计划,合理安排幼儿一日生活;
> (二)创设良好的教育环境,合理组织教育内容,提供丰富的玩具和游戏材料,开展适宜的教育活动;

---

[1] 教育部. 教育部关于印发《幼儿园教育指导纲要(试行)》的通知(2001)[EB/OL]. http://www.law-lib.com/law/law_view.asp?id=17464.

（三）严格执行幼儿园安全、卫生保健制度，指导并配合保育员管理本班幼儿生活，做好卫生保健工作；

（四）与家长保持经常联系，了解幼儿家庭的教育环境，商讨符合幼儿特点的教育措施，相互配合共同完成教育任务；

（五）参加业务学习和保育教育研究活动；

（六）定期总结评估保教工作实效，接受园长的指导和检查。

幼儿园园长负责幼儿园的全面工作，主要职责如下：

（一）贯彻执行国家的有关法律、法规、方针、政策和地方的相关规定，负责建立并组织执行幼儿园的各项规章制度；

（二）负责保育教育、卫生保健、安全保卫工作；

（三）负责按照有关规定聘任、调配教职工，指导、检查和评估教师以及其他工作人员的工作，并给予奖惩；

（四）负责教职工的思想工作，组织业务学习，并为他们的学习、进修、教育研究创造必要的条件；

（五）关心教职工的身心健康，维护他们的合法权益，改善他们的工作条件；

（六）组织管理园舍、设备和经费；

（七）组织和指导家长工作；

（八）负责与社区的联系和合作。

幼儿园保育员的主要职责如下：

（一）负责本班房舍、设备、环境的清洁卫生和消毒工作；

（二）在教师指导下，科学照料和管理幼儿生活，并配合本班教师组织教育活动；

（三）在卫生保健人员和本班教师指导下，严格执行幼儿园安全、卫生保健制度；

（四）妥善保管幼儿衣物和本班的设备、用具。

二、适用于幼儿园教师的教师伦理规范

《中小学教师职业道德规范》是新中国成立后制定较早的一个专门的教师专业伦理规范，它适用范围最广，也适用于幼儿园教师。我国分别于1985年、1991年、1997年与2008年先后四次颁布或修订了《中小学教师职业道德规范》。《中小学教师职业道德规范》（2008年修订）对教师提出了六方面的原则与规则——爱国守法、爱岗敬业、关爱学生、教书育人、为人师表、终身学习。这六方面的原则与规则依次为教师如何对待国家与社会、如何对待工作、如何对待学生、同事和家长，以及如何对待专业提出了要求。《中小学教师职业道德规范》在每个原则的概括要求之后，对原则的内涵进行了解释，并在最后给出了规则要求。规则一般是对职业道德底线要求的表达，是不可违背的。例如，在"爱国守法"的原则要求中，文件分别对"爱国"和"守法"的内涵进行了解释，并在最后提出了一个具体的规则要求——"不得有违背党和国家方针政策的言行"。这为幼儿园教师的专业伦理规范建设提供了良好的参照。

2014年9月，在第30个教师节前夕，习近平总书记在北京师范大学考察时发表重要讲话，勉励广大教师做党和人民满意的好老师，概括指出了好教师的四项特质，即"四有"好老师，指有理想信念、有道德情操、有扎实学识、有仁爱之心的教师。做"四有"好老师，是国家对所有教师的职业道德期望，包括学前教师。

> 每个人心目中都有自己好老师的形象。做好老师，是每一个老师应该认真思考和探索的问题，也是每一个老师的理想和追求。我想，好老师没有统一的模式，可以各有千秋、各显身手，但有一些共同的、必不可少的特质。第一，做好老师，要有理想信念。……第二，做好老师，要有道德情操。……第三，做好老师，要有扎实学识。……第四，做好老师，要有仁爱之心。
>
> ——摘自习近平总书记同北京师范大学师生代表座谈时的讲话

三、专门为幼儿园教师制定的伦理规范

(一)《幼儿园教师专业标准(试行)》

2011年,教育部发布《幼儿园教师专业标准(试行)》,其中强调师德为先是《幼儿园教师专业标准(试行)》的第一基本理念,并首先提出了对幼儿园教师专业理念与师德的明确要求。这些要求分为四个领域,依次包括职业理解与认识、对幼儿的态度与行为、幼儿保育和教育的态度与行为、个人修养与行为。其基本要求表述为20个条目——

1. 贯彻党和国家教育方针政策,遵守教育法律法规。

2. 理解幼儿保教工作的意义,热爱学前教育事业,具有职业理想和敬业精神。

3. 认同幼儿园教师的专业性和独特性,注重自身专业发展。

4. 具有良好职业道德修养,为人师表。

5. 具有团队合作精神,积极开展协作与交流。

6. 关爱幼儿,重视幼儿身心健康,将保护幼儿生命安全放在首位。

7. 尊重幼儿人格,维护幼儿合法权益,平等对待每一位幼儿。不讽刺、挖苦、歧视幼儿,不体罚或变相体罚幼儿。

8. 信任幼儿,尊重个体差异,主动了解和满足有益于幼儿身心发展的不同需求。

9. 重视生活对幼儿健康成长的重要价值,积极创造条件,让幼儿拥有快乐的幼儿园生活。

10. 注重保教结合,培育幼儿良好的意志品质,帮助幼儿养成良好的行为习惯。

11. 注重保护幼儿的好奇心,培养幼儿的想象力,发掘幼儿的兴趣爱好。

12. 重视环境和游戏对幼儿发展的独特作用,创设富有教育意义的环境氛围,将游戏作为幼儿的主要活动。

13. 重视丰富幼儿多方面的直接经验,将探索、交往等实践活动作为

幼儿最重要的学习方式。

14. 重视自身日常态度言行对幼儿发展的重要影响与作用。

15. 重视幼儿园、家庭和社区的合作，综合利用各种资源。

16. 富有爱心、责任心、耐心和细心。

17. 乐观向上、热情开朗，有亲和力。

18. 善于自我调节情绪，保持平和心态。

19. 勤于学习，不断进取。

20. 衣着整洁得体，语言规范健康，举止文明礼貌。

（二）《新时代幼儿园教师职业行为十项准则》

2018年，教育部制定了《新时代幼儿园教师职业行为十项准则》（见附录1-1）和相应的《幼儿园教师违反职业道德行为处理办法》（见附录1-2）。《新时代幼儿园教师职业行为十项准则》是为贯彻落实全国教育大会精神，推进中共中央、国务院《关于全面深化新时代教师队伍建设改革的意见》的实施，做好立德树人工作，针对幼儿园教师职业道德表现中出现的突出问题制定的新时代职业规范，以更好地规范学前教师的职业行为，明确师德底线。

1. 性质

这是我国第一部适用于全国范围的、专门的幼儿园教师职业道德规范，具有强制度属性，对幼儿园教师具有规范、引导与保护作用。

首先，准则的制定是幼儿园教师职业道德建设专业化进程中的一大进步。长期以来，我国缺少全国适用的、专门的幼儿园教师职业道德规范，幼儿园师德建设工作只能参照《中小学教师职业道德规范》的要求。这在一定程度上影响了幼儿园教师职业道德建设的有效性。幼儿相比其他学段学生有着独特的身心特点与发展需要，幼儿园教育工作相比其他学段工作有着自己的特殊性，幼儿园教师的责任内涵与责任优先性也有自己的特点。幼儿园教师职业道德规范应切实反映这些特殊性，才能给幼儿园教师以有效的行为指导。与同时间颁布的《新时代高校教师职业行为十项准则》和《新时代中小学教师职业行为十项准则》相比，《新时代幼儿园教师职业行为十项准则》特别强调幼儿园教师应

"爱岗敬业,细致耐心","呵护幼儿健康,保障快乐成长","循序渐进,寓教于乐",并且应优先"加强安全防范"。这些规定充分考虑到了——幼儿身心稚嫩,需要教师细心呵护,并优先保护幼儿的安全;幼儿园应以游戏为基本活动,并在生活中渗透教育;当前,部分幼儿园教师表现出了"玩忽职守、消极怠工",侮辱、虐待、伤害幼儿,提前教授小学内容等问题,需要加强幼儿园教师的岗位责任意识。可以说,《新时代幼儿园教师职业行为十项准则》不仅准确立足幼儿和幼儿园教育工作的特点给了幼儿园教师以适宜的行为引导,还针对当前幼儿园教师师德表现中的突出问题给予了有针对性的规范。

其次,准则的实施具有强制度属性。以往,我国的教师职业道德规范更多地发挥着"软约束力",其具体内容中价值倡议与原则引导部分居多,少有一些禁止性规则。《新时代幼儿园教师职业行为十项准则》中禁止性规则的内容比重更大,已经超出了原则内涵说明所占的比重。尤其,准则印发的同时,教育部配套制定了《幼儿园教师违反职业道德行为处理办法》。该办法对应准则明确列出了"应予处理的教师违反职业道德行为"清单,详细规定了处理办法与处理程序,以及幼儿园举办者和管理部门的责任。"处理包括处分和其他处理。处分包括警告、记过、降低岗位等级或撤职、开除。"准则实施以来,教育部已经多次曝光多起违反教师职业行为十项准则的典型问题,并公开了根据《幼儿园教师违反职业道德行为处理办法》所采用的处理结果。配套制度的使用和严格透明的实施过程表明了准则的强制度属性,增强了准则对幼儿园教师的约束力与影响力。

最后,准则不仅对幼儿园教师发挥着规范与引导作用,还起着保护作用。制定和使用专业伦理规范,表现出高度自律,是衡量一个职业是否属于专业的标准之一。这既是专业群体加强服务规范和内部治理的手段,也是专业群体在社会中塑造专业形象、维护社会地位的一种方式。近几年中,部分幼儿园教师的伦理失范行为不仅对幼儿的身心健康造成了伤害,也极大地破坏了幼儿园教师群体的专业形象与社会地位。《新时代幼儿园教师职业行为十项准则》的制定与使用不仅适时地规范和引导了幼儿园教师的专业行为,也向社会公众传递了幼儿园教师加强自律的决心与努力,保护了所有幼儿园教师的专业形象与社会地位。广大幼儿园教师应当积极地拥护、宣传和践行准则，而不是对准则持警惕或排斥的态度。

2. 要求

《新时代幼儿园教师职业行为十项准则》提出了明确具体的十项准则要求，对幼儿园教师在保教活动中如何对待国家、社会、幼儿、同事和家长等给出了规范与引导。其中既有对原则内涵的说明，也有对规则重点的强调。这里将其内容概括为三个方面进行分析。

（1）坚守为国执教的信念。

幼儿园教师应当树立为国执教的信念，以对国家与社会负责的态度投身于幼儿园教育工作。这是准则对幼儿园教师职业行为的首要要求。具体来看，准则依次要求幼儿园教师要"坚定政治方向""自觉爱国守法""传播优秀文化"。幼儿园教师兼有普通社会成员和专业教师两种身份。作为一名普通的社会成员，幼儿园教师就应"坚持以习近平新时代中国特色社会主义思想为指导，拥护中国共产党的领导"，"忠于祖国，忠于人民，恪守宪法原则，遵守法律法规"，"践行社会主义核心价值观，弘扬真善美"。作为一名专业教师，幼儿园教师不仅应有较高的政治觉悟和良好的社会公德，还应在保教活动中"贯彻党的教育方针"，"依法履行教师职责"，积极"传递正能量"。教育是社会的一部分，既受政治、法律和文化的影响，又承担着传递和传播政治意识形态、法律精神和优秀文化的功能。教师主动承担对国家和社会的责任，才有可能通过教育创造更美好的未来社会，培育德智体美劳全面发展的社会主义建设者与接班人。

当前，部分教师仅从个人谋生的立场来对待幼儿园教育工作，没有充分认识到国家、社会与幼儿园教育之间的联系，忽视了对自身政治素养和公共道德的要求。例如，在设计教育目标与选择课程内容时，一些教师完全按照个人喜好选择单一的目标与内容，并不考虑贯彻党的教育方针，促进幼儿全面发展。一些教师虽然参与了传统文化教育活动，但是对传统文化的要义并不理解，不能引导幼儿感悟其中的价值内核，使教育活动偏向形式化，甚至给了幼儿错误的印象。为此，准则明确底线标准，要求幼儿园教师"不得在保教活动中及其他场合有损害党中央权威和违背党的路线方针政策的言行"，"不得损害国家利益、社会公共利益，或违背社会公序良俗"，"不得通过保教活动、论坛、讲座、信息网络及其他渠道发表、转发错误观点，或编造散布虚假信息、不良信息"。

（2）科学开展保教活动。

在保教活动中，幼儿园教师应"潜心培幼育人""加强安全防范""关心爱护幼儿""遵循幼教规律"。准则提出的这四方面要求关照到了幼儿园教师对待工作的态度与方式，以及在工作中对待幼儿的态度与方式，并充分体现了幼儿园教育的特殊性。

依照准则的规定，对待工作本身，幼儿园教师应做到"爱岗敬业"，"不得在工作期间玩忽职守、消极怠工，或空岗、未经批准找人替班，不得利用职务之便兼职兼薪"。在工作过程中，幼儿园教师要积极"落实立德树人根本任务"，"细致耐心"，遵照"循序渐进"的原则，"不得采用学校教育方式提前教授小学内容"。对待幼儿，幼儿园教师应"呵护幼儿健康"，保障幼儿快乐成长，"不得体罚和变相体罚幼儿，不得歧视、侮辱幼儿，严禁猥亵、虐待、伤害幼儿"，并且"不得组织有碍幼儿身心健康的活动"。

与其他学段的教师不同，幼儿园教师应优先"保护幼儿安全"，并坚持以游戏为基本活动，做到"寓教于乐"。这是幼儿园教师的责任排序与责任履行方式的独特之处。第一，幼儿园教师在保教工作中的首要责任是保护幼儿安全。幼儿身心稚嫩，易受伤害，且缺乏自我保护能力。幼儿园教师应"增强安全意识"，"防范事故风险"。如果在保教活动中遇到突发事件或面临危险，幼儿园教师应坚持儿童优先原则，不能"不顾幼儿安危，擅离职守，自行逃离"。在日常教育工作中，幼儿园教师还应加强对幼儿的安全教育，不断提高幼儿的自我保护能力。教会幼儿自我保护才是最有效的对幼儿的保护。准则将"加强安全防范"原则放在了"关心爱护幼儿"原则之前。这不同于《新时代中小学教师职业行为十项准则》中"加强安全防范"原则在"关心爱护学生"原则之后，也不同于《新时代高校教师职业行为十项准则》没有"加强安全防范"的责任规定。第二，幼儿园教师在履行教育责任时要做到"寓教于乐"。目前，一些幼儿园教师割裂了游戏与教学的关系，表现为"强教"或"放任"两种错误倾向，要么强迫幼儿学习，要么放任幼儿自由游戏。幼儿园应当以游戏为基本活动。这意味着教师要给予幼儿充分的游戏时间、空间与自由，并在游戏中对幼儿进行观察与指导，促进幼儿的发展。游戏不仅是幼儿的自由游戏，还包括教师组织的游戏和教学游戏。同时，以游戏为基本活动并不意味着不能有教学。教学活动对于幼儿掌握一些基础的启蒙知识是必要的。并且，高质量的教学活动富有趣味，在内在精神上与游戏相通。无论是在游戏活动中，还是在教学活动中，幼儿园教师应努力做到社会引导与幼儿自主建构的平衡与统一。

（3）正直对待他人与自我。

幼儿园教师应当正直地对待他人与自我。在同事中间，幼儿园教师应"坚持原则，处事公道，光明磊落，为人正直；不得在入园招生、绩效考核、岗位聘用、职称评聘、评优评奖等工作中徇私舞弊、弄虚作假"。面向家长，幼儿园教师应"严于律己，清廉从教；不得索要、收受幼儿家长财物或参加由家长付费的宴请、旅游、娱乐休闲等活动，不得推销幼儿读物、社会保险或利用家长资源谋取私利"。在与其他社会成员的交往中，幼儿园教师要始终以儿童利益为先，"尊重幼儿权益，抵制不良风气；不得组织幼儿参加以营利为目的的表演、竞赛等活动，或泄露幼儿与家长的信息"。

准则对幼儿园教师人际交往方面的上述规定具有很强的现实针对性。目前，我国部分幼儿园教师在与同事、家长和社会公众的交往中存在一些行为偏差与认识错误。一些教师在幼儿园入园招生、绩效考核、岗位聘用、职称评聘、评优评奖等工作中会碍于人情或追求个人利益而有不公正的表现。在如何看待"家长请吃送礼"方面，"53.03%的教师认为盛情难却，会酌情处理；18.64%的教师认为是人之常情，可以理解；17.84%的教师认为这是尊师重教的一种方式；10.49%的教师认为教师工作很辛苦，可以接受"。在网络媒介社会中，少数教师在向一些公司"出借"幼儿或"出售"幼儿及其家庭信息时丝毫没有意识到该类行为是对幼儿权益的侵害。

整体上，《新时代幼儿园教师职业行为十项准则》的内容要求全面，目的明确，性质明晰，很好地体现了幼儿园教师职业道德的特殊性，突显了新时代与新形势对幼儿园教师职业道德的要求，为教师个人师德修养与幼儿园师德建设提供了有针对性的指导与规范依据。

从上述文件中可以看出,新中国成立至今,我国对幼儿园教师的伦理要求逐步制度化,从价值层面落实到了原则与规则中,其中的具体内容不断细化,且专业针对性不断增强,直到提出专门的幼儿园教师专业伦理规范。但是,从关系调节的角度来看,当前幼儿园教师专业伦理规范的内容更多地倾向于调节教师与幼儿、家长、社会的关系,对教师与同事和社区等方面的关系处理规定较少。

第四章 学前教师专业伦理的国际比较

本章试图比较当代不同国家的学前教师专业伦理，以发现其中的共识与文化差异。限于研究资料的可获得性，这里的国际比较仅选择了学前教师专业伦理规范文本进行比较分析，不涉及学前教师的伦理表现。这里选择的国家为美国、英国、澳大利亚、挪威，所选择国家的学前教师专业伦理相对成熟且具有一定的传播影响力。

第一节 不同国家的学前教师专业伦理

许多国家的学前教师专业伦理规范都是多层次和多样态的，既有在全国范围内使用的伦理规范，也有在地方或机构层面使用的伦理规范；既有为学前教师制定的伦理规范，也有为学前教育管理者、学前特殊教育工作者等其他人员专门制定的伦理规范。本节仅选择每个国家在国家范围内具有广泛影响力的，且面向所有学前教育工作者的一套伦理规范进行重点介绍，回顾其形成过程，并从整体上介绍其内容结构与要点。

美国、英国、澳大利亚、挪威的教师伦理规范皆由专业组织调动专家学者的力量来制定，并在专业组织力量的推动下在组织成员范围内广泛传播与使用。这些专业组织分别为全美幼教协会（National Association for the Education of Young Children，NAEYC）、英国早期儿童教育协会（The British Association for Early Childhood Education）、澳大利亚早期教育协会（Early

Childhood Australia）和挪威教育联合会（Union of Education Norway）。他们出版并不断修订各自国家的学前教师专业伦理规范，分别是美国的《伦理规范与承诺声明》（Code of Ethical Conduct and Statement of Commitment，2005年版），英国的《伦理准则》（Code of Ethics，2011年版），澳大利亚的《伦理守则》（Code of Ethics，2016年版）和挪威的《教学工作专业伦理》（Professional ethics for the teaching profession，2012年版）。

一、美国

在美国，全美幼教协会的《伦理规范与承诺声明》由来已久，且影响广泛。全美幼教协会是美国最富影响力的学前教育组织，其宗旨是确认高质量的幼教机构，并帮助幼儿教育工作者提高幼儿教育质量。

（一）形成过程

1. 社会对专业伦理的集体关注促使幼教组织提出《承诺声明》

20世纪70年代，全美幼教协会首次提出了《承诺声明》。当时，受到尼克松总统"水门"事件的影响，美国社会各行业开始考虑工作中的伦理问题。为了避免从业者出现专业判断失误导致危机事件，全美幼教协会的理事会在1976年通过了一项议案，着手制定专业伦理守则。1977年，"考虑到全美幼教协会只是一个开放性的组织"，协会没有直接制定守则，"而是决定起草一个'适用于每个会员的、拟在改善所有儿童受教育境况的'承诺声明。从1977年到1992年，《承诺声明》被印在每一张会员卡上，表述了儿童早期阶段教育领域的重要价值观和理想目标"[1]。

2. 教育研究者与实践工作者联合推动了《伦理规范》的制定

1984年，全美幼教协会启动了制定《伦理规范》的工作，其理事会组建了一个伦理工作委员会来专门负责制定工作。该工作的启动来自教育研究与教

---

[1] [美]史蒂芬妮·菲尼，南希·弗里曼. 幼儿教保人员专业伦理[M]. 张福松，等，译. 台北：五南图书出版公司，2007：25.

育实践两方面力量的推动。在教育研究层面,学者丽莲·凯兹(Lilian Katz)和伊万杰琳·沃德(Evangeline Ward)在1978年出版了著作《幼儿教育中的伦理行为》(*Ethical Behavior in Early Childhood Education*),进一步增强了人们对学前教育中伦理问题的关注。书中不仅分析了教育专业伦理的重要性,还拟定了一份伦理准则草案。由于这份草案只描述了幼儿教育领域的理想和目标,没有为教育工作者提供解决伦理两难问题的具体指导,没能被全美幼教协会正式采纳。在教育实践层面,全美幼教协会的几个分会在20世纪80年代率先拟定了各自分会的伦理规范,并要求全国总会领导制定统一的专业伦理规范。

伦理工作委员会由史蒂芬妮·菲尼(Stephanie Feeney)负责,通过座谈、问卷调查和专家咨询多种方式完成了《伦理规范》的制定工作。首先,伦理工作委员会通过一系列座谈,围绕伦理规范如何制定形成了三点共识。第一,规范必须具有广泛的影响力,反映幼教工作者的内心信念,让幼教工作者发自内心地愿意遵守规范。第二,让尽可能多的幼教工作者参与到《伦理规范》的制定过程中来。第三,《伦理规范》在使用过程中要时常修订,持续、系统地反映实践中的伦理维度。

其次,伦理工作委员会通过全美幼教协会自己的杂志《幼儿》(*Young Children*)发布了调查问卷,广泛调查幼教工作者在工作中遇到的伦理问题。"问卷由史蒂芬妮·菲尼(Stephanie Feeney)、肯尼思·基普尼斯(Kenneth Kipnis)和一些全美幼教协会的专业伦理顾问和哲学家们共同设计。超过600名成员回复了问卷,其中331人在回复中提到了她们在工作中遇到的伦理两难问题。"[1] 调查发现,93%的回复者认为全美幼教协会应该优先制定《伦理规范》,并且许多幼教工作者表示面临着伦理问题的困扰。调查结果使全美幼教协会进一步认识到了制定《伦理规范》的必要性。

再次,全美幼教协会组织教育研究者和实践工作者围绕幼儿教育价值观

---

1 [美]史蒂芬妮·菲尼,南希·弗里曼. 幼儿教保人员专业伦理[M]. 张福松,等,译. 台北:五南图书出版公司,2007:27.

和伦理两难问题进行了广泛的讨论。一方面，在美国各地建立了一些伦理工作组，组织工作组成员列出她们认为能够反映幼儿教育特点的核心价值观，分析问卷调查中搜集到的伦理两难问题。所有的工作组都要回答："遇到这样的情况，一个好的幼儿教育工作者应该怎么做？"另一方面，于1987年5月在《幼儿》杂志公布了问卷里和工作组提到的最难解决的困境，请读者回答"一个好的幼儿教育工作者面对这样的情况应该怎么做"。根据读者的回复，《幼儿》杂志选择其中的三个主题——"工作的母亲""攻击性儿童""离异父母"，随后刊出了三篇文章，并配上了教育研究者的评论。

最后，伦理工作委员会制定《伦理规范》，在征求意见后正式发表。在充分了解幼儿教育工作者伦理观念与伦理困境的基础上，史蒂芬妮·菲尼和肯尼思·基普尼斯着手撰写了《伦理规范》。1988年11月的全美幼教协会年会上，《伦理规范》草案提交大会讨论。根据年会上的意见修改后，《伦理规范》在1989年7月由全美幼教协会理事会正式通过，并在同年11月发表在《幼儿》杂志上。

3.《伦理规范与承诺声明》的实施、修订与增补

全美幼教协会将《伦理规范》定为指导性文件，主张其实施依靠幼儿教育工作者的自觉遵守。协会并没有配套制定保证成员遵守《伦理规范》的约束机制，而是广泛传播和鼓励成员使用。尽管《伦理规范》不具有强制约束力，但给了幼儿教育工作者有力的指导。

全美幼教协会每五年组织一次对《伦理规范与承诺声明》的重新评估并确定其是否需要修订，以应对教育实践和社会道德氛围中的各种新转变与挑战。截至目前，《伦理规范与承诺声明》进行了四次修订，依次在1992年、1997年、2005年和2011年。

全美幼教协会的《伦理规范》最初着重关注幼儿教育工作者与幼儿及其家庭的互动，对教师教育过程和幼教机构管理实践中的伦理问题缺乏关注。2004年，全美幼教协会联合美国学前教师教育者协会（National Association of Early Childhood Teacher Educators，简称NAECTE）和美国专科学位学前教师教育者协会（American Associate Degree Early Childhood Teacher

Educators，简称 ACCESS）对《伦理规范》进行了增补，专门面向学前教师教育者提出了相应的伦理规范，即《伦理行为守则：面向学前教师教育者的增补条款》(*Code of Ethical Conduct: Supplement for Early Childhood Adult Educators*)。2006 年，全美幼教协会专门面向幼教机构管理者制定了《伦理行为守则：面向幼儿教育项目管理者的增补条款》(*Code of Ethical Conduct: Supplement for Early Childhood Program Administrators*)。

目前，全美幼教协会的《伦理规范》得到了国际儿童教育协会（Association for Childhood Education International，ACEI）的认可，同时被美国儿童家庭照料协会（the National Association for Family Child Care，简称 NAFCC）采用。

（二）主要内容

全美幼教协会的《伦理规范》（2011 年版）（见附录 2-1）包括导言、核心价值观、概念框架和伦理责任说明四部分内容，并附有《承诺声明》。核心价值观表达了人们长期以来对幼儿教育的认识共识，是学前教师伦理责任的形成基础。其具体内容为——

- 认识到童年是人生中一个独特的、重要的阶段。
- 认识到我的工作应该建立在掌握儿童发展和学习相关知识的基础上。
- 认识并增进儿童与家庭之间的联系。
- 认知到在家庭、文化、社区和社会背景中来理解和支持儿童是最好的。
- 尊重每个人的尊严、价值和独特性（包括儿童、家庭成员和同事）。
- 尊重儿童、家庭和同事之间的多样性。
- 认识到在相互信任和尊重的关系中才能让儿童和成人发挥全部潜能。

《伦理规范》中的主体内容是伦理责任说明部分，分别规定了学前教师对儿童、家庭、同事、社区和社会的伦理责任（详见附录 2-1）。这四方面伦理责任的阐述都由理想和原则两部分构成。理想反映了实践者所期待的目标状态，是实践者应该努力学习和效仿的专业行为。例如，在对待儿童时，要"确保在教育项目中了解和重视每一个儿童的文化、语言、种族和家庭结构"。原则用于指导实践者的行为,帮助实践者做出负责任的伦理决定,以应对伦理困境。原则有表示允许或鼓励某些行为的积极引导原则,也有表示禁止或拒绝某些行为的消极防范原则。例如,对待儿童的第一条原则"不能伤害儿童"系消极防范原则,第二条原则"应在积极的情绪和社会环境中照料和教育儿童"系积极引导原则。另外,《伦理规范》中对同事的责任细分为学前教师对待平级同事的责任和作为雇员对待雇主的责任,对社区和社会的责任细分为个体和集体两种层面的责任。这些责任说明十分具体地规定了学前教师面对不同对象以及在不同境况下应如何行动。整体上,《伦理规范》中伦理责任部分的结构与条目数量如下表所示——

表 4-1 全美幼教协会《伦理规范》伦理责任部分的结构与条目数量汇总

		理 想	原 则	合 计
对儿童的伦理责任		12	11	23
对家庭的伦理责任		9	15	24
对同事的伦理责任	对平级同事	4	4	15
	对雇主	2	5	
对社区和社会的伦理责任	个体	1	10	21
	集体	7	3	
合计		35	48	83

伦理责任部分的理想与原则都是在核心价值观的指导下提出的,也是为了帮助学前教师践行核心价值观。同时,原则是为了达到理想目标提出的对学前教师教育行为的具体指导,可以说是对理想目标的落实。但是,这份《伦理规范》在概念框架部分(详见附录2-1)明确地说明其中的理想与原则不是一一对应的关系,并不是每一个理想都有对应的原则来落实。同时,原则并不是对学前教师行为的具体指示,即便有《伦理规范》的指导,学前教师在教育实践中仍应结合《伦理规范》做出自己的专业判断。

《承诺声明》不是《伦理规范》的一部分，但它简要概述了幼儿教育工作者应遵循的价值观与道德义务，并以第一人称"我"的形式进行陈述，以激发幼儿教育工作者自觉践行道德义务。

二、英国

英国早期教育协会的《伦理准则》（2011年）在英国传播较广。英国早期教育协会成立于1923年，是整个英国颇有影响力的一个独立的慈善机构。其宗旨是支持家庭，并促进各类幼儿教育机构中教师的专业发展，以为英国儿童提供高质量的、有效的幼儿教育。

（一）形成过程

英国早期教育协会《伦理准则》的介绍中说明了该准则的制定者与制定过程。《伦理准则》的主要制定者包括伊拉姆·西拉杰-布拉奇福德（Iram Siraj-Blatchford）教授、霍莉·麦格利（Holly McGlynn）和英国早期教育协会理事会中挑选出的一小组工作人员。伊拉姆·西拉杰-布拉奇福德教授是伦敦大学教育系早期教育专业的教授，曾担任英国早期教育协会的主席。

英国早期教育协会《伦理准则》的制定借鉴了澳大利亚早期教育协会和全美幼教协会制定伦理规范的经验。这份《伦理准则》的目的是指导学前教师的教育行为，作为原则依据帮助学前教师进行个人和集体层面的专业判断，但并不能为学前教师解决伦理困境提供具体方案。

（二）主要内容

英国早期教育协会的《伦理准则》重视儿童保护，以及儿童与家庭的幸福，认为每一个幼儿教育工作者都有责任采取行动抵制实践中有违伦理的行为。为此，《伦理准则》简明清晰地规定了一系列伦理原则，指导学前教师正确对待儿童、家庭、社区、雇主、同事、学生、专业和研究（详见附录2-2）。

英国早期教育协会的《伦理准则》有八部分内容，共提出了50条原则。前五部分立足日常的幼教机构保教工作，分别规定了学前教师在面对儿童（11条原则）、家庭（7条原则）、社区（6条原则）、雇主（3条原则）和同事（5

条原则）时应遵循的原则。

后三个部分考虑到幼教机构之间的联系以及与其他机构之间的联系，专门规定了学前教师应如何对待教师教育活动中的实习生（7条原则）、如何对待自己的专业（4条原则），以及如何对待研究活动（7条原则）。例如，在有关实习生方面，学前教师应"承认实习生带到学习环境中的支持、个人能力、专业知识、多样性和经验"，"通过实践经验向实习生展示这一伦理准则，使他们在工作中能够遵循这些要求"。在有关专业方面，学前教师应"不断更新对研究、理论和内容知识的认识，对高质量幼儿教育实践的了解，以及对儿童及其家庭的理解"，"要意识到专业关系中的权力维度，以及其中的权力是否得到了适宜的挑战"。在有关研究管理方面，学前教师应"意识到儿童参与研究可能带来的结果，例如疲劳、隐私和他们的兴趣"，"确保我所涉入的研究合乎伦理程序的标准，包括知情同意、退出机会和保密"。可以说，英国早期教育协会的《伦理准则》考虑到了学前教师的多重角色。学前教师不仅承担着幼教机构中日常的保教工作，还参与到了学前教师教育和学前教育研究中，并且系学前教育专业群体的成员，有责任维护学前教育专业的专业地位与专业形象。

三、澳大利亚

澳大利亚早期教育协会的《伦理守则》是制定较早的一套学前教师伦理规范，并且有着自身鲜明的传统。

（一）形成过程

澳大利亚早期教育协会的《伦理守则》最早形成于1988年。第一版《伦理守则》连续使用了19年。2003年，早期教育协会开始对《伦理守则》进行修订。直到2007年，正式提出第二版《伦理守则》。2014年，早期教育协会再次开始对《伦理守则》进行修订，到2016年2月提出第三版《伦理守则》。这也是早期教育协会目前正在使用的版本。

澳大利亚早期教育协会《伦理守则》的修订采用了咨询调查、组织论坛和研讨会等方式，在整个国家范围内广泛搜集了人们关于伦理规范的意见和建议，并着重反映了时代变化与最新研究成果。《伦理守则》的修订者认为，个人要想做出明智的道德决策，需要个人的独立思考，也必然会受到周围人与环境的影响；社会文化理论对个体学习的解释具有重要参考价值。基于此，《伦理守则》的修订考虑了幼儿教育知识基础的新变化、幼儿教育方面的最新研究成果，以及全球化与网络社会对本土学前教育的影响。在《伦理守则》中，儿童的形象反映了人们对儿童的最新认识——儿童是拥有权利的公民，是有能力的学习者，能够与成人协商制订他们自己的学习和社会活动计划；儿童在家庭和社区中的学习是丰富的，社会文化对儿童的学习具有重要影响，儿童通过学习获得的经验与身份认同是多样化的，并且儿童能够对社区产生影响。同时，在《伦理守则》中，对学前教师的角色定位反映了人们对教育的最新主张——终身学习，反思性实践，与儿童共同研究，记录与评价儿童的最新方法，打破传统和跨学科协作为儿童提供保教服务；幼儿教育应是一个有反应的倾听和对话的过程，以通过建立联系和关系来维护与促进个体与集体的幸福。

澳大利亚早期教育协会在对《伦理守则》的说明中指出，《伦理守则》的作用在于为专业人员反思自身的伦理责任提供一个反思框架，所有在幼儿教育机构中工作的专业人员都应遵循其中的原则。在发现不公正和不合伦理的实践时，学前教育专业人员应站在儿童及其家庭的立场上，明晰自身的伦理责任，按照《伦理守则》所倡导的那样采取行动来纠正或阻止这些行为。面对复杂的伦理议题，《伦理守则》不可能给出简单的回答、公式或现成的解决方案，而是需要专业人员依据守则进行伦理判断。

（二）主要内容

澳大利亚早期教育协会的《伦理守则》包括序言、核心原则与行为承诺三部分内容。序言部分介绍了《伦理守则》的制定依据。核心原则部分反映了学前教育中最基本和最重要的价值观。这些教育观是学前教师在教育实践中进行伦理判断时的依据和基础。《伦理守则》中所主张的教育价值观可以概括为尊重、民主、诚实、正直、公正、勇敢、包容、社会文化敏感与教育。根据这些价值观提出的核心原则用于指导学前教师做出合乎伦理责任要求的专业决策，并引导学前教师维护儿童、家庭、同事和社区的权利与尊严。核心原则的具体内容如下——

- 每个儿童都有独特的兴趣和优势，并有能力为社区做出贡献。
- 儿童从出生起便拥有公民、文化、语言、社会和经济权利。
- 专业决策要吸收运用特定知识和多种视角，这是有效学习和教学的特点。
- 与家庭和社区结成伙伴关系，这有利于三方共同承担对儿童学习、发展和幸福的责任。
- 在实践中做到民主、公正和包容，这能够促进公平，并给人强烈的归属感。
- 尊重、回应和互惠的关系是儿童保教的核心。
- 游戏和休闲在儿童的学习、发展和幸福中不可或缺。
- 研究、调查和基于实践的证据影响着儿童保教质量。

行为承诺部分又具体分为五部分内容，分别规定了学前教育工作人员在对待儿童、同事、家庭、专业、社区和社会的时候行为上应如何作为，并且多是从积极的角度倡导某种行为导向（详见附录2—3）。这部分共有37个条目，其中在关乎儿童方面有11条承诺，在关乎同事方面有7条承诺，在关乎家庭方面有5条承诺，在关乎专业方面有8条承诺，在关乎社区和社会方面有6条承诺。

在具体内容上，澳大利亚早期教育协会《伦理守则》有着鲜明的特点。首先，该《伦理守则》持社会文化理论取向，融合了传统与现代、本土与国际对学前教育的主张。其在序言中强调该《伦理守则》"承认原住民和托雷斯海峡岛屿上的养育和照顾儿童的方法"，并以《联合国儿童权利公约》（1991年）和《土著人民权利宣言》（2007年）的原则为根据。其在核心原则部分强调幼儿教育专业人员在做决策时要吸收多种视角，并且在实践中要给人归属感。在关乎家庭的行为承诺部分，《伦理守则》强调学前教师要"了解、尊重和回应每个家庭的独特性、环境、文化、家庭结构、习俗、语言、信念和亲属关系"。其次，该《伦理守则》反映了当前全球化与信息网络化对学前教育的影响。在关乎儿童的行为承诺中,《伦理守则》要求学前教师"将儿童视为全球公民,与儿童合作,一起去了解我们对环境与人类的共同责任";"保护关于儿童的信息和文件的安全,特别是在共享数字平台上"。在关乎同事的行为承诺中,《伦理守则》要求学前教师"在网络互动中使关系合乎伦理"。

四、挪威

挪威《教学工作专业伦理》由挪威教育协会于 2012 年制定,适用于挪威全国范围内的早期教育机构、中小学校和高等教育机构中的教师与管理者。在世界各国争相制定和使用专业伦理规范的背景下,其在基本定位、价值理念、责任说明和实施方式等方面颇有自己的特点。

(一) 形成过程

挪威教育协会是挪威教育系统中最大的组织,其成员包括早期教育、小学和中学里的教师与领导者,也包括学院和大学的教师和管理者。2009 年,该协会开始为教师和他们的领导者制定伦理纲领。在广泛征求不同教育阶段的专家、教师和领导者的意见之后,伦理纲领于 2012 年形成。

在 2013 年到 2015 年,挪威教育协会努力在教育系统的各个学校层级推广使用了《教学工作专业伦理》,在此过程中采取了两个策略。首先,通过了解情况的协会代表在不同的工作机构中进行宣传,来推广使用伦理纲领。其次,提供了相关案例或伦理两难情境作为课程材料来推广伦理纲领的使用。教师们可以基于挪威教育协会提供的材料展开反思与对话,这为《教学工作专业伦理》的推广使用发挥了积极作用。

同时,该协会公开资助了一个项目来评估《教学工作专业伦理》的实施效果。评估项目的名称为"专业实践中的伦理(Ethic in professional practice, EtiPP)",由来自挪威两所大学的 5 名研究者组成的一个独立研究小组来开展此项研究。项目研究有两个目的:一是调查《教学工作专业伦理》的推广使用情况,二是评价教师在教育实践中对专业伦理的践行与反思水平。研究采用了混合研究设计,主要使用了问卷调查和焦点小组访谈两种方法。挪威 10421 名教师和管理者及 3010 名准教师，参与了该项调查。

研究发现，教师们对伦理纲领的内容没有异议，并且所有教师都认为教师有义务遵守纲领要求。但不同教育阶段的学校里都只有很小一部分教师能够很好地遵守专业伦理纲领。在教育实践中，伦理纲领主要是作为一个启动因子在发挥作用，提醒教师们教育中的那些基础和重要的价值观念。伦理纲领中的价值部分会经常被教师们拿出来讨论。幼儿园教师还会持肯定取向地来反思和讨论与伦理纲领相关的概念。学校教师则会花更多时间进行行为取向的反思。教育管理者们把《教学工作专业伦理》视为专业伦理建设工作中的一种资源，认为自己在机构工作中应该带领教师们践行该伦理纲领。但是，他们在集中关注教师的专业伦理的同时，对管理者的伦理反倒没有那么重视。总之，伦理纲领融合了人们对专业伦理的不同理解，丰富了人们对专业伦理的讨论，尤其是推动教师们开展了反思取向的对话。

（二）主要内容

挪威《教学工作专业伦理》包括"基本价值观"和"伦理职责"两部分内容。教学专业的伦理职责分为"在工作中对学生和家长"的职责、"在工作场所对专业共同体"的职责，以及对教育机构和专业的职责。

1. 基本价值观

《教学工作专业伦理》基于权利阐明了教学工作的基本价值观，指出教学工作应该尊崇四个基本价值观，依次为"人的价值和权利""专业形象""尊重和平等"和"隐私"。这里的权利指所有个体的权利。《教学工作专业伦理》在一开始就明确提出，"我们的工作建立在普遍人权的价值观和原则基础之上，尤其是联合国对儿童权利的约定。在早期教育和学校教育中，这些权利必须得到促进和保护。人的个体自由不容侵犯，每个人都有对安全和关怀的基础需要"。这是教学工作的价值来源与基础。尤其，《教学工作专业伦理》强调所有人都有隐私权。"在我们的工作中，遵守保密和信息传播标准是至关重要的。每个人都有隐私权。我们应该以保护幼儿、学生、家长和同事的人格与尊严的方式管理好他们的个人信息。在传播电子信息时，我们应保有专门的批判意识。"

在尊重个体权利的基础上，《教学工作专业伦理》要求教师要保护与促进儿童的权利与自由。这包括尊重与保护儿童的人格、尊严与隐私，保障每一名学生平等参与的权利。"我们应当尊重每个人的个性和人格。任何形式的压迫、灌输或偏见都不能被容忍。早期教育中的所有幼儿和学校教育中的所有学生都有参与的权利，他们的观点应该被听取和考虑。在教育共同体的框架内，他们应该有权利享有自由。"

维护教师的"专业形象"是教学工作的另一项基本价值观。《教学工作专业伦理》指出："伦理意识和较强的专业能力是专业形象的基础，也是我们为儿童创造好的游戏、学习和教养条件的基础。我们有选择方法的自由和进行专业判断的权利，这给了我们特殊的责任，要求我们公开在学业和教育上的选择。社会公众应该相信我们能够适当且合乎伦理地使用我们的专业自主权。"社会公众应尊重教师的专业自主权，教师自身也应承担由专业权利所赋予的责任。

2. 伦理职责

《教学工作专业伦理》指出，教师则应谨记教学工作来自社会对教师的政治授权。教师的政治使命是促进所有幼儿和学生的学习与发展，提升他们的教养。教师享有方法上的自由选择权利和专业判断权利，这恰恰成为了教师特殊责任的来源。教师的伦理职责包括"在工作中对学生和家长"的职责、"在工作场所对专业共同体"的职责，以及对教育机构和专业的职责。

在工作中与学生和家长相处时，"我们有责任建立起彼此间的信任关系。我们忠诚地对待幼儿和学生，以对他们最有利的方式来促进他们的发展"。为此，教师应当——

- 增加所有幼儿和学生游戏、学习和接受教育的机会。
- 掌握最新的学科知识和教育学知识来开展工作。
- 关心并意识到我们凭借这个职位所掌握的权力。
- 评价工作要足够科学，并在其中保有良好的伦理意识。
- 促进平等。
- 尊重幼儿、学生和家长。
- 干预和保护幼儿和学生不受侵犯，不管侵犯者是谁。

● 在专业争论中，要有开放的心态接受他人的批评，并有根据地进行辩论。

《教师工作专业伦理》用近乎一半的文字分析了教师对专业共同体和专业的责任。专业共同体不限于教师所在机构的教师团队，还包括不同机构与教育阶段的教师之间的联系，指所有与教学相关人员形成的基于信任与合作的交往网络。专业共同体对形成工作中的伦理标准至为关键。作为一个专业共同体，教师们有共同的责任去推动教育发展和促进自身的专业化。面对与自己一起工作的人，教师有责任建立起彼此之间的信任关系，并通过彼此间的合作来提升自身的专业知识、能力和伦理判断。尤其，在与高等教育和研究机构互动的过程中，教师应做到内外都要开放和透明。

挪威教育协会在分析教师对专业共同体和专业的责任时，带有一种平衡的立场与批判超越的取向。首先，在教师共同体与社会的关系上，教师一方面应忠诚于教育目标，合乎法律地进行民主自治，保证所有的行为与政治授权和专业伦理一致；另一方面，专业工作者应维护自己的政治授权，在学术讨论和教育政策争论中积极发言。尤其，在低质量的框架计划给儿童带来不可接受的处境时，教师有责任提醒政治当局和社会公众。其次，在专业共同体内部，同事之间要互相支持，但又不可越俎代庖，且发现不能接受的情境时不能姑息。教师应与同事一起创造积极合作的文化氛围，让所有人的意见得到认真对待。在同事遇到工作挑战时，教师要给予支持，并分担责任。教师要尊重其他教师以及其他专业工作人员的能力与专业权利，并承认自己能力和专业的局限性。在发现工作场所中现有条件的弊端时，教师应明确指出。这样，教育共同体内部建立起积极的联系，共同推进教育目标的实现。同时，教师应不断提升自身的专业素养，掌握最新的学业知识和教育学理论来开展工作，与所有员工进行道德反思和对话。教师要公开在学生学业安排和教育上的选择，接受社会的监督。教师应在开放的文化氛围中工作，并有责任增加文化氛围的透明度。如果遇到专业争论，要有开放的心态接受他人的批评，并有根据地进行辩论。

第二节 学前教师专业伦理的国际比较

通过比较分析四个国家学前教师专业伦理规范中的共识和差异，能够发现当今国际在学前教师专业伦理上的共同主张，以及不同文化背景中学前教师专业伦理的差异。

一、共识：学前教师专业伦理规范中的共同主张

（一）立足学前教师作为专业人员的立场为学前教师提供指导

四个国家的学前教师专业伦理规范突出了"专业"和"指导"两个关键词，强调学前教师专业伦理规范的制定目的是为教师提供指导，并且要立足学前教师是专业人员的立场说明其伦理责任。

为学前教师制定专业伦理规范，是为了给教师提供指导，帮助教师进行道德判断，以为儿童及其家庭提供高质量或有效的学前教育。这是四国对学前教师伦理规范相同的性质定位。学前教育工作对儿童、家庭和社会的意义重大。同时，学前教育工作中充满了复杂的伦理困境或冲突，需要教师做出合理的道德判断。为此，学前教师专业伦理规范要为教师提供指导，而不是提供限制或解决伦理困境的具体方案。四国的学前教师伦理规范中虽然都有价值、原则与规则三个层面的内容，但主体部分都在原则层面。原则指导着教师行动的方向，而不是具体做事的方式。尽管四国的伦理规范文本中有"不能如何"的规则说明，但伦理规范的重点并不在于从规则层面约束或限制教师的行为。

作为专业人员，学前教师需承担专业责任。其中包括对儿童、家庭、同事和雇主、社区和社会的责任，以及对专业、研究和实习生的责任，还有在面对不合伦理的行为时主动声明或干预的责任。这是四国学前教师专业伦理规范中对学前教师伦理责任的共同声明。除了美国以外，其他三个国家的伦理规范文本中都专门规定了教师对专业的责任。美国、英国、澳大利亚、挪威四个国家在伦理规范的价值层面都主张学前教师的教育行为应建立在专业知识的基础上。此外，教师专业责任的履行需要专业权利的支持。这是专业伦理中不言而

喻的逻辑关系。甚至，挪威在伦理规范文本中直接将"维护专业形象"视为学前教师应践行的一项基本价值观并明确指出学前教师享有专业权利，"有选择方法的自由和进行专业判断的权利"，社会和公众应该信任教师的专业自主权。

（二）儿童的权利与幸福是学前教师伦理责任中的首要追求

四个国家的学前教师专业伦理规范都将对儿童的责任列为教师的首要责任，并且在其中强调了教师对实现儿童权利和增进儿童幸福的责任。《儿童权利公约》中对儿童权利的规定是多国制定学前教师专业伦理规范的依据。并且，伦理规范中强调教师要尊重儿童的权利，并促进儿童权利的实现。挪威《教学工作专业伦理》中将人的价值和权利列为教师应践行的首要价值观，并旗帜鲜明地指出，"我们的工作建立在基于普遍人权的价值观和原则的基础上，尤其是联合国对儿童权利的约定。在早期教育和学校教育中，这些权利必须得到促进和保护。人的个体自由不容侵犯，每个人都有对安全和关怀的基础需要"。澳大利亚《伦理守则》在序言部分说明守则依据《儿童权利公约》制定，并强调"对儿童的保护和儿童的幸福至关重要，因此在有违伦理的行为发生时发声或采取行动是基本的专业职责"。

儿童的权利指从出生开始便具有的公民权，例如宗教、文化、语言、社会和经济等方面的权利，以及儿童所享有的特殊权利，包括受保护的权利、接受教育的权利、游戏的权利等。四国的学前教师专业伦理规范中都强调了教师应为儿童提供安全的生活与学习环境，以及游戏的机会。英国和美国在伦理规范中的原则部分又着重强调了教师要尊重儿童在全纳环境中游戏与学习的权利。挪威在《教学工作专业伦理》中的基本价值观部分强调了教师要尊重儿童参与活动、发表意见的权利，同时教师要尊重和保护儿童的隐私。澳大利亚的《伦理守则》在规定教师对社区和社会的责任时说明，学前教师对社会和社区的责任最终也体现为对儿童权利与幸福的维护。

为了儿童的权利与幸福，多国的学前教师专业伦理规范规定教师有责任不伤害儿童，并保护儿童免受伤害。在美国的《伦理规范》中，对待幼儿的伦理原则的第一条便明确提出："不能伤害儿童"，并指出这是建立在其他原则之上的首要原则。英国、澳大利亚、挪威三个国家的伦理规范更多地关注如何保护儿童免受伤害，共同要求教师遵守法律与制度，并参与教育研究。在遵守法律与制度方面，学前教师专业伦理规范中提出：教师应熟悉保护儿童的法律与政策；当发现有伤害儿童的行为时，应通过法律程序予以干预，给儿童以保护；推动有利于儿童成长的法律的建立；努力改变不利于儿童发展的政策。在参与教育研究方面，学前教师专业伦理规范中提出：研究应符合伦理要求，研究过程不能对儿童造成伤害；保护儿童的个人信息不被泄露。

（三）尊重每一个人是学前教师专业伦理规范中的普遍规定

"尊重"是四国学前教师专业伦理规范中出现频率极高的一个词。一方面，教师要尊重的对象包括儿童、家长、同事等，即在专业工作中遇到的每一个人。具体来看，四国的学前教师专业伦理规范中提到，教师要将儿童看作有潜力或有能力的学习者，尊重儿童的权利、人格尊严、个性特点、对社区的贡献，以及儿童的同伴关系与家庭关系；教师要尊重家长的权利、尊严、隐私、偏好、生活方式、语言、信念，以及对儿童教育的决定；教师要尊重同事的专业能力，承认自身的局限等。另一方面，教师要努力营造彼此尊重的氛围。美国的《伦理规范》中指出，只有在彼此尊重的关系中，儿童与成人才能发挥各自的潜力。多国的学前教师专业伦理规范中都强调教师应与同事建立起彼此尊重的关系。

尊重是教师必须遵守的核心原则。在挪威《教学工作专业伦理》的四条基本价值观中，"尊重和平等"是其中的一条。并且，在对该价值观的具体解释中，《教学工作专业伦理》使用了"必须（must）"一词来表示"尊重"是不可违背的原则之一（Each individual person's personality and integrity must be met with respect）。澳大利亚《伦理守则》在核心原则中指出，"这些核心原则要求专业人员承诺尊重和维护儿童、家庭、同事和社区的权利与尊严"。这表明学前教师专业伦理的核心是建立尊重、积极和互惠的关系，"尊重"是其中最为基本的和最重要的原则。

（四）与家庭和社区的联系是学前教师伦理责任中的重要部分

与家庭和社区的联系是学前教师伦理责任中不可缺失的一部分。澳大利亚《伦理守则》在核心原则中指出，"与家庭和社区结成伙伴关系，这有利于三方共同承担对儿童学习、发展和幸福的责任"。并且，在家庭和社区环境中，我们才能真正地理解儿童，并给予儿童最好的支持。这一原则在其他三国的价值观或原则层面的表述中也用其他表述方式得到了同样的肯定。

学前教师有责任与家庭进行有效地沟通协作。美国、英国、澳大利亚三国的学前教师专业伦理规范中都用专门的部分规定了学前教师对家长的伦理责任。学前儿童的生活与成长离不开家庭。为了保障儿童的健康与幸福，学前教师对家庭负有四方面的具体责任：（1）"欢迎并鼓励所有的家庭成员参与到教育项目中来"（见全美幼教协会的《伦理规范与承诺声明》）；（2）向家长了解儿童，通过对儿童家庭环境的了解来更好地理解和教育儿童；（3）帮助家长理解儿童，并支持家庭教育的开展；（4）与其他专业人员、其他家庭、社区和其他专业服务机构协作，参与到家庭支持网络的建设中。

同时，学前教师对社区和社会负有参与与建设责任。四国的学前教师专业伦理规范中都有规定教师对社区和社会的责任。这份责任归纳来看有四方面的要点：第一，学前教师要了解社区和社会中人们对儿童和学前教育的期望，在教育工作中回应这些期望。第二，学前教师要了解社区和社会环境，尤其是其中的资源，在教育工作中充分利用这些资源，以促进儿童的学习、发展与幸福。第三，学前教师要与周围的人和机构合作，共同支持儿童及其家庭。第四，学前教师应通过参与研究或政策制定与宣传工作，来增进公众对儿童的理解与重视，倡导人们给予儿童更多的关怀与支持。

（五）支持与监督是学前教师对同事的双重伦理责任

在对同事的责任中，四国学前教师专业伦理规范同时强调了支持与监督两方面的责任。一方面，学前教师有责任支持同事的工作与专业发展。每位同事都有自己独特的优势，同事之间的专业经验是多样的。支持同事的工作意味着在工作中与同事分享知识、经验、信息与资源，以通过合作为儿童提供最好的保育与教育。这点在美国、英国和澳大利亚的伦理规范中都有明确的表述。挪威《教学工作专业伦理》中还指出，同事在工作中遇到某一个挑战时，学前教师应给予支持，并分担责任。同时，四国的学前教师专业伦理规范中用专门的条目规定，教师负有支持同事专业发展的责任。例如，美国《伦理规范》

规定，学前教师应"帮助同事满足专业需要以及专业发展的需要"；澳大利亚《伦理守则》中规定，学前教师应"参与到'活跃的专业研究文化氛围'中，以支持持续的专业发展"，并"设法支持和指导同事，帮助同事对专业做出积极贡献"。挪威《教学工作专业伦理》也强调教师对同事发展的支持，但主张的是教师促进整个专业共同体的专业化，而非对某个人或某部分人的支持。这样，在支持策略上，挪威学前教师专业伦理的主张与美国和澳大利亚略有区别。挪威主张学前教师要通过参与研究交流、认真对待每个人的意见，以及提升自身的专业能力来促进整个专业共同体的专业化。即，"在工作场所内部，以及在与相关高等教育和研究机构的相互交流中，与专业共同体成员合作，以提升自身的知识、能力和道德判断"。"创造并参与一个积极合作的文化氛围，使在其中的所有人的意见都会得到认真对待。"

另一方面，学前教师有责任监督同事的工作，以使整个专业共同体的工作合乎伦理。监督同事与支持同事的目的是一样的，都是为了保障学前教育工作的质量及整个专业共同体的专业化。监督同事更是为了制止不合伦理行为的发生。例如，英国《伦理准则》中强调要"鼓励同事依据这一准则行事，并在不道德行为面前采取行动"。澳大利亚《伦理守则》中有一条相同的规定。美国《伦理规范》在对雇主的责任中规定，如果同事的行为有问题，被提醒后"情况没有得到改善或危害到了儿童，应向有关部门报告该同事的不道德或不称职行为"。挪威《教学工作专业伦理》倡议教师要"在开放的文化氛围中工作，并增加文化氛围的透明度"，并"在工作场所提倡与所有员工进行道德反思和对话"，这样便于同事之间互相监督与教师自我约束。同时，"如果必要的话，指出工作场所中现有条件的弊端"，这样通过教师的努力，整个教育工作场所才会更加合理。

二、差异：不同文化背景中学前教师专业伦理规范的区别

四国的学前教师专业伦理规范有着自身结构与内容上的特点，并且在一定程度上反映了各国社会文化背景对学前教育的影响。这些特点聚合在一起表现

出了四国学前教师专业伦理规范在以下维度上的差异——

（一）学前教师角色定位的不同：个体与专业共同体成员

不同国家的学前教师专业伦理规范对学前教师的角色定位是不同的，在个体与专业共同体成员两个层面做出了不同的考量或侧重。有的国家的学前教师专业伦理规范明确地将教师视为个体，为教师提出具体的伦理要求。例如澳大利亚，其伦理规范在行为承诺部分皆以"在关乎某某时，我会如何"这样的句式展开。有的国家的教师专业伦理规范明确地将教师视为专业共同体成员，表达教师们的共同期望。例如挪威的《教学工作专业伦理》通篇使用"我们（we/our）"一词作为表述主体，并且伦理责任部分明确地说明系所有教师或专业共同体成员的责任，表露出了浓厚的共同体立场。有的国家的教师专业伦理规范则同时从个体和群体两个层面来规约学前教师的责任。例如美国的《伦理规范与承诺声明》中有三种方式来指代学前教师，分别是"他们（they）""我们（we）"和"个体（individual）"。在规定学前教师对社区和社会的责任时还分别从个体和集体两个层面表达了理想与原则层面的要求。

整体来看，从个体立场为学前教师提出要求是最为常用的方式。个体不仅指单一存在的一个人，还代表一种价值取向。这种方式有利于将责任与要求具体化到每一位教师的言行中，利于教师践行伦理规范要求。但这种方式容易弱化共同体的责任与利益，难以表达对教师之间联系的重视，甚至给人一种"孤军作战"的感觉。毕竟一些共同的责任是无法转化为具体的个体责任的，个体合乎伦理不等于集体合乎伦理。从专业共同体的立场为学前教师提出期望对学前教师具有很强的感召力，并且对教师的感召力强于对教师的约束力。从积极的方面来看，教师在专业共同体的责任中能够自主作为，并做出相应的贡献。但是，从消极的方面来看，专业共同体的失责并不会直接转化为某一个人的责任，如果教师逃避责任或不作为，教师专业伦理规范并不能期待教师做什么，或对教师如何。换句话来说，基于教师个体立场的学前教师专业伦理规范便于为教师提出具体指导或要求，基于专业共同体立场的学前教师专业伦理规范便于营造积极的群体氛围，给教师以感召与支持感。

（二）学前教师身份设定的变化：单一与多重

四国学前教师专业伦理规范对学前教师身份的设定有所不同，进而对学前教师伦理责任的规定也有所不同。大多数伦理规范的内容都将学前教师的身份单一地设定为从事保教工作的普通教师，部分原则规定将学前教师的身份设定为特定机构内的雇员、雇主或领导者，参与儿童研究工作的研究人员，并考虑到了学前教师作为专业人员的身份要求。为此，学前教师专业伦理规范在规定教师对儿童、家庭、同事、社区和社会的责任外，也规定了教师对雇员与雇主的责任（见美国《伦理规范》），参与研究时的责任（见英国《伦理准则》），以及对专业的责任（见澳大利亚《伦理守则》）。

表 4-2 四国学前教师专业伦理规范中教师责任结构维度汇总

国 别	责任对象									
	儿童	家庭	同事			社区	社会	专业	研究	学前教育机构	学前教育专业实习生
			平级同事	雇主	雇员						
美国	√	√	√	√	√	√	√				
英国	√	√	√			√			√	√	√
澳大利亚	√	√				√	√	√			
挪威	√	√	√				√			√	

如上表所示，不同国家的学前教师专业伦理对学前教师多重身份的种类和重要性程度考虑不同，对学前教师伦理责任的结构划定就不同。英国《伦理准则》中对学前教师身份的设定最为多重，还考虑到学前教师作为教师教育者指导实习生时的责任。这是其他三个国家的伦理规范中都没有的部分。美国《伦理规范》在导言部分介绍，这份伦理规范的适用范围很广，只要教师工作的机构在为 0—8 岁儿童及其家庭服务，教师都应遵循这一规范要求。哪怕专业人员从事的工作不直接接触儿童，也应遵守该规范。这里的专业人员包括学前教育机构的管理者、家庭教育指导者、学前教育专业的教师教育者、承担学前教

育质量监督与资格证发放工作的人员。

（三）学前教师工作环境划定的差别：机构与社会

学前教师专业伦理规范要指导教师在具体的环境中开展工作。不同国家的学前教师专业伦理对学前教师工作环境的划定在范围上有一定的差别，这使得他们为学前教师提出的具体要求也有了差异。

学前教师所涉及的工作环境可以划分为五个圈层，按照范围由小到大的顺序依次是：（1）在班级中与儿童、家庭、同事直接交往；（2）在机构内与各方工作人员互动；（3）在专业共同体中与各类专业人员跨机构联系；（4）在社区中参与儿童友好社区的建设；（5）在社会层面为儿童利益发声。英国、澳大利亚和挪威三个国家的专业伦理规范对教师提出的责任要求与期待都考虑到了五个层面的工作环境，而美国《伦理规范》中没有考虑到教师工作环境中跨机构交往的一面，整体着眼于教师在机构内的工作需要。

尽管四个国家的伦理规范都考虑到了学前教师对社区和社会的责任，但他们对教师具体责任的规定又有所不同，其中也折射出了对教师工作环境范围认识的不同。有的国家对学前教师社会责任的规定立足教师在教育机构内发挥对社会的影响，强调教师了解社区和社会以服务于机构内的教育工作，而有的国家将教师的社会责任和相对应的工作范围引向了广阔的社区和社会，强调教师对社区和社会本身的影响与改造，以在社区与社会中形成有利于儿童成长的环境。前者如挪威，其《教学工作专业伦理》中提出，教师应"积极使用言论自由，参与相关的学术讨论和有关教育的政策研讨"。并且，"当乏力的制度框架给幼儿和学生造成了不可接受的环境条件时，我们有责任警告政府当局和社会公众"。后者如澳大利亚，其《伦理守则》在关乎社区与社会时规定，"儿童作为公民能够对社区的繁荣发展做出贡献，我们应增进这一价值的实现"，"努力促进社会对童年重要性的理解，包括对儿童的学习与发展的理解，以便幼儿教育项目与评估系统有利于儿童"，"倡导制定和实施促进儿童和家庭权利和最大利益的法律与政策"。显然，澳大利亚对学前教师社会责任的期待要比挪威更加广泛，更关注教师在社会中的积极参与，以及教师在社会中所能发挥的更广泛的影响力。

第五章　学前教师与幼儿关系中的专业伦理

学前教师与幼儿的关系（简称师幼关系）对教师和幼儿双方都有着重要影响，并且是学前教育质量的体现。对幼儿来说，师幼关系不仅直接影响着幼儿在学前教育机构里的适应状况与身心发展，并且作为中介调节着其他因素对幼儿的影响，还持续影响着幼儿进入小学后的学校适应与学业表现。良好的师幼关系能够给幼儿安全感、温暖与支持。在这样的师幼关系中，幼儿可以放松地游戏、生活、学习，有更多的机会与人交流与探索，在健康、语言、社会、科学和艺术领域都获得更好的发展。即便幼儿在家庭中体验到的亲子关系不佳，良好的师幼关系也可以像"保护罩"与"过滤罩"，在一定程度上调节亲子关系对幼儿的不利影响。有研究发现，拥有良好师幼关系的幼儿在进入小学以后学校适应与学业表现优于其他幼儿。良好的师幼关系对幼儿的健康发展能够发挥持续效应。

对教师来说，良好的师幼关系是教师职业幸福感的重要来源。在良好的师幼关系中，教师对幼儿的尊重与关怀能够得到回应，教师能够感受到幼儿对自己的信任与依赖，并且教师能够敏感地发现幼儿的进步与发展，体验到职业成就感。不良的师幼关系会让教师焦虑不安，导致教师的教育效能感与教育幸福感偏低。

就学前教育活动整体来看，师幼关系是学前教育过程质量的重要体现。学前教育质量可以从结构质量与过程质量两类指标来考察，过程质量能够在更大权重上代表学前教育的整体质量，并且对幼儿的身心发展影响更为突出。师幼关系是学前教育过程质量指标中的最重要一项。世界各国在学前教育质量评价中都将师幼关系与师幼互动列为一项核心的考察指标。

第一节 师幼关系中的伦理期待

什么样的师幼关系是良好的师幼关系呢？古今中外许多学者回答过这个问题。综合人们对师幼关系的各种理想期待来看，我们认为良好的师幼关系是饱含尊重，充满关怀，且具有支持效益的关系。为建立和保持良好的师幼关系，教师不仅应尊重和关怀幼儿，对幼儿负责，且应公正对待不同的幼儿。

一、尊重幼儿

尊重，意味着"把自己和他人看作是自由、完整、具有独特天性、人格和尊严的人"；尊重他人，意味着"接纳、平视、理解和宽容地看待对方的一切所作所为"[1]，以平等为基础，接受对方的选择权。"一些调查材料反映，尊重学生越来越成为好老师的重要标准。好老师应该懂得既尊重学生，使学生充满自信、昂首挺胸，又通过尊重学生的言传身教教育学生尊重他人。"[2] 尊重是教育目的与教育过程的双重要求。尊重幼儿，意味着教师要尊重幼儿的人格与尊严，尊重幼儿的权利，尊重幼儿的生长规律和年龄特点，尊重幼儿的兴趣爱好与个性特点。

（一）尊重幼儿的人格

获得尊重是每个人的基本需求。鉴于幼儿身心脆弱，并正处于生长发育过程中，他们被关注和被重视的需求更加强烈。诸多调查表明，幼儿最喜欢"爱笑"的教师。事实上，幼儿喜欢的正是教师微笑中所传递的尊重与认可。同

---

1 陈会昌, 马利文. 中小学生对尊重的理解 [J]. 教育理论与实践, 2005（12）: 32–34.
2 习近平同北京师范大学师生代表座谈时的讲话（全文）[EB/OL]. http://politics.people.com.cn/n/2014/0910/c70731-25629093-2.html?st=1426039934, 人民网, 2014-09-10.

时，幼儿自出生之日起，就成为社会中的正式一员，获得了独立的人格尊严，受到法律和社会伦理的保护。任何人不得侵犯幼儿的人格尊严，任何对幼儿人格尊严的伤害都会给幼儿的心理留下长久的阴影。

学前教师应尊重幼儿的人格，把幼儿看成是独立的、与自己平等的社会成员。这要求学前教师重视他们的活动自由，重视幼儿的意见表达，重视幼儿的心理需求，等等。《中华人民共和国未成年人保护法》中第二十一条明确规定，"学校、幼儿园、托儿所的教职员工应当尊重未成年人的人格尊严，不得对未成年人实施体罚、变相体罚或者其他侮辱人格尊严的行为"。所有学前教育工作的开展都应以尊重幼儿的人格为前提。

在学前教育实践中，教师常常不自觉地忽视幼儿的人格尊严。这与我国社会文化中人们将幼儿视为"无知小儿"或"萌宠宝贝"有关，也与成人"逗弄孩子"的习俗有关。忽视幼儿人格尊严在学前教育实践中常见的表现有：教师不顾幼儿的意愿随意地、毫无教育意图地搂抱或亲吻幼儿；教师戏弄或嘲笑幼儿，例如"你不要回家了，去我们家给我当孩子吧"，"你怎么这么傻"；在幼儿犯错时，教师带着负面情绪吼骂幼儿；给幼儿贴上负面标签，例如"你就是个破坏大王"；等等。为了避免这些错误的做法，我们应树立科学的儿童观，将儿童看作与我们具有同等地位的社会成员，做到"己所不欲，勿施于人"。

（二）尊重幼儿的权利

儿童权利通常被分为生存权、受保护权、发展权与参与权四项基本权利。按照《世界人权宣言》等国际人权法典的规定，人人享有生命与人身安全权，自由言论与政治参与权，思想、信仰与宗教自由的权利，个人私生活不受干预的权利，以及追求幸福的权利。同时，儿童有权享受特殊照料与协助，以及受教育的权利。《儿童权利公约》不仅"全面、详细地规定了儿童普遍享有的广泛权利"，还提出了儿童利益优先考虑的原则。"生存权是指儿童享有固有的、不受非法剥夺的生命权、存活和一定的生活水准权。儿童有权享受缔约国为维持其生命和生活水准而提供的医疗保健、社会保障、社会保险等方面的福利和待遇。""受保护权，是指儿童有权生活在安全无害、有利于其健康快乐成长的、保护性的环境中，每一位儿童都有免受一切形式的虐待、歧视和剥削的权利。"[1]对儿童来说，发展权利主要包含信息权、受教育权、娱乐权、文化与社会生活的参与权、思想和宗教自由、个性发展权等。尤其，其中包括幼儿游戏与闲暇的权利。参与权指儿童有权参与到家庭、文化和社会生活中，发表意见并获得尊重的权利。《儿童权利公约》中多次强调与儿童有关的社会事务的处理应"确保以儿童的最大利益作为首要考虑事项"。

学前教师应当熟知幼儿的各项权利内涵，并在教育过程中时刻注意自己的言行和教育安排，不侵犯幼儿的权利。同时，学前教师应当努力为幼儿创设有益于其全面发展和健康生活的条件与环境，使其各项权利能够得到最大程度的实现。按照《中华人民共和国未成年人保护法》的规定："未成年人享有生存权、发展权、受保护权、参与权等权利，国家根据未成年人身心发展特点给予特殊、优先保护，保障未成年人的合法权益不受侵犯。未成年人享有受教育权，国家、社会、学校和家庭尊重和保障未成年人的受教育权。未成年人不分性别、民族、种族、家庭财产状况、宗教信仰等，依法平等地享有权利。""教育的目的在于充分发展人的个性并加强对人权和基本自由的尊重。"所有教育内容的选择和教育方法的运用都不得违背这一原则。学前教师不能因为幼儿的性别、民族、种族、家庭经济状况、宗教信仰等方面的差异，而对幼儿歧视或排斥，损害幼儿受教育的权利。

其中，学前教师应着重注意尊重幼儿的游戏权。这要求学前教师为幼儿的游戏提供时间、空间与设施条件保障，并给予适宜的指导。《幼儿园工作规程》明确要求，幼儿园教育应当"以游戏为基本活动"，"将游戏作为对幼儿进行全面发展教育的重要形式"。尤其，幼儿园应当保障幼儿有足够的户外游戏时间。《3—6岁儿童学习与发展指南》建议，"幼儿每天的户外活动时间一般不少于2小时，其中体育活动时间不少于1小时，季节交替时要坚持"。这样才能保障幼儿的健康成长。学前教师不应减缩幼儿的游戏时间，限制幼儿的游戏机会。教育实践中一些教师因为担心安全问题或开展集体教学活动的需要，而

---

[1] 隋燕飞.《儿童权利公约》：保护儿童权利、增进儿童福利的专门人权法律文件[J].人权，2015（04）：126—142.

限制幼儿游戏机会或剥夺幼儿游戏时间的做法是不合理的,是对幼儿游戏权的侵犯。

另外,在信息网络社会,学前教师应特别注意尊重幼儿的隐私权。今天,许多教师随手拍摄幼儿的照片或视频,分享在个人的朋友圈或其他网络平台中。很多幼教机构专门拍照或录制幼儿的活动表现,定期发布在自己的宣传平台中。并且,幼教机构将关于幼儿及其家庭的各种信息登记在了网络数据库中。这些信息很容易在网络上被一些商业机构分享或使用。不经幼儿及其家长同意传播或转发幼儿的照片或个人信息事实上是对幼儿隐私权的侵犯。尊重幼儿的隐私权,不仅要求学前教师自己不随意传播幼儿的个人信息,还要求学前教师保护幼儿的隐私,在发现他人随意传播幼儿的个人信息并可能给幼儿带来风险时要敢于出面制止。

(三)尊重幼儿的生长规律和年龄特点

学前教师应当掌握有关幼儿身心发展规律与年龄特点的知识,并能够根据幼儿的生长规律和年龄特点为幼儿设计与组织适宜的教育活动。幼儿期是个体身心快速发展与变化的时期。在与周围环境的相互作用过程中,幼儿的心理水平会"朝着较复杂、抽象、主动和成体系的方向发展"[1]。幼儿在注意、记忆、想象、思维、言语、情感和意志等心理过程中会表现出一些共同的年龄特点。整体上,幼儿会表现出好游戏、好奇、好问、好模仿和易受暗示等年龄特征。学前教师应为幼儿选择适宜其年龄特点的学习内容与形式,并根据幼儿的生长规律安排不同的内容和活动。盲目拔高或者低于幼儿现有能力的学习安排都是不尊重幼儿年龄特点的表现,也会大大削弱幼儿的学习兴趣与学习效果。

尊重幼儿的生长规律与年龄特点要建立在对其正确理解的基础上。当前,学前教师对幼儿生长规律和年龄特点的掌握与运用出现了机械化与虚无两种错误倾向。幼儿生长规律和年龄特点是心理学研究者基于发展观对儿童群体进行研究后总结出的规律和结论。一些教师却将相关发现视为教育标准,严格地对应生长规律和年龄特点来选择和安排教育内容,不允许丝毫偏移,导致学前教

---

1 陈帼眉.学前心理学[M].北京:人民教育出版社,2003:1.

育"机械化",忽视了幼儿的个体差异。还有一些教师认为幼儿生长规律和年龄特点只能说明群体变化,对幼儿个体的教育不具有指导意义,随意地安排幼儿的学习活动。教师观念上的"虚无"使得学前教育实践中常出现幼儿学习原地踏步或学习进程混乱的状况。教师和幼儿都会感受到这种止步和混乱,并为此苦恼。

(四)尊重幼儿的兴趣爱好和个性特征

学前教师应当尊重幼儿的兴趣爱好和个性特征,做到因材施教。每个幼儿都有自己的兴趣爱好和个性特征。在面对同一事物或情境时,幼儿会有与成人不同的看法、选择和反应,幼儿之间的看法、选择与反应也会有所不同。一方面,学前教师应当尽可能地为幼儿创设条件,支持其兴趣爱好的发展与满足。例如,在学前教育机构中创设不同的活动区,提供丰富多样的游戏材料与学习材料,供幼儿有选择地参与和使用;教师组织幼儿在社区中开展多种类型的综合实践活动,让幼儿有丰富的机会发现和展现自身的兴趣爱好。另一方面,学前教师在组织教育活动时要考虑到幼儿的个性特征,关注到幼儿的个体差异,采用不同的、适宜的方式和策略来对待不同的幼儿。这就要求学前教师能够做到:(1)设计和组织具有开放性与选择性的教育活动,使教育活动本身具有弹性,在同一个活动中能够支持和满足幼儿的多样化学习需求。例如,在集体教学活动中,教师在设计和组织操作或创作任务时,为幼儿提供同一主题不同难度水平的系列任务,或者同一主题不同形式的任务,供幼儿选择性地参与学习。(2)科学地观察与分析幼儿,理解幼儿的行为,尤其是幼儿的游戏,并能够为幼儿提供适宜的、个性化的回应与支持。(3)为幼儿制订个性化的学习计划,促进幼儿个性潜能的发挥,并支持幼儿的深度学习。

二、对幼儿高度负责

学前教师应主动地对幼儿负责,不仅保护幼儿免受伤害,还要积极地促进幼儿的发展,尽最大可能增进幼儿的幸福。学前教师对幼儿的责任有不伤害幼儿这样的消极责任,更多地是促进幼儿发展与增进幼儿幸福这样的积极责任。

对普通社会成员来讲，这些积极责任或许是不完全责任，是个人可选择的，但对于学前教师来讲，这些都是职责范围内必须履行的责任，属于完全责任。与此同时，学前教师不应只是迫于外在的制度约束或岗位要求来履行对幼儿的责任，还应发自内心、遵从个人意志和意愿来对幼儿高度负责。只有这样，教师才能真正地做到对幼儿负责。

从责任内容来看，学前教师对幼儿的责任可以分为保育与教育两方面。按照我国《幼儿园工作规程》的规定，学前教师的核心任务是按照保育和教育相结合的原则，对幼儿实施德、智、体、美全面发展的教育，促进幼儿的和谐发展。对幼儿负责，意味着教师应高质量地完成保育和教育工作，并始终从幼儿受益的角度出发思考和决策教育过程中的各种教育安排与选择。

在保育工作方面，学前教师首先应当为幼儿创设安全、舒适的生活环境与条件，包括物理环境和精神环境两方面。教师要预估环境可能带给幼儿的影响，提前防范风险，避免伤害的产生。其次，学前教师应在生活中及时回应幼儿的需要，关注幼儿的生理变化与心理感受，为幼儿提供一个积极应答的环境。教师不仅是环境的提供者与维护者，教师自身是环境的一部分，是幼儿生活中的重要他人。教师与幼儿的积极互动对幼儿的健康与发展都至关重要。最后，学前教师应当引导幼儿养成良好的生活习惯和卫生习惯，并帮助幼儿适应集体生活，建立良好的人际关系。面对幼儿的不良行为表现，教师要及时引导，帮助幼儿认识到行为的不当之处，并为幼儿示范正确的行为，鼓励幼儿坚持养成良好的行为习惯。

在教育工作方面，学前教师首先有责任为幼儿选择和组织有价值的、适合的学习内容。这里的"有价值"不仅指对儿童的当下生活有意义，还要对儿童长远的可持续发展有帮助。这里的"适合"不仅指要适合儿童的年龄特点与学习水平，还要适合儿童的兴趣爱好和个性特征。其次，学前教师有责任为儿童提供有效的学习支持与指导，包括材料、环境和策略上的支持，以及生活和游戏指导。同时，学前教师应组织幼儿开展各类活动，并在活动组织中注意鼓励和保护幼儿学习的主体性，避免包办或者控制过多。再次，学前教师有责任向儿童提供具体、全面、客观、有教育性的评价与反馈，以帮助儿童更好地形成下一阶段的学习计划与发展目标，并建立评价与发展之间的良性循环。另外，学前教师有责任在儿童转换学习环境时帮助儿童安全、平稳地过渡，即学前教师有责任做好0—3岁早期教育、3—6岁幼儿教育与6岁以后的小学教育之间的衔接工作，帮助幼儿适应不同的教育环境。

三、公平地对待每一名幼儿

学前教师应当公正地对待每一名幼儿。公正，有两个层面的含义：一是同等情况下同样对待；二是不同情况下区别对待，最终使每个人得到其所应得。学前教师对幼儿的公正体现在给予每名幼儿平等的机会，为每名幼儿提供适宜的教育，并使每名幼儿在其原有的基础上获得同等程度的发展。也就是说，学前教师的公正要体现在机会平等、过程平等和结果平等三个方面。

具体来讲，学前教师需要做到以下三点。

第一，为了保障机会平等，学前教师应在教育空间与资源允许的情况下接受每一名来到自己身边的幼儿，不因幼儿的家庭、性别、长相或其他特征拒绝为幼儿提供保育与教育。同时，学前教师在教育过程中要为每一名幼儿提供参与教育活动的机会，不因幼儿的表现或过失而故意忽视或拒绝儿童的参与。例如，在一段教学时间里的多次教育活动中，学前教师的提问要关照到每一名幼儿，所提供的展示分享机会要平等地分配，使每一名幼儿都有回答问题或上台展示的机会。

第二，学前教师在教育过程中要结合每名幼儿的发展状况与个性特征，为他们安排适宜的活动内容，采取适合的活动方式，保证他们获得适宜的教育。例如，在区角游戏时，学前教师要综合考虑每名幼儿的兴趣爱好和以往参与区角游戏的情况，以及近段时间的发展目标，为幼儿提供活动建议，鼓励幼儿到他们喜欢，又能够促进他们发展的区角中开展活动。在面向幼儿开展集体教育活动时，学前教师设计和实施的教育活动要保持一定的开放性与弹性，在集体要求中同时照顾到幼儿的不同发展水平与个体差异，满足不同幼儿多样化的学习和发展需求。当然，这为学前教师提出了一定的挑战。在某些情况下，个别幼儿的需要与大多数幼儿的需要之间会发生矛盾，学前教师还需对此进行协调与平衡。学前教师不能因个别幼儿的需要，忽视大多数幼儿的权益；反过来，学前教师也不能因大多数幼儿的需要，而漠视个别幼儿的权益。

第三，结果平等不是指每名幼儿获得一样的发展结果，而是指每名幼儿在其原有的基础上获得相同程度的发展。为了体现结果平等，学前教师在评价幼儿的发展时，要多使用纵向比较的方式来分析每一名幼儿的发展与进步。假使要进行横向比较的话，应该是通过比较确认每一名幼儿是否都在原来的基础上获得了同等程度的发展与进步，而不是幼儿之间是否达到了相同发展水平。学前教师评价幼儿的目的应该是基于评价结果制订新的适宜幼儿发展现状的教育计划，以更好地促进每一名幼儿的发展。

四、关怀幼儿

幼儿有着比成人更强烈的被关心的愿望与需要。"被关心几乎是普遍的人类愿望。""每一个人都希望被他人接受，每个人都在以各种方式表达这一内在的需要或者愿望。"[1] 被关怀的需要能否得到满足影响着人一生的心理与人格健康。诸多研究表明，成人的许多心理健康问题都源于童年时期没有得到足够的关爱。幼儿教育的实质就是一个关注和体察幼儿的需要，并对幼儿的需要予以积极回应的过程，是一项主动服务于幼儿发展的事业。由于身心发展的不成熟，幼儿在使用语言表达自身意愿和需求方面尚不娴熟。同时，幼儿在承受压力和挫折方面尚显稚嫩，并且常常犯下各种成人认为的错误。这需要成人对幼儿的意愿与需求进行积极的体察，对幼儿的压力与挫折进行敏感的识别，并对幼儿的错误予以足够的包容。

从字面上来理解，关怀就是关心和爱护。关怀是指在公正基础上多一点对他人的关心，以及在他人犯错误的情形下，多一点对他人的包容和爱护。与公

---

[1] ［美］内尔·诺丁斯. 学会关心——教育的另一种模式［M］. 于天龙，译. 北京：教育科学出版社，2014：35.

正原则强调平等或对等相比，关怀是一种无偿的给予，是具有超越性的伦理原则。关怀幼儿与我们在日常生活中常提到的"爱孩子"之意思相近，但更强调教师爱之理性与智慧的一面，而非依靠作为长者的本能和普通成人的宽厚之心。在幼儿教育中，关怀不是教师可有可无的德行，而是学前教师必须遵守的伦理原则，并且这一原则有着特定具体的含义。

首先，学前教师应当使用理性的方法和策略来关怀幼儿，让幼儿感受到教师的关怀，从中获得一种安全、温暖、积极的心理感受。学前教师要细致、耐心地体察幼儿的心理活动，正确且及时地发现和回应幼儿的需要。为了确保教师的关怀幼儿感受得到，教师应多从儿童的立场与视角来分析幼儿的心理活动与需要。并且，学前教师在与幼儿互动之前要充分地估计幼儿的各种可能反应，进而使用适宜巧妙的策略与幼儿展开互动，尤其要注意细节对幼儿的影响。通过对教师和幼儿的访谈发现，教师对关怀的认识有偏差，且与幼儿对关怀的认识有差异。很多教师认为"关怀幼儿"就是细心地照顾幼儿的生活，负责任地组织教育活动。尤其，教师们认为在幼儿犯错时对幼儿进行批评教育是"关怀"幼儿的表现。这些确实是教师对幼儿应有的关怀，但不是幼儿感受到的关怀。而且，教师所言的"照顾"与"教导"都是按照自己的意愿来的，很少考虑幼儿的立场。根据幼儿们的报告来看，他们感受到被教师关怀的时刻集中在教师陪着幼儿一起游戏和与幼儿进行非正式个别交流的情境中。这显然与教师的认识是明显不同的。教师与幼儿双方对"关怀"与"被关怀"的认识差异就会造成教师的关怀不能有效地传递给幼儿，幼儿不能获得足够的关怀。显然，幼儿渴望与教师共同游戏，期望与教师有更多的非正式交流。教师对幼儿的关怀一定要建立在理性地体察和分析幼儿心理需要的基础上。

其次，学前教师应当对幼儿给予"无条件的关怀"，即无论幼儿做了什么，都可以得到关怀。对于幼儿的不当行为，学前教师要予以包容和谅解。只有这样，"关怀的需要和自尊的需要就不会同机体估价过程相矛盾，因而个体就会不断获得心理上的调节，成为完善的人"[1]。为了体现对幼儿无条件的关爱，人

1　檀传宝. 教师伦理学专题——教育伦理范畴研究［M］. 北京：北京师范大学出版社，2010：83.

本主义心理学家罗杰斯认为应当这样让幼儿认识到错误："我像你一样深深地爱你。但是你的所作所为是令人不安的，所以如果你不这样做的话，我们双方都会更愉快。"[1]关怀有包容的一面，但不等于纵容和溺爱。正所谓"仁而不智，则爱而不别也"[2]，教师在谅解幼儿过失的基础上还应针对幼儿的不当之处给幼儿以有针对性的教育与引导。教师应基于儿童的错误或过失开展相应的教育活动，进而帮助幼儿改过向善，并促进幼儿的全面发展。

综合来讲，学前教师对幼儿的关怀综合了充沛的情感、理性的智慧与宽容之后的支持。那么，学前教师该如何学会关怀幼儿呢？按照关怀伦理的倡导者内尔·诺丁斯的解释，"关心者的心理状态是以专注和动机移位为特征的。专注是指关心者对被关心者的那种开放的、不加选择的接受"。动机移位就是在关注他人的需要时"感受到的一种要帮助这个人的愿望"，"是一种动机能量流向他人的过程"。[3]也就是说，学前教师全身心地投入到对幼儿的关注上时，学前教师就会自然地产生要去帮助和教育幼儿的愿望，就会自然地在行动中表现出对幼儿的关爱。这份关爱加上学前教师的专业知识与专业能力，就会渗透和洋溢在教师教育行为的每一个细节之中。

第二节 师幼关系中的伦理困境与解决

学前教师在与幼儿的互动中会面临很多伦理困境。这里将教师们提及较多的伦理困境概括整理为四类。其中有不同伦理原则之间发生冲突造成的困境，也有一项伦理原则在践行时面临内外条件困扰所造成的困境。

---

1 檀传宝. 教师伦理学专题——教育伦理范畴研究［M］. 北京：北京师范大学出版社，2010：83.
2 董仲舒. 春秋繁露［M］. 曾振宇，注说. 开封：河南大学出版社，2009：244.
3 ［美］内尔·诺丁斯. 学会关心——教育的另一种模式［M］. 于天龙，译. 北京：教育科学出版社，2014：34.

一、伦理困境

（一）尊重与要求之间的失衡

在学前教育实践中，教师常常面临这样的伦理困境：尊重幼儿，支持幼儿自由地按照自己的意愿个别活动，还是要求幼儿接受成人的要求参与集体活动？这一困境不仅影响着教师与幼儿之间的日常互动，还困扰着教师对学前教育价值取向的选择，以及对课程的设计与实施。

具体来看，这一困境常出现在以下保教实践情境中：（1）在编制课程和组织安排幼儿"一日生活"时，教师应该将更多的时间留给幼儿自由游戏，还是用于教学活动？在尊重幼儿好游戏的心理特点与游戏权利，以及要求幼儿学习以促进幼儿发展之间，教师该如何选择？（2）在师幼互动中，教师尊重幼儿的自主性，采用民主与和蔼的方式对待幼儿。但是，幼儿过于活跃，不听从教师的要求，缺乏秩序。如果以权威的方式来对待幼儿，幼儿更易于接受教师的要求，秩序方面也会表现更好。在尊重幼儿的自主性与要求幼儿听从要求之间，或者说在民主与权威之间，教师该如何选择？（3）区域游戏结束，集体分享环节开始，一些幼儿仍在区域里继续游戏，教师应不应该要求这些幼儿停止游戏参与到集体分享中来？在尊重幼儿的意愿与要求幼儿参与交流分享以扩展经验之间，教师该做何选择？（4）集体教学活动中，幼儿离开活动现场开始自己的活动，或者即便人在现场也沉浸于探索与教学无关的内容，教师是否应该要求幼儿停下回到教学活动中来？在尊重幼儿的兴趣和要求幼儿参与教学活动以掌握必要经验之间，教师该如何选择？（5）艺术活动中幼儿的表达与创造有自己的解释，但幼儿的艺术表现与教师了解到同年龄段幼儿可达到的水平有距离，教师应不应该要求幼儿调整自己的表达与创作，以合乎同年龄段幼儿应有的水平？在尊重幼儿的表达与创造与要求幼儿修改或学习他人经验以促进幼儿艺术发展之间，教师该如何选择？

面对尊重与要求之间的伦理困境，一些教师会选择尊重幼儿的意愿、兴趣与表达，给予幼儿充分的自由。这类教师持"内生论"教育观念，认为幼儿有自我发展的潜能，相信幼儿通过个人的探索与表达就能够获得充分的发展。进而，教师主张学前课程以幼儿自由游戏为主；集体交流与教学活动只是提供给幼儿的一个机会，应允许幼儿不参与；艺术活动就是要激发幼儿的自我表达，成人不能干涉幼儿原初的表达。在这类主张下开展的学前教育充满了浪漫主义色彩与理想化的憧憬。如卢梭对爱弥儿的教育设计一样，只要幼儿存在，就会无限生长与发展，任何来自外部的以教导为名的干预都可能是破坏。但是，在对教育实践的观察中发现，当教师给予幼儿个体绝对自由时，幼儿的探索与表达有可能是在不断重复某一活动，难有经验提升。时日一久，幼儿就失去了探索与表达的意愿，因为他没有获得相应的挑战，找不到下一步行动的方向。而我们错失了启发引导幼儿学习的关键时机，白白浪费了生长机会与幼儿的精力。或者，当幼儿群体都在自发活动时，他们共同处在一个混乱的空间中。缺乏统一的组织与秩序会导致幼儿之间发生冲突，甚至相互造成伤害。而我们将无法确保儿童的安全与健康。

另一些教师会选择要求幼儿听从成人的指导或遵守集体秩序，强调对幼儿的尊重是有限度的。这类教师通常更为赞同"外铄论"观点，认为幼儿需要学习社会中既存的知识与规则，完成社会化的过程，胜任群体生活。同时，他们认可"玉不琢不成器"，认为幼儿的自发表现不完全是积极的，其中消极的一面需要成人的管教。进而，教师主张学前教育阶段的课程以教学为主；每名幼儿都应该参与集体交流与教学活动，实现经验提升；艺术活动是幼儿接受和了解社会中现有艺术文化的过程。他们反对学前教育课程纯游戏化，反对幼儿游离于集体交流与教学活动之外，反对艺术活动中只有幼儿的自我独白。这些做法在这一类型教师看来不是对幼儿的尊重，而是不负责任的表现。在对教育实践的观察中发现，以教学为主的做法确实能够提升幼儿的经验，促进幼儿明显的外在可见的进步。然而，这背后潜藏着巨大的伦理风险。当前媒体中曝光的许多虐童事件，以及在幼儿园教育实践中见到的一些伦理失范行为，都与成人要求变得强制与过高有关。例如，在课程容量过大或教学内容过难时，幼儿会出现学习压力与学习困难。在集体交流与教学活动的内容无趣或参与机会有限时，幼儿会想离开或做自己的事情。在艺术活动只能按照社会中既有的标准来呈现时，幼儿会失去创作的乐趣。在这些情况下，教师如果再坚持要求幼儿学习、参与或模仿的话，就会导致教师与幼儿之间出现强烈的冲突。假若教师用尽了所有的办法都无法要求幼儿达到学习要求，教师就可能会自我失控，对幼儿进行吼骂、威胁、体罚等，步入伦理失范的行列。

（二）多种责任之间的茫然

学前教师对幼儿应负的责任是多种的，这些责任之间有时会发生冲突，导致教师茫然于该履行哪项责任。这包括——

1. 安全责任与发展责任之间的冲突

教师既需要保护幼儿的安全，又需要促进幼儿的发展。然而，在教育实践中，教师常在这两个主要责任之间感到矛盾。例如，幼儿在户外活动时会发生磕碰或者挑战一些危险系数高的动作，教师应该限制幼儿的活动以保障幼儿安全，还是鼓励幼儿活动以获得充分发展呢？再例如，幼儿好奇地探索一些可能对自身造成危害的事物，教师应该制止幼儿的行为以确保幼儿的安全，还是尊重幼儿的选择以扩展其对世界的认识呢？

2."教"与"不教"之间的冲突

在教育目标设计与课程内容选择上，教师对目标与内容同时带有的益处与弊端都有所假定，进而在教授该目标与内容和不教授之间犹豫不定。例如，在艺术教育中，艺术表现技巧应不应该教？教的话是否会影响幼儿自身的想象与创造？在幼小衔接工作中，学业知识应不应该教？不教的话是否会影响幼儿进入小学后的适应？

3. 不同来源责任之间的冲突

教师的责任来源是多样的。除了对幼儿负责以外，教师还应对幼儿家长、所在教育机构、专业、社区和社会负责。尤其，教师作为特定机构中的工作人员，需要承担机构运行本身带来的责任。这些责任与教师对幼儿应负的责任之间常发生冲突。例如，教师应尊重幼儿的肖像权，保护幼儿的隐私，但同时教师需根据机构宣传工作的要求拍摄幼儿活动照片或视频，来公开宣传机构的教育活动。这就是教师对幼儿的责任与对机构的责任之间的冲突。同时，仅就教师对幼儿应负的责任来看，责任应该来自幼儿的需要，但不同主体对于幼儿需要的判断是有区别的，进而他们对教师所应履行的责任的判断也是不同的。且不论教师与幼儿之间的判断有差别，机构管理者与家长的判断就常与教师的判断有别。那么，在教师所认定的幼儿的发展需要与机构管理者或家长的要求不一致的情况下，教师应该坚持开展常规保教活动去满足幼儿的发展需要，还是按照机构管理者的要求去布置环境、制作宣传文稿、准备演出或迎接检查而减少对保教工作的投入，或者按照家长的要求教给幼儿小学课程、过度保护幼儿、在幼儿犯错的情况下也不批评教育呢？这些实践任务的选择或排序都是教师们实际面临的困境。

（三）偏私对公平的冲击

许多教师在理智上赞同要公平地对待每一名幼儿，但是内心常常苦恼于不自觉的偏私对公平的冲击，或无法确定哪种教育安排是最为公平的处理。这种情况发生的典型情境包括——

1. 个别与集体难以兼顾

学前教师在教育实践中应当兼顾个别与集体，既要为幼儿提供个性化指导，又要照顾全体幼儿的发展。当个别幼儿的利益与大多数幼儿的利益发生冲突时，教师的教育行为就会面临公平考验。例如，面对个别有行为问题的幼儿，教师是否可以采取隔离措施，以确保个别幼儿的行为不会扰乱集体秩序或伤害到其他幼儿？这样的做法又是否损害了个别幼儿的利益呢？如果允许有行为问题的幼儿参与集体活动，并且使得集体活动无法进行或有幼儿受到伤害，教师是否损害了大多数幼儿的利益呢？同时，面对有特殊教育需求的幼儿，教师在照顾这些个别幼儿的时候是否忽视或减少了对其他幼儿的关怀？在教师精力与时间有限的情况下，教师对有特殊教育需求的幼儿专门付出的时间越多，与其他幼儿互动的时间相对就会减少。

2. 个人偏好溢出

个体在人际互动中有着一定的对象偏好或手段偏好。这是人之常情或者本能。但是，作为学前教师，教师应当公平地对待每一名幼儿，不能因为幼儿的外貌、能力或家庭情况而偏爱部分幼儿。这需要教师用专业理性来战胜本能的偏好。然而，在教育实践中，教师常常不自觉地与一些幼儿更为亲近，或者给予一些幼儿更多的机会。例如，教师对容貌姣好的幼儿更加亲昵或更多夸赞，给能力较强的幼儿更多回答问题或展示的机会，在家长参与机构教育或给予机构教育支持较多的情况下对其子女更加和善等。一些教师意识到这样的偏好会冲击到教育公平，又苦恼于难以克服这样的本能偏好，甚至为自己辩护，认为这样的本能偏好是不可能改变的。

3. 个人偏恶迁移

与个人偏好溢出相似，教师对部分幼儿会表现出明显的偏恶。相比其他幼儿，教师会对所偏恶的幼儿表现出更多厌烦的情绪，忽视其需求或问题，较少给其机会回答问题或展示自我，甚至限制他们参与集体活动的机会。教师对幼儿产生偏恶多为两种可能。一是幼儿家庭与教师曾发生冲突，导致教师迁恶于幼儿。例如，家长批评教师，挑战了教师的权威或使教师声誉受损，甚至家长到教育机构管理者面前或上级教育行政部门状告教师，使得教师遭遇质疑或获惩。或者，家长不配合班级教育工作，增加了教师的工作难度。二是幼儿自身某方面的不良习惯或行为问题、某次的错误行为，导致教师对幼儿整个人产生了厌恶之感，以至于无论幼儿做什么都可能被更多地批评，很少被肯定。无论出于何种原因，教师对幼儿的偏恶都是不公平的，并且对幼儿的成长极为不利。但教师常常在内心一方面告诫自己不应差别对待幼儿，另一方面又不自觉地迁恶个别幼儿。

（四）关怀与冷漠的对抗

面对幼儿，教师内心常会有关怀与冷漠之间的对抗。关怀与冷漠就像一条线段的两个端点，教师在这条线段的不同位置做出选择。教师本应关怀幼儿，且出于同理心自然就会关怀幼儿。那么，一些教师为何会选择靠近冷漠一端呢？

首先，在教师工作任务过多或工作压力过大的情况下，教师会倾向于选择冷漠，以保护自我，减少工作量或工作压力。同时，工作压力会导致教师焦虑，使得教师在面对幼儿的过失行为时烦躁不堪，难以做到包容，也无法真正地关怀幼儿。对幼儿的关怀越多，意味着教师在工作中的付出就越多。教师要细心观察幼儿，才能发现幼儿的需要与成长需求。在体察到幼儿的需要时，教师就应设法回应和满足幼儿的需要。当需要家庭配合或做出相应的调整来更好地支持幼儿时,教师还应与家长沟通,指导幼儿的家庭教育。这些工作都需要教师花费时间与精力。反过来,如果教师选择冷漠,仅完成日常保教工作中可被观察到和评估到的活动安排,保障幼儿的安全即可。这种情况下教师的工作任务和工作压力会小很多。

其次,教师对幼儿的关怀得不到回应和支持时,教师会逐渐失去教育热情,选择冷漠对待幼儿。这里的回应与支持不仅包括直接来自幼儿、家长和教育管理者的回应与支持,还包括来自同事、社区和社会的回应与支持。在教师对幼儿尝试使用多种教育策略都不奏效之后,甚至遭到幼儿的抗拒之后,教师会失去教育的信心,进而选择冷漠对待幼儿。在教师对家长提出家庭教育建议或交流幼儿的发展不足之后,如果家长不理会,或者因为教师的告知而使幼儿在家庭中的处境更加不利的话,教师会减少对幼儿的关注。如果教师向教育管理者申请教育援助得不到回应,甚至换来批评与指责,教师可能会选择放弃教育投入,冷漠对待幼儿。与此类似,同事的不合作或质疑、社区资源的有限、社会媒体对学前教师的负面曝光等,都会降低学前教师的工作热情,进而减少教师对幼儿的关怀。

二、伦理困境之解决

师幼关系中伦理困境的解决需要教师调整自身的儿童观与教育观,提升专业知识与专业能力,进行正确的道德判断,并努力克服自身局限与外在环境的制约,坚持不断地做出合乎专业伦理要求的行为。

(一)将尊重与要求相统一

与其他学段相比,尊重与要求之间的失衡在学前教育中最为常见。幼儿时期是个体社会化过程的初始阶段。这时期社会的要求与期待和幼儿的本能与发展之间有着巨大的差距,幼儿因为身心发展所限对社会要求与期待的领悟能力,以及自我调节能力都有限。这使得社会要求与幼儿本能之间的差距看似难以填补,教师又似乎只能选择社会或幼儿一方的立场。同时,学前教育属于非义务教育阶段,没有统一的国家课程要求幼儿必须学习。在学前教育实践中,各种教育风潮此消彼长,以尊重为名的放任和以要求为形的强制都有人信奉并践行。在教师教育信念不坚定的情况下,教师就会忽而倒向以尊重为名的放任,忽而靠近以要求为形的强制。

尊重幼儿与向幼儿提出教育要求之间必然是矛盾的吗?当然不是。尊重与要求相统一是教育的基本原则之一。尊重幼儿是学前教师应当遵守的伦理原则。为幼儿提出适宜的教育要求是教师应当承担的伦理责任。在教育过程中,教师应当以尊重的态度向幼儿提出教育要求,同时教师向幼儿提出的教育要求应考虑到对幼儿发展情况的尊重,实现教育性与人文性的统一。

如何做到尊重与要求相统一呢?首先,学前教师应树立正确的儿童观与儿童发展观,坚信儿童的发展是个体建构与社会引导相统一的结果。尊重幼儿并不是只承认幼儿的生物属性与个体性的一面,还应承认幼儿身上的文化属性与社会性的一面。幼儿的发展是主客体相互作用的过程。其中包括幼儿主体内部潜能的释放与实现,也包括幼儿对外部社会文化的参与与吸收。教师向幼儿提出的教育要求代表着社会的期待与要求,回应的是幼儿自身就有的文化与社会性一面。幼儿是否能够接受和领悟教师提出的要求取决于这些要求是否包容或联系了幼儿的生物属性与个体性一面。尊重与要求的统一,就是要将教育的过程定位在个体建构与社会引导相统一的立场上,而非其中的任何一方力量上。在幼儿自身的发展水平与发展需要确定的情况下,教师可以且应该做的是将教育目标与要求设置在一个适宜的水平上,并且在民主的教育文化氛围中以尊重幼儿的方式向幼儿提出要求与期待。

其次,学前教师应具体分析伦理困境所发生的保教实践情境,打破教师在其中的认知局限,并寻找相应的策略将尊重与要求统一起来:(1)在课程与一日生活安排中,游戏与教学不是对立的。教师应在游戏中观察幼儿的进步与需求,并给以适时的互动引导,促进幼儿的发展。同时,教师应将教学游戏化,保证幼儿有趣味地学习。这样就做到了游戏与教学的结合,尊重与要求相统一。(2)在师幼互动中,教师请幼儿听从自己的意见和尊重幼儿的自主性之间并不矛盾。民主与权威看似矛盾,但其实真正的民主具有强大的约束力量,真正的权威深得人心,二者相得益彰。教师请幼儿听从自己的意见完全可以采用民主的方式。幼儿从教师那里获得的尊重越多,幼儿对教师就越发信赖与尊敬,也越发愿意接受教师的意见与要求,教师在幼儿面前更越发具有权威的号召力。如果教师认为自己对幼儿的尊重与和蔼换来的是幼儿的秩序混乱,那就说明教师对幼儿的尊重还不够彻底,也还没有将尊重与要求结合起来。教师应当更加细致地观察幼儿的活动,发现每一名幼儿活动的内在秩序,并引导幼儿之间建立起共同遵守的活动秩序,保障每一个人都能按照自己内在的秩序自主地活动,又不妨碍他人的活动。幼儿所共同遵守的活动秩序是来自共同活动的需要,而不是教师个人需要的秩序。(3)在集体教育活动中,如果幼儿出现了拒绝加入或游离的状态,教师一定要反思幼儿拒绝或游离的原因,进而在幼儿的兴趣和集体活动主题之间建立一定的联系。教师的反思代表的就是教师对幼儿的尊重,而努力尝试建立个体兴趣与集体活动之间的联系就是教师在以一种尊重幼儿的方式提出教育要求。(4)在艺术活动中,教师自然应该尊重幼儿的自主创作与表达,对其作品和表现表示赞赏与肯定。与此同时,教师可以引导幼儿鉴赏其他艺术作品,拓展幼儿的审美经验,让幼儿了解社会中的艺术文化。教师不需要要求幼儿必须修改某一幅作品,只要幼儿通过了解社会艺术文化完成了个人经验的拓展或再组织就好。这样就实现了个体建构与社会引导的统一,做到了尊重与要求的统一。

(二)用教育智慧来负责

教师在多种责任之间的茫然事实上是没有理清多种责任之间的关系。在教师对幼儿应负的多项责任之间,一些责任是致力于幼儿的终身可持续发展,是保障幼儿的长期利益的;另一些责任是为了让幼儿获得直观可见的短期利益或近期学习效果。例如,限制幼儿的活动与探索以保障幼儿安全,是获得了短期利益,损失的是幼儿的长期利益,即增强运动能力,扩展对世界的认识,获得充分发展。如果教师能够认识清楚幼儿的长期利益与短期利益所在,并能够基于幼儿的终身可持续发展需要来统筹幼儿当下的学习安排,综合考虑幼儿的长期利益与短期利益,教师就会获得明晰的行动方向。例如,在安全责任与发展责任之间,教师应当认识到对幼儿安全最好的保障不是成人为幼儿提供的保护,而是幼儿学会自我保护。这需要幼儿在运动和对外部世界的探索中认识风险与危险所在，能够主动规避风险与危险，而不是禁止幼儿运动和探索。

在不同来源的责任之间，对幼儿的责任是教师的第一责任，其他责任都应围绕该责任展开。教师对幼儿家长、教育机构、专业、社区和社会所负的责任虽然都与幼儿有关，但是这些责任只是间接地影响着幼儿。承担幼儿保教任务，促进幼儿全面发展在教师众多工作任务中具有优先性。如果其他来源的责任妨碍到了教师履行对幼儿的保教责任，教师需要巧妙地拒绝或对多种责任进行排序。例如，作为机构工作任务的一部分，教师需要拍摄记录幼儿活动照片。但这份任务的完成不能影响到教师对幼儿的关注与指导。如果教师在拍摄照片时发现幼儿需要指导，教师应当停下拍摄，先完成对幼儿的指导，而不是等拍摄完才去回应幼儿。再例如，如果家长提出的责任期待对幼儿发展是不利的，教师应该有策略地与家长沟通，一方面明确地表示拒绝，另一方面让家长明了要求的不当之处，以获得家长的理解。

另外，教师要区分责任与责任履行方式。如果是因责任履行方式不当引发的责任履行困难，教师不能因此否认责任本身，而应丰富自身的教育策略以更好地履行教育责任。在遇到"教"与"不教"之间的冲突时，教师应反思"教"所引发的弊端是什么原因引起的，"不教"所带来的益处是幼儿自然发展的结果，还是教育所能带来的最大可能结果。例如，艺术教育中，教师担心"教"会压制幼儿的想象与创造。事实上，这不是因为"教"造成的，而是"不适当地教"带来的。如果教师在艺术教育中通过对话和共同的鉴赏来支持幼儿的创作，幼儿完全可以在发挥自身想象力与创造力的同时，吸收借鉴他人的艺术技巧与策略，拥有更加完满的表现，体验到更为淋漓尽致的表达之快感。教师认为"不教"是对幼儿想象与创造的"不伤害"，但是教师没有注意到"不教"之下幼儿创作中的困顿与平乏。如果幼儿长期得不到外在的支持与丰富的艺术文化的滋养，幼儿的创作与表达意愿就会降低，在其中获得的乐趣也会减少。再以幼小衔接中学业知识学习为例来看，如果教师认为学业知识的学习只能以集体静坐与听写练的方式来进行，那学业知识学习就是"小学化"安排，与幼儿园以游戏为基本活动是矛盾的。但是，学业知识学习其实有很多种方式。幼儿在游戏中探究科学现象与数学规律，在社会交往中锻炼口语表达，在绘本阅读中识别常见字，等等。如果通过游戏、生活交往和阅读来引导幼儿掌握一定的基础知识，家长的期待与教师的责任之间就没有矛盾了。

（三）保持教育理性

为了防止个人偏私对公平的冲击，教师一定要保持教育理性。

首先，教师一定要意识到自己是专业人员，有义务关注所有儿童。普通成人待人可以有个人喜恶与选择。教师作为专业人员则要平等地对待每一名幼儿。这是教师必须履行的义务，而非可有可无的选择。教师要保持伦理敏感性，慎防个人喜恶的感性介入来妨碍教师践行公平。同时，教师要有使命感，意识到今天自己对幼儿的公平就是在培育未来公正的社会。因为幼儿终将在教师的公平对待中学会公平对待他人。

其次，教师要端正儿童观，认识到每一名幼儿都有无限的潜能与鲜明的个性特点。进而，教师要接纳所有幼儿，相信哪怕在最糟糕的状况下幼儿也有自己的优点和改变的可能。同时，教师要认识到幼儿是社会文化的参与者，而不是被动的接受者，幼儿可以发挥主体性来改变不利环境对自身的影响。这样，教师可以和幼儿一起努力来应对幼儿家庭或社会环境给幼儿成长带来的不利影响，而不是逃避那些不利影响带给自身教育工作的困难。

最后，教师要提升专业能力，照顾好集体与个体。一方面，教师要能够敏锐地识别与诊断幼儿的个别问题或需要，并能够快速有效地给予回应和引导，做好个别教育与指导工作。如果教师关照到了集体中的每一名幼儿，也就关照到了集体。另一方面，教师要建设好幼儿所在的班集体，实现集体的自我管理与自我教育。教师要引导幼儿在班集体中形成互相关心与帮助的氛围。这样不仅教师在兼顾集体与个体，每一名幼儿也会自觉地将个体与集体联系起来。

（四）让关怀成为一种习惯

教师要努力让关怀幼儿成为一种习惯，坚持不断地给幼儿以关怀，不计回报，且不受他人态度的影响。这需要教师有较高的道德动机、较强的道德意志与智慧的道德策略。首先，教师要有关怀幼儿的内在动机。教师应意识到给予他人关怀是一件幸福的事情。而且，难能可贵的是，幼儿不会像成人一样常常怀疑或拒绝他人的关怀。教师给予幼儿的关怀常常都会被幼儿接受。

其次，教师要能克服自身的懒惰，忽视他人的态度，遵从本心来关怀幼儿。如果教师因为懒惰选择冷漠，不付出教育努力，教师自身也会失去教育的乐趣与幸福感。如果教师因为他人不支持或者阻扰而减少对幼儿的关怀，教师会发现自己的痛苦与不幸丝毫不会减少。反之，如果教师在繁重的工作任务与强大的工作压力之下，仍然坚持关心幼儿，教师会在幼儿的回应或变化中看到自身工作的意义和价值，进而感觉工作任务与工作压力有所减轻。并且，如果教师在他人的质疑与阻扰中仍一如既往地关心幼儿，这份关心所带来的教育成就会减弱教师对他人态度的在意程度，甚至会改变他人的看法。

最后，教师要丰富自身的教育策略，让关怀更加轻松和有效。教师要有扎实的专业知识，准确地识别幼儿的关怀需要。同时，教师要用简单有效的方式来回应幼儿的需要。幼儿对教师期待最多的是能够与教师共同游戏与个别交流。这就是幼儿需要的教师的关怀。教师不需要投入很多的资源，拉拢很多人的关注，也不需要设计多么有创意的教学活动，只需要用情陪伴幼儿，与幼儿共同游戏与个别交流，就是给幼儿的最好关怀。

第六章　学前教师与家长关系中的专业伦理

在学前教育中，家长不仅是教师的合作伙伴，也是教师的支持对象。学前教师与家长的关系（简称亲师关系）对幼儿、教师和家长三方都有着重要影响。学前教师与家长之间应建立起信任与合作关系。这样的关系作为幼儿生活与学习环境的一部分，能够给幼儿安全感与幸福感。对幼儿来讲，教师与家长都是自己生活中的重要他人。教师与家长之间出现疏离与猜疑的话，打翻的是幼儿的人际关系网，会使幼儿在健康与发展两方面受损。有研究发现，"教师的亲师认知和亲师情感对儿童学习问题有显著的负向预测作用"，"对儿童社会能力有显著的正向预测作用"。[1] 这意味着，教师体验的亲师关系越好，对幼儿社会能力的发展越有利；教师对亲师关系体验不良的状态常带来幼儿学习问题。从家长一方来看，"家长与教师的认知一致性越高，儿童在学习方面出现的问题就越少"；"家长与教师的沟通和参与程度越高，儿童出现的内化问题越少"。[2] 事实上，教师与家长之间的疏离与猜疑打翻的是幼儿的人际关系网。

同时，良好的亲师关系能够提高教师与家长的教育成就感和幸福感。家长的满意度是评价学前教师工作的一个重要参考。教师与家长之间的合作不仅能够给双方带来教育过程中的支持，还能够对双方的教育工作成果带来积极的回

---

[1] 张惠敏. 亲师关系与儿童社会适应的相关研究——以上海幼儿园为例[D]. 上海：华东师范大学，2015：138.

[2] 同上。

应与肯定。反之，不良的亲师关系一定会在教育过程和教育结果两个层面给学前教师的工作带来极大的破坏，给学前教育工作的正常开展带来消极影响。

第一节 亲师关系中的伦理期待

良好的亲师关系是彼此尊重、相互信任，沟通顺畅与合作密切的状态。在亲师互动过程中，教师应遵循尊重与公正原则，并做好与家长的沟通与合作。通常，亲师互动包括家长和教师交流幼儿在家或在机构的表现、家长参与机构教育和教师指导家庭教育三类内容。

一、尊重每一位家长

首先，尊重家长表现为人与人之间的基本尊重。第一，学前教师应当尊重家长的人格与权利，做到不指责、不训斥家长，并保护家长及其子女在公众面前的尊严与隐私。撇开专业身份来看，学前教师与家长是彼此平等的社会成员。学前教师无任何理由忽视或损害家长的尊严。学前教师不能因为自己的专业身份，就觉得自己"高人一等"，在家长面前盛气凌人或颐指气使。第二，学前教师应当尊重幼儿家庭的文化与习惯，并主动地去了解和理解幼儿家庭的文化与习惯。每一个家庭都有自己独特的家庭文化与习惯，并深深地影响着幼儿。只要这些文化与习惯不会给幼儿的成长与发展带来消极影响，教师都应尊重这些文化与习惯的存在。即便教师有可靠的证据证明幼儿家庭的文化与习惯对幼儿有不利影响，也应该以尊重的态度向家长提供教育建议，并说明理由。但是，如果教师确认幼儿在家庭中遭遇了虐待或伤害时，学前教师应当将这一事实报告给有关部门，寻求社会部门的救助。

其次，除了给予家长人与人之间的一般尊重外，学前教师还应当给予幼儿家长合作伙伴般的尊重。第一，学前教师应当尊重家长的教育知情权。学前教师应当主动地与家长交流幼儿的情况，并邀请家长参与教育机构中的活动。尤其,学前教师对个别幼儿做出的专门的教育处理,一定要提前与家长沟通,获得家长的理解与支持。第二,学前教师应当尊重家长的教育意见与教育选择,并从中积极吸收合理的建议,满足家长合理的要求,以形成教育合力。"父母对其子女所应受的教育的种类,有优先选择的权利"。当然,对于家长不合理的要求与做法,学前教师应理性而肯定地拒绝,并通过良好的沟通帮助家长扭转错误的教育观念。

总之,尊重家长是亲师合作的前提,是对学前教师的基本要求。目前,一些学前教师错误地以自己是专业人员为由,毫无根据地否定家长的教育主张,排斥家长的教育参与,抵制家长的教育要求。这类做法会导致家长对学前教师产生反感和抵触情绪,进而引发亲师矛盾,给幼儿的成长带来负面影响。学前教师是专业人员。专业人员更应该尊重自己的合作伙伴,秉持优质的服务理念来开展工作。对于现实生活中一些家长不尊重学前教师的做法,我们鼓励学前教师通过自己的专业努力来赢得幼儿家长的尊重,而不是把自己等同于普通社会成员对家长"以牙还牙"。

二、公平地对待每一位家长

首先,学前教师要平等地对待每一个幼儿家庭。学前教师应当欢迎所有的幼儿家庭参与幼教机构的工作,并且在此过程中给予每一个家庭同等的尊重与支持。学前教师不能因为幼儿家庭经济水平、社会地位或家庭结构等的不同而对幼儿家庭区别对待,更不能忽视或者漠视低收入家庭、离异家庭或其他特殊家庭的教育权益。

通常,经济收入、社会地位有保障的家庭和家庭结构良好的家庭能够与学前教育机构进行较好的合作,甚至能为学前教育机构开展教育活动提供一些帮助。而低收入家庭、离异家庭或其他特殊家庭与学前教育机构的合作常常会受到幼儿家庭条件的限制。例如,一些条件优裕的家庭能为整个幼儿班级的出游活动提供车辆,条件一般的家庭通常只能为自己的孩子做好出游准备,而经济收入较低的家庭可能连自己孩子出游时的交通和饮食都很难保障。同时,部分家庭中的特殊性会通过对幼儿的影响增加学前教师教育工作的难度。

学前教师应当事先认识到家园合作中的这些规律，并做好与各种家庭合作的准备。同时，学前教师应该认识到，正是由于特殊幼儿家庭的存在，自己的工作才显得更加重要和有意义。一些学前教师很容易对富裕家庭的幼儿产生偏爱，而对经济收入较低的幼儿产生厌烦，戴上"嫌贫爱富"的帽子。从公正的角度来看，这样的偏爱和厌烦都是不对的。这会破坏所有家长对学前教师的信任，给学前教育机构和家庭之间的合作带来消极影响。

其次，学前教师要平等地对待幼儿家庭中的每一位家庭成员。学前教师应当欢迎每一位家庭成员参与幼教机构的工作，并且在此过程中给予每一个家庭成员平等的尊重与支持。尤其，在对待祖辈家长方面，学前教师要注意沟通方式，不能给祖辈家长留下"嫌弃"之感。学前教师不能因为幼儿家庭成员之间年龄、性别与受教育程度的不同而拒绝某些幼儿家长的教育参与，除非出于法律的原因。例如，一些父母离婚后，法院将孩子判给了其中一方，另一方与子女的交往需得到获得抚养权的一方的同意。学前教师在遇到这些情况时，应遵照法律规定，在得到拥有监护权一方的父亲或母亲同意的情况下，才能让另一方单独接触幼儿，尤其是接走幼儿。

三、与家长沟通合作

学前教师有责任与家长沟通合作，共同做好幼儿的教育工作。如《幼儿园工作规程》所要求的那样，"与家长保持经常联系，了解幼儿家庭的教育环境，商讨符合幼儿特点的教育措施，共同配合完成教育任务"，以为幼儿提供一致的、全面的、优质的教育。

首先，学前教师应当积极主动地与家长沟通交流幼儿的情况。一方面，学前教师要积极地向家长了解幼儿在家庭中的生活与学习情况，以充分地理解幼儿。另一方面，学前教师要主动地将幼儿在园的表现报告给家长，以帮助家长了解幼儿的发展变化。为了增强家长教育孩子的信心，学前教师应当注意多向家长报告幼儿的进步。对于幼儿的不足和缺点，学前教师在向家长报告时可采用"改进式"语言。例如,"某某最近表现很好,如果吃饭时能够坚持不剩饭就更好了"。

其次,为了使幼儿获得良好的家庭教育,学前教师应指导家长做好家庭教育工作。家庭是幼儿成长的首要环境,对幼儿的影响是任何教育机构都无法替代的。但是,家长的教育素养良莠不齐。《幼儿园工作规程》规定"幼儿园应主动与幼儿家庭配合,帮助家长创设良好的家庭教育环境,向家长宣传科学保育、教育幼儿的知识,共同担负教育幼儿的任务"。学前教师应经常向家长传递新的育儿知识,为家长根据自己子女的实际情况制订教育计划提供建议,帮助家长改善家庭教育工作。

最后,幼儿教育机构应当积极动员家长参与到幼儿教育机构的教育工作中,并基于幼儿在家庭中的表现和家庭教育情况来开展适宜的教育活动。这样一方面是为了在学前教育机构内最大程度地发挥教育影响力,另一方面是为了在家庭和学前教育机构之间形成一致的教育影响。学前教育机构应设置家长志愿者与家长开放日等多种参与制度和参与形式,给家长参与学前教育机构工作的机会。这样不仅便于家长了解幼儿在教育机构中的表现,启发家长丰富家庭教育活动,还能够调动家长的力量,辅助学前教育机构教育工作的开展。

另外,要与家长实现良好的沟通与合作,教师需要不断地更新自己的专业知识与技能,提升自己与家长沟通、交往的能力。要注意的是,在与幼儿家长沟通合作的过程中,学前教师一定要保持专业人员的角色形象,尽量弱化个人身份色彩,避免个人情感或情绪的不当介入。沟通就意味着会有冲突和矛盾的存在。与家长沟通合作的过程中,如果学前教师片面地从个人喜好出发来评价家长,就很容易对"不合自己口味"的家长产生厌烦等负面情绪,进而破坏双方的交流。对于与教师发生过矛盾或冲突的家长,学前教师更应该提醒自己放下个人情感,以专业人员负责任的态度来与家长合作,从幼儿成长需要的角度来面对家长,不能因为过去与家长的不愉快而对幼儿的教育需要置之不理。

第二节　亲师关系中的伦理困境与解决

学前教师在与家长的交往中所面临的伦理困境最多，给教师带来的困扰也最大。这是因为，亲师沟通中双方因观念不同产生的冲突较多，并且冲突较难解决。冲突一旦解决不好，带给教师的伤害是明显且强烈的，甚至会终结教师的职业生涯。

一、亲师关系中的伦理困境

（一）专业关系与私人关系的交织

在与家长互动的过程中，学前教师常困惑于该如何拿捏交往的界限，是应该将与家长的交往严格控制在专业关系范围内，还是可以有私人关系的渗入与维系呢？鉴于亲师交往中专业关系与私人关系的自然重叠，以及学前教师与家长维持私人关系的风险较大，学前教师在面对家长时难以选择对双方关系的定位。

在学前教师与家长的交往中，专业关系与私人关系常常自然重叠在一起。相比其他学段来看，学前教师与家长的交往是最多的。了解幼儿的家庭情况与指导幼儿的家庭教育工作是学前教师专业责任的一部分。随着对幼儿家庭了解的增多，教师很难区分哪些是与幼儿的生活与学习直接相关的家庭信息，哪些是无关的。如果对幼儿的家庭教育进行指导或干预，教师更难辨别幼儿家庭生活中的哪些方面是教师可以评价与改变的，哪些是家庭的文化与隐私只能被理解和尊重的。如果教师了解到过多的幼儿家庭信息或介入幼儿的家庭生活过多，教师与家长之间的专业关系就很容易滑向私人关系。例如，教师与单亲妈妈探讨幼儿的安全感缺失问题，妈妈不自觉地向教师哭诉自己离婚后的焦虑与不安。从心理健康教育的原理来看，减少母亲的焦虑不安一定有助于提升幼儿的安全感。但是，当教师花费较长时间来倾听单亲妈妈的哭诉，又对其婚姻和个人生活表示同情时，教师已经模糊了自己在家长面前的角色。这时的教师是其子女的教师，还是其本人的朋友呢？

除了教师与家长双方不自觉地从专业关系滑向私人关系这类情况以外，教师或家长有时会有意地与对方建立个人关系，改变双方关系的属性。第一种情况，教师有意地与家长建立个人关系，以获得家长对机构教育的更多支持，或者对个人更多的帮助。例如，教师主动了解家长的职业资源，请家长调用职业资源为班级活动或自己的职业晋升提供帮助。同样是请家长为班级活动提供帮助，在教师与家长建立起私人关系后，家长的积极性会更高。第二种情况，家长有意地与教师建立个人关系，谋求教师在工作中对自己的子女提供更多的关照与指导。例如，家长向教师送礼，以示好与教师建立私人关系。

无论是哪种形式下与家长建立起的私人关系，如果教师通过私人关系为自己或个别家长谋取了利益，这都属于伦理失范。《新时代幼儿园教师职业行为十项准则》中明确规定，幼儿园教师应"严于律己，清廉从教；不得索要、收受幼儿家长财物或参加由家长付费的宴请、旅游、娱乐休闲等活动，不得推销幼儿读物、社会保险或利用家长资源谋取私利"。因为这样的行为会破坏教育公平，扰乱正常的教育秩序。即便教师没有通过与家人的私人关系为自己或个别家长谋取利益，教师在与家长的私人交往中也是惴惴不安的。因为家长常常期待通过私人关系增加教师对子女的关照。如果教师顾及专业伦理规范不回应家长的要求，私人关系就会被打破，家长会因前期在私人关系中的投入没有回报而感到不平衡，进而在专业关系范围内也会对教师有不满或抱怨。近年来，我国已经出现多起家长送礼后因为教师不能对自己的子女特别关照而反过来举报教师收受礼物的情况。[1]

为了防范伦理失范与伦理风险，许多教师选择与家长保持距离，仅限于建立专业关系，以教师角色与家长进行职责范围内的互动，绝不建立私人关系，以个人名义与家长联系。例如，教师拒绝接受家长的任何送礼，以及有关双方私人生活的任何交流。这样确实杜绝了亲师交往中的伦理失范与伦理风险，但是没有了私人关系的渗入，教师与家长之间显得客气疏离。在一些教育问题的解决中，教师和家长双方的交流停留在普遍的、非个人的信息层面，彼此从对方那里得到的支持却很有限，彼此之间的沟通也难以深入。而且，教师与家长

---

[1] 张清. 教师，须厘清职业关系与私人关系的边界 [J]. 师道，2020（05）：30.

之间的专业关系在幼儿离开幼教机构之后就结束了。这会削弱教师职业幸福感的长久性。教师与家长之间的专业关系截然不同于我国教育传统中对教师和家长之间个人关系的期待。我国古代社会倡导"一日为师，终身为父"，主张教师与学生之间建立深厚持久的情感联系，教师与家长之间有较强的私人关系。

（二）尊重家长，还是遵循保教规律

学前教师应当尊重家长的教育意见与教育选择，这是学前教师应当遵循的专业伦理原则。然而，在现实生活中，家长的一些教育意见与教育选择是错误的，是不符合保教规律的，且对幼儿成长是不利的。这时，学前教师就会陷入伦理困境，是选择尊重家长的教育意见与教育选择，还是遵循保教规律请家长转变观念与行为呢？

秉着对幼儿负责的立场，学前教师当然应该选择遵循保教规律，转变家长的观念与行为。但是，这其中的沟通工作任务艰巨，且冲突尖锐。成人的教育观念已然形成，受到其生活环境、成长经历、教育程度与职业等多方面因素的影响。了解成人教育观念的具体内容、分析其成因，再使用有针对性的沟通策略来转变成人的教育观念，这一系列的工作对学前教师来说并不轻松。并且，沟通过程中稍有不慎，或者沟通方式出现偏差，亲师冲突就可能升级，教师就可能被家长指责为不尊重或不负责任。

在教育实践中，许多亲师冲突一开始都是由家长与教师的保教观念差异引起的。例如，为了防止感冒，家长主张给幼儿穿厚以保暖，教师反对给幼儿穿得过多，因其影响锻炼幼儿的体格。为了防止碰伤，家长主张限制幼儿的户外活动机会，不允许幼儿做一些带有冒险性的活动，教师反对限制，鼓励幼儿在户外活动时间充分锻炼与挑战。为了做好入小学的准备，大班家长主张让幼儿提前学习小学内容，教师主张让大班幼儿仍以游戏为主，不学习小学内容。这样，当教师没有按照家长的要求给幼儿穿上厚厚的衣服，仍然让幼儿参与具有挑战性的户外活动，并且大量的时间给幼儿游戏时，家长会认为教师不负责任，不尊重家长的教育意见。家长可能会将这种不满忍耐下去或者直接与教师沟通交流，还有可能会用其他名义或者抓住教师的一次过失向教育管理者状告教师。进而，教师和家长之间的冲突变得明显且强烈。不管教育管理者是否对

教师做出相应的惩处，这都会影响到教师的从教积极性和职业幸福感。

在教师不认同家长的教育理念与教育选择的情况下，一些教师为避免与家长发生冲突，减少沟通成本，会选择"明哲保身"，顺从家长的意见与选择，哪怕教师知道按照家长的意见去做对幼儿的健康与发展是不利的。例如，教师接受家长的提议，请幼儿户外活动时坐着不要活动，这样满足家长"没有磕碰"的要求。但是，教师深知长此以往该名幼儿的生理发育与身体动作发展都会受到消极影响。再例如，教师接受家长的要求，在就餐环节允许幼儿偏食，"不想吃什么就不吃什么"。然而，教师内心认为不挑食、全面膳食对保障幼儿营养均衡十分重要。这样，教师自身的观念与行为之间就出现了断裂，教师在内心会有愧疚感，并对幼儿的发展充满担忧。这些断裂、愧疚与担忧会使教师难以安宁，消磨教师的职业幸福，甚至造成教师焦虑。

同时，一些教师为了缓解愧疚与焦虑，会采用道德辩护与责任转移等策略进行道德推脱。道德辩护是指教师对自身的行为进行再解释，使行为看起来是可接受的。例如，教师劝慰自己"没有磕碰就是没有伤害，身体没有伤害对孩子的身体成长来说是第一需要，所以坐着不动就挺好的"，"每个人都会偏食，成人也有不喜欢吃的东西，孩子偏食也没什么大不了的"。在这样的辩护过程中，教师自身的教育观念不知不觉地发生了改变，变得与家长趋同，进而化解了彼此间的矛盾。责任转移是指将行为的责任归结于家长，进而减少自身的责任。例如，教师安慰自己"没有磕碰是家长要求的"，"偏食是家长自己同意的"，"这跟我没关系，教师就是为家长提供服务的，我们只能听家长的"。在责任转移的过程中，教师自身的角色定位从专业人员转为了服务人员，放弃了专业决策权。可见，无论是道德辩护，还是责任转移，其结果对教师自身的专业发展来讲都是不利的。

（三）协同与配合的不同

学前教师应与家长沟通合作，共同做好幼儿的教育工作。合作意味着教师与家长拥有共同的目标且协同行动。然而，在教育实践中，家长大多只是在配合幼教机构的工作，而不是与教师协同；教师在"调用"或"安排"家长，而不是与家长合作。在这种现象的背后，教师身处于两种不同的伦理困境之中。

第一种情况是教师希望家长协同合作，但家长不愿或不能合作，致使教师的合作意愿难以实现。一些家长将全部教育责任委托给了幼教机构，不愿意参与幼教机构组织的活动。他们认为幼教机构里的工作都应该由教师自己来完成，不能"利用家长来做免费劳动力，要不然交给幼儿园的钱都白交了"。甚至，他们认为幼儿的教育工作都应该由学前教师来负责，"如果幼儿有哪里不好就是教师没有管好"，"家长只需要负责送到幼儿园就好了"。还有一些家长虽然参与了幼教机构的工作，但是因为能力有限达不到深度参与的要求，也只能处于配合的状态。在亲师合作任务面前，这些家长常做出的反应是——"这太难了，我们做不到"；"你具体告诉我们要做什么就好了，我们不明白需要做什么"；"如果有搭把手的体力活儿我很乐意承担，其他工作还是要靠老师"。家长合作动机与合作能力的缺失都会使教师与家长合作的意愿不能实现，并使教师陷入困顿之中。教师希望家长是自己的合作者，但是家长实际处于配合者的角色。

第二种情况是教师希望家长配合自己的工作，而不是与自己合作。因为教师担心家长对幼教机构的工作参与过多时会处于主导地位，侵犯到自身的专业自主权。在信息网络社会，家长获取各种教育信息十分便利。不少家长不仅"看不上"教师对自己家庭教育的指导，还对幼教机构里的工作"指手画脚"。一些家长积极地为教师的工作提意见，将自己的教育意图与设想以教师的名义落实到幼儿班级的活动中；甚至，一些家长直接出面组织幼儿活动或召集班级里的其他家长开展亲子活动。在强势的家长主导之下，教师成为家长的配合者。尤其，在家长学历高于教师，或家长教育知识比教师还要丰富和成体系的时候，教师很难说服家长，更多的时候是在"被家长教育"。在家长主导亲师互动的情况下，尽管教师可以省去一些教育精力，但教师同时失去了专业自主权，很难按照自己的意见来组织家长参与幼教机构的工作。甚至，如果班级中有多名强势家长，家长之间发生冲突的情况下，教师很难应对。因此，在是否愿意与家长合作方面，教师在动机上也有着自己的顾虑。

二、亲师关系中的伦理困境之解决

（一）与家长建立有情感的专业关系

首先，面对教师与家长之间专业关系与私人关系的交织，学前教师一定要敏感地意识到其中的伦理风险，并果断地将与家长的关系定位为专业关系，远离以私人关系为名的利益交换。这点是毋庸置疑的。尤其，教师应有礼貌且坚决地拒绝家长的送礼、宴请与出游邀请等。即便家长以朋友等其他私人名头为由发出邀请或给予礼物，教师也不能接受。只要教师与家长之间的专业关系仍然存在，教师的收受就有受贿之嫌。在教师接受家长的送礼或宴请之后，哪怕教师与家长之间是合理的交往，也会被人怀疑与诟病。同时，在家长向教师提出不合理的要求时，教师很难坚定地站在专业立场上予以拒绝。而这些必然妨碍到正常的专业关系的维护。

其次，教师应认识到教师与家长之间的专业关系并不是冷冰冰的公事公办，而是蕴含情感的关系，这份情感的内核在于双方共有的对幼儿的关怀。教师不必担忧拒绝家长的礼物或宴请会疏远彼此的关系。教师与家长之间的关系纽带始终在幼儿。只要教师对幼儿足够关怀，教师与家长之间就有深厚的情感。当然，教师工作的目的本身就不是为了与家长建立情感联系。教师与家长之间的情感联系是专业关系中自然带有的伴随产物。教师越是从专业的立场上关怀幼儿，教师与家长之间的专业关系越牢固，并且双方在其中的情感体验越强烈。

最后，教师应理解，如果家长向教师示好以谋求与教师建立私人关系，就说明家长对教师的专业行为有了不信任或怀疑，教师与家长之间的专业关系已经不牢固了。教师应该以此为契机反思自身的工作，积极地与家长沟通，了解家长对幼儿和教师工作的担忧与顾虑，并对应地向家长解释幼儿的情况与保教工作中的安排，消除家长的顾虑。如果确实有工作中需要改进或调整的地方，教师应及时地做出改变，以回应家长的关切，缓解家长的担忧。概言之，教师应努力谋求家长对自身专业立场的充分信任。

（二）主动与家长分享学前教育知识

在家长的教育意见与保教规律相悖的情况下，教师当然不能妥协于家长的意见，而应该秉着对幼儿负责的立场坚持遵循保教规律。面对家长的不合理要求，教师应该积极与家长沟通来引导家长转变观念。但是如前所述，家长的教育观念一旦形成，转变起来是比较困难的。因此，为了防止陷入尊重家长抑或遵循保教规律这样的困境中，教师应主动向家长讲解学前教育知识，预先引导家长树立积极的教育观念。

教师应随着幼儿的年龄增长，根据季节与气候的变化，结合社会生活与机构活动的安排，提前向家长介绍幼儿生活与生长中的注意事项，传递正确的教育理念与价值取向。这样预防家长出现观念上的偏差，提出不合理的要求。即便家长之后仍然提出自己的顾虑与要求，教师可以依据双方前期沟通中既定的价值取向与原则，重申正确的教育立场，并向家长解释其所设想的做法可能带来的不良后果。有了前期沟通的共识基础，教师在拒绝家长的不合理意见和转变家长的观念时会容易很多。

同时，教师应主动地去影响家长，不断地进行家长教育工作，而不是等问题出现了才去转变家长的观念。学前教师应充分利用家长接送、家长学校、家长会和家长开放日等机会，通过面对面交流、纸质材料传递和网络信息传播等多种方式，帮助家长掌握正确的学前教育知识。一些学前教师在这方面积累了丰富的经验。例如，在幼儿进入幼儿园中班时，教师就向家长全面介绍中班幼儿一年中可能有的发展变化与教育目标，并比较中班幼儿与大班幼儿和小学一年级学生发展水平的差异，以及幼儿通过游戏学习与静坐学习学业知识的结果差异，提醒家长确立正确的教育目标，不要急于安排幼儿学习学业知识，坚持通过游戏促进幼儿全面发展，帮助幼儿在社会适应和学习品质等方面做好入小学的准备。并且，在中班一年的教育过程中，教师多次与家长分享自己对幼儿游戏和美术作品的解读，引导家长发现幼儿在游戏中的进步。这样家长在大班时向教师提出提前学习小学知识的要求就会少许多。

（三）提升专业知能，胜任亲师合作

为了改善教师与家长之间的合作，使家长从配合者成为协同者，解决教师面临的伦理困境，教师应首先反思家长成为配合者背后的原因。无论是因为家长不愿或不能够参与亲师合作而限于配合者的角色，还是教师因担心家长主导双方互动而限制家长处于配合者的角色，这都与教师的专业知能有限有关。如果教师能够有针对性地分析家长的观念形成，准确地向家长指出自身参与家园共育工作或者改善家庭教育的益处，并能够引发家长的认同，家长不愿参与合作的情况就会得到改善。如果教师能够结合家长的实际水平设计家园合作任务，并且能够给家长相应的示范或引导，家长因畏难而不敢协同的情况就会减少。如果教师对自身的专业知能足够自信，在家长面前能够清晰坚定地做出判断和声明正确的教育选择，教师就会减少被家长支配的恐惧，给家长更多参与合作的机会。

进而，教师应提升专业知能，以胜任亲师合作。第一，教师应更深入地理解学前教育原理，坚定自身教育信念，并更开放地接纳那些与自身不同的合理的教育主张与实践策略。第二，教师应提高观察与分析幼儿的能力。亲师沟通与合作的中心是幼儿。教师有了对幼儿的细致观察与正确解读之后，才有与家长沟通的内容与基础。否则，亲师沟通与合作就是形式而已。与自己子女无关的亲师互动对家长来说只能是负担。第三，教师应增强同理心，设身处地地站在家长的立场分析家长的处境、需要与可能，进而寻找与家长合作的契机。例如，对不同社会经济条件的家庭，教师应理解其对子女教育的关切点在哪里。第四，教师应锻炼提高自身倾听与沟通的技巧，善于捕捉家长的关注点，并会用家长易接受的策略来传达信息。例如，对不同性格特点的家长采用不同的沟通方式，面向性格内向的家长多主动介绍，面对性格外向的家长多听和及时回应。第五，教师应丰富教育策略。在家长提出教育关切或教育问题时，教师应不仅能够分析其中的原理，还应能给出有效且多样化的教育策略，给家长实际有用的教育建议。第六，教师应提升领导力，增强自身对家长的影响力与感召力，以带领家长自觉地参与到家园共育中。

第七章　学前教师与同事关系中的专业伦理

学前教师与同事的关系（简称同事关系）涉及不同岗位上教师之间的联系，包括普通教师如何对待平级同事，普通教师如何对待管理者（或雇主），以及管理者（或雇主）如何对待普通教师。与同事通力合作是学前教育实践对每一位教师的必然要求。学前教育机构中日常保教任务的完成离不开教师之间的合作。同时，教师之间的同事关系是幼儿生活环境的一部分，对幼儿的社会性发展具有示范效应。教师之间良好的同事关系能为幼儿构筑一个温暖安全的生活与学习环境，并且对师幼关系有着积极影响。我们的调查发现，一个班级内的同事关系亲密的话，师幼关系也会亲密，如果同事之间比较疏离，师幼关系也会表现为疏离。另外，教师之间的同事关系不仅影响着日常保教工作或机构管理工作的完成，还影响着教师自身的专业发展。良好的同事关系在为教师工作提供支持与帮助的同时，还能够给教师的专业发展助力。诸多实践表明，教师在具有支持性的同事交往中能够通过观察与对话等多种方式获得明显的专业成长。

第一节　同事关系中的伦理期待

在同事关系的处理中，合作是最主要的伦理原则。要与同事通力合作，教师应首先做到尊重同事和公正地对待每一位同事。

一、尊重同事的权利

我们可以从两方面来解读尊重同事这一伦理原则。一方面，尊重同事强调要尊重同事作为普通社会成员所享有的基本权利；另一方面，尊重同事要求教师尊重同事的专业权利。

（一）尊重同事的基本权利

学前教师应该严格要求自己，决不侵犯同事的基本权利或影响同事权利的实现。尊重他人的基本权利，意味着尊重他人作为一名社会成员的人格、尊严与各类资格，不诬陷、诽谤、辱骂或蔑视他人，不无故剥夺他人的资格。尤其，在今天的信息网络社会中，我们应格外注意尊重他人的隐私，不随意传播同事的私人信息。这些是所有社会成员都应该遵守的伦理规范。

这点对于学前教育机构管理者具有更强的现实启发性。这提醒学前教育机构管理者要谨慎使用自己的管理权力，以防不自觉地侵犯学前教师的基本权利。例如，学前教育管理者不能随意公开教师的工资薪酬、专业绩效方面的工作信息，以及其他如年龄和家庭情况等个人信息，除非征得当事人的同意，或者是为了保护幼儿的利益。即便是要惩戒某一位同事，在过失或错误认定之前，学前教育管理者也应保守秘密，遵守相关程序规定来决定是否惩戒和实施惩戒。

（二）尊重同事的专业权利

学前教师应当尊重彼此的专业权利。按照《中华人民共和国教师法》的规定，教师拥有六项专业权利，包括教育教学、科学研究、指导学生、获取报酬、参与学校民主管理和专业发展。具体来讲，在学前教育实践中，尊重同事的专业权利意味着教师应做到以下几点——

第一，尊重同事之间工作的多样性。在学前教育机构中，学前教师是承担幼儿教育工作的主要人员。但是，除了学前教师以外，大多数学前教育机构中还有保育员、保健医生、后勤服务人员、管理人员或科研人员等类型的工作者。学前教师应当认识到，学前教育工作的顺利开展需要多种工作角色的相互配合方能完成，每一种工作角色都应该得到尊重。管理人员同样如此。并且，管理人员要格外注意赋权给教师，尊重教师对机构工作的知情权，激发教师的积极性与创造性。

第二，学前教师应该尊重在同一工作岗位上同事之间的不同表现。每位学前教师都有自己的教育理念和教育风格。同样是学前教师，对同一个教育情境的反应会有不同。学前教师应当尊重同事的多样化表现，不能以个人的喜好来干涉同事的工作，也不能用自己的专业判断来替代他人的专业选择，除非能够理性地证明同事原有的选择是错误的或者对幼儿有伤害。如果同事的行为是错误的或者对幼儿有伤害，教师应优先考虑对幼儿的责任，以尊重他人的方式及时干预和纠正同事的行为。

第三，尊重同事，要保证在对同事进行评价时只对其做与专业相关的评价，并且要根据客观事实进行评价。尤其在进行招募、考核、留用、升职或解雇等抉择时，学前教师要谨慎客观地对同事的专业能力进行评价，不能将个人情感和无关的个人因素放入其中，以免影响评价结果。例如，全美幼教协会的《伦理规范》中规定"我们不能因合作者的性别、种族、国籍、宗教信仰或其他从属关系、年龄、婚姻状况/家庭结构、残疾、或性取向而歧视对方"。

另外，尊重同事，并不意味着同事之间不能进行正常的批评指导。只要这种批评不带有轻蔑的味道，是基于客观事实的批评，且不违背尊重他人这一基本原则。对于批评者来说，正常的批评是对同事关心，对专业负责的一种表现。对于受批评者来说，应该正确地、积极地看待同事的批评，虚心接受他人的批评，以追求专业的进步。在同事的关心和批评下，教师自身能更好地看到自身的不足，改正错误。

二、公正地对待每一位同事

学前教师应当公正地对待每一位同事。教师之间虽有工作岗位与工作能力的差异，但教师应在人格上平等地对待每一位同事。同时，教师不能因同事的性别、性格或其他个人因素就对同事区别对待。在学前教育机构中，教师要格外注意处理好以下三类同事关系：（1）教育管理者与普通同事之间的关系；

（2）专家教师与新手教师之间的关系；（3）男性教师与女性教师之间的关系。

对于教育管理者和普通同事，学前教师应首先认识到二者的人格与专业地位是平等的，之间的差异只是职务和职责的不同。学前教师应当在互相尊重的基础上与双方都进行良好的合作，在专业事务以外不以级别区别对待同事。在教育管理者面前，学前教师要做到不趋炎附势，不阿谀奉承，也不目无他人，恃才傲物，要服从分工，相互配合；在普通同事面前，学前教师要做到不排挤，不打压，相互支持，共同协作。

专家教师与新手教师的区别在于专业水平的高低不同。专家教师有更成熟的专业素养，能够较好地发现教育问题与教育契机，并运用教育规律解决问题。新手教师并不是指刚刚参加工作的教师，而是指在专业水平上处于初始阶段的教师。但是，大多数情况下，专家教师要比新手教师的工作年限长。学前教师可以评价专家教师与新手教师的专业表现，也可以根据二者专业水平的不同为其分配不同的工作任务或资源。但是，学前教师不能因为其他个人特征在二者之间进行不平等的任务或资源分配。

目前，从国际范围来看，男性学前教师都是稀缺教育资源，学前教育机构大多由女性工作者组成。这样，男性学前教师在学前教育机构中常常面临着两种尴尬的处境。一种是男性教师被当作"宝贝"呵护起来，享用许多资源和机会。这些资源和机会是同等条件下的女性教师无法获得的。另一种是男性教师被当作"草根"随意调用，经常受到女同事的戏谑，并且无法获得女同事拥有的专业岗位，即便自身合乎岗位要求。从本质上来说，这两种情况都是不公正的，前者是对其他女性教师不公正，后者是对男性教师不公正。在学前教育实践中，教师可以根据同事的性别不同为其分配适合其性别特征的工作任务，但是不能根据性别对同事的专业活动进行评价，更不能因为性别而不尊重同事的人格与专业身份。

三、与同事通力合作

在尊重同事和公正对待同事的基础上，学前教师应与同事通力合作。合作是围绕共同的目标,在责任分工的基础上教师之间联合工作并相互协助的过程。教师应首先明了为什么要与同事合作,其次应掌握合作的要素与策略。

学前教师之间的合作与其他学段教师之间的合作有所不同。对中小学和大学教师来说,与同事合作意味着与同事一道培育一批学生,享有共同的教育成果,但是在教育过程中教师们是相对独立工作的。在中小学,教师们分别负责不同的学科教学工作,在不同的时段分别执教课堂,独立负责一项教学活动的组织与完成。在大学,课程、教学活动和研究课题都可能是教师独立负责,学生也由各自的导师主要负责。对学前教师来说,与同事合作意味着在教育过程中分工协作。在幼儿园,教师之间在执教领域和工作任务上虽然有相对分工,但大多数时间教师们都是同时出现在活动室里分工负责同一任务的不同的部分,共同协作完成幼儿生活或学习活动的组织。例如,教师 A 在执教集体教学活动时,教师 B 作为助教配合在侧帮助指导个别幼儿,教师 C 在收拾整理幼儿在上一个生活环节使用后的局部环境或准备下一个活动中需要使用的材料或物品。哪怕是简单的排队外出环节,幼儿园教师之间都需要分工配合。教师 A 在前边带队,教师 B 在队伍中间观察辅助个别幼儿,教师 C 在队尾清点,防止个别幼儿落下或走丢。

学前教师在教育过程中必须分工协作是由幼儿的年龄特点与学习特点决定的。首先,幼儿年龄较小,他们的个别差异极大,并且个别需求强烈。再加上幼儿的自理能力和自我保护能力有限,教师必须确保每一名幼儿的安全。一名教师在幼儿集体活动中难以同时关照到所有幼儿,兼顾好集体与个体。例如,如果在活动过程中有幼儿提出生理需求,教师中必须有人分工带领该幼儿寻找生活设施解决生理问题。即便幼儿都能够参与到集体的学习或游戏活动中来,教师也需要分工负责,给幼儿适宜且充分的个别指导。其次,学前教育强调保教结合,通过生活进行教育,并要根据幼儿以具体形象思维为主的思维特点,多采用直接体验与操作材料的方式来组织幼儿学习。这就需要教师准备好环境与材料。环境的丰富变化与材料的趣味多样都意味着教师要承担大量的教育准备工作。那么,在幼儿变换活动的过程中,教师之间只有分工配合才能保障幼儿生活与学习的有序组织。

与同事通力合作，要求教师与同事共享目标愿景，协商分工与行动规则，参与共同决策，以及自觉地致力于克服困难以达成共同的目标。首先，共同的目标愿景是教师与同事合作的开启。促进幼儿全面发展应该是教师与同事的终极目标愿景。工作中的所有任务都应该围绕该目标的实现来展开。教师应该分析工作中的具体任务与终极目标之间的关系，进而在理性分析的基础上确立正确的工作目标，并积极地与同事沟通交流目标实现的价值所在，帮助同事理解、认同工作目标。其次，合作必然建立在工作任务可分解与行动规则可统一的基础上。教师应与同事协商分配工作任务，并明确和遵守工作中的行动规则。如果任务不可分解，教师们独立负责完成任务即可。如果规则不统一，合作中必然会产生冲突与矛盾。教师最好在合作之前就与同事明确各自的分工，并明确行动规则或规则的制定方法，这样便于在任务过程中协调彼此的行动。再次，教师应与同事一起决定工作中的重要事项。哪怕教师对一些小的事项独立做出了决定，也应及时地通知合作伙伴自己的决定与理由，以让所有人了解工作各方面的具体安排，并便于合作伙伴在自己的分工部分做出回应、协调或配合。最后，合作不是原封不动地执行已经商议好的计划，行动过程中一定会遇到新情况与新问题。对于新出现的问题或困难，教师应敢于负责，想办法解决问题或克服困难来实现与同事所共同期待的目标。管理人员更应该如此，在教师遇到困难或问题时第一时间出面帮助教师解决。如果教师和管理者在面对问题时逃避，认为这不是预先分配给自己的任务，那么所有人都难以实现目标。教师一定要认识到同事之间是相互依存的关系。而且，正是在共同解决和应对问题的过程中，教师会有机会学习到他人的经验与方法，快速地实现专业成长。

第二节 同事关系中的伦理困境与解决

学前教师与同事互动中的伦理困境一般较为隐晦。相比于师幼关系和亲师关系中的伦理困境，教师对同事关系中伦理困境的知觉程度和表达意愿都相对偏低。这就为研究者发现同事关系中的伦理困境增加了难度。通过对学前教师的访谈，研究发现学前教师在与同事的互动中面临着以下困境——

一、伦理困境

（一）忠诚于同事，还是维护幼儿利益

在学前教育实践中，教师的伦理失范行为时有发生。例如，有的教师不尊重幼儿，羞辱幼儿、大声地斥骂幼儿、威胁幼儿、推搡幼儿；有的教师对幼儿不公平，很少给部分幼儿回答问题或展示自我的机会，甚至剥夺部分幼儿的活动机会；有的教师不负责任，毫无准备就组织幼儿活动，导致幼儿出现安全问题；等等。面对同事的伦理失范行为，学前教师应该如何处理？教师是选择忠诚于同事，掩盖同事的过失，或是选择维护幼儿的利益，指正同事的过失？"忠诚困境"常困扰着学前教师。

绝大多数教师都能够认识到同事的伦理失范行为之不当。理论上来讲，教师们应该选择维护幼儿的利益，指正同事的过失。但是，在实际行为层面，很多教师会选择忠诚于同事。他们对同事的伦理失范行为视而不见，表示沉默，甚至帮助同事掩盖过失。这是为什么呢？其中有三种可能的原因。

（1）教师尝试过指正同事的失范行为，但是不起作用，只能无奈地选择旁观。（2）教师担心自己指正同事的行为会与同事产生冲突，甚至被同事排斥，所以选择沉默。如果教师在同事失范行为发生当场指正同事，教师就会与同事发生直接冲突。如果教师不能够调停解决与同事的冲突，并有效地说服同事承认和改正自己的伦理过失，教师自己就可能被冠以侵犯同事专业自主权之"罪"，活动室现场也会出现更大级别的"战火"，给幼儿带来更多的消极影响。如果教师保留证据事后向管理者指正同事，无论管理者如何处理同事的伦理失范行为，教师都可能被更多的同事视为"打小报告者"，被更多的同事排斥。最糟糕的情况是，如果教师指正的是管理者的伦理失范行为，教师还有可能被管理者借某种理由给教师惩罚或将教师开除。（3）教师担心同事的失范行为被

家长或管理者发现，自己会被连带惩罚，进而帮同事掩盖过失。例如，在家长询问教师幼儿在班级中是否受到过不合伦理的对待时，教师帮同事隐瞒，防止家长批评包括自己在内的班里的所有教师。

这样，教师选择忠诚于同事的同时，就放弃了对幼儿利益的关注与维护，丢掉了自身最重要的责任。维护幼儿的利益，促进幼儿的发展，是学前教师的第一责任。如果教师在工作中因对其他主体忠诚，而放弃了对幼儿的责任，那么教师也就放弃了整个工作的目标与意义。进而，教师会感觉自身的工作没有价值，陷入混乱之中。由于自身的不作为或掩盖，一部分教师可能会将幼儿因同事的伦理失范行为受到的伤害归咎于自身，产生愧疚感，并怀疑自己不能胜任教师这一专业工作。当然，还有一部分教师会采用多种方式进行道德推脱。例如，教师采用责任转移的方式，认为对幼儿的伤害是同事造成的，与自己没有关系；教师进行道德辩护，重新解释同事的行为，认为"这可能是必然的"，"幼儿太调皮了"，"教师太忙了"；教师使用委婉标签和有利比较的方式，认为"这些都是管理幼儿的手段而已，最终还是为了幼儿好"，"没准备就做活动总比没有活动强"。在道德推脱的过程中，教师自身的道德观念也随之悄然变化。次数多了之后，教师会对同事的伦理失范行为习以为常，不再纠结于是否要指正的问题。但同时教师失去了对教育本身的期待，失去了教育热情。

（二）合作中的付出-收益失衡

合作需要每一名教师的付出，但是合作带来的收益常不能公平地分配给每一名合作者，这时教师之间的合作联结就会被打破，教师会权衡是否要继续合作。如果教师选择不合作，势必会影响工作的完成情况，也会失去最后一点收益；如果选择继续合作，教师又会因付出与收益之间的不匹配感到不公平。合作中的付出-收益失衡是许多教师在同事交往中会遇到的困境。

我们将教师在合作中的付出与收益作为两个分析维度，可以将合作付出与合作收益之间的组合结果分为四种类型（如下图所示）。其中，付出多，收益多是我们对教师合作的理想期待。其他三种类型反映了教师合作中的三种实际情况，代表着教师所面临的不同类型的困境。

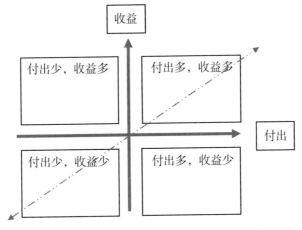

图 7-1 学前教师合作中的付出与收益关系示意图

1. 付出多，收益少

这种情况在教师的自我报告中出现得最多，极大地降低了教师的合作意愿。一些新教师表示自己在老教师带班时做了很多的辅助工作，但是轮到自己带班时老教师却"撒手不管""不理不问"。新教师认为自己在双方合作带班的过程中没有得到同等的配合与支持。一些教龄较长的教师表示，管理者只是挂名或组织了幼儿园的课题研究工作，但是课题研究的成果却标注管理者为第一作者，自己在课题研究中的主要贡献没有体现出来。一些管理者表示，自己对同事的教学活动组织提出了很好的反馈与建议，但是同事并不领情，反倒认为自己对她"百般为难"，双方之间的关系变得更糟，同事的教学活动质量仍然很差。

教师感受到付出与收益之间的不对等后，教师会减少自己在合作中的付出，并且会反对他人在双方合作中引发合作成本变化。例如，教师 A 进行教学创新，运用了很多材料来组织幼儿活动，配班教师 B 要负责准备和收纳这些材料。活动取得的成功与荣誉属于教师 A，教师 B 因为教师 A 的创新所增加的劳动却无人注意。教师 B 就会反对教师 A 的教学创新。

如果教师在合作中不计回报地付出，接受付出多收益少这样的状况。教育实践中又会出现一种"鞭打老黄牛"的情况。其他人会分配更多的任务给这样的教师，使得教师的付出与收益之间的距离更大。长此以往，教师团队中的任务分工就出现了不平等，身为"老黄牛"的教师也不得不学着拒绝或应付了事。

2. 付出少，收益多

这种情况属于"搭便车"。教师在合作中很少参与和付出，但是依然与合作者一起享用合作收益。合作中的"搭便车"又分为有意和无意两种情况。有意"搭便车"属于比较少见的极端情况。例如，一些教师在与同事合作带班的过程中有意寻找理由推脱任务，或只选择任务量较轻的工作，在教研或课题研究过程中出于个人情绪或防范他人使用自己的创意等原因有意地保留意见。无意"搭便车"情况更为常见。例如，一些教师因为专业能力有限或一些客观原因在合作中承担的任务较少，但也与同事一样获得了奖励或荣誉。

"搭便车"情况的存在与教师们"以和为贵"和惧怕冲突的交往心理有关。然而，无论是教师自身"搭便车"成功了，还是教师身边的同事成功地搭上了自己或他人的"便车"，教师都可能会产生"不付出也会有收益"的错误认识，进而在后续的合作中偷懒或规避风险，减少付出和合作。

3. 付出少，收益少

经历过前两种合作类型的教师很有可能最终选择少付出，并接受"付出少，收益少"这一对等结果。这种情况在教师群体中普遍存在。一些教师在班级工作中只负责明确分配给自己的任务，不关心班级工作的整体质量与完成状况；一些教师一般不参与教研或课题研究工作，即便参与了也只是旁听，不发表意见，也不承担其中的任务。

教师的这类伪合作状态必然会给学前教育实践带来问题，并给教师自身的专业发展带来诸多局限。学前教育实践中的工作并不能完全切割为个人的工作任务，很多工作需要教师之间联合行动。如果教师在联合行动中不愿意付出，就会造成工作配合上的失误和漏洞，严重的情况下可能会威胁到幼儿的安全与健康。教师不合作参与教研和课题研究工作，就会失去自我反思与向他人学习的机会，教师的个人成长与工作成绩就失去了一个重要来源。

二、伦理困境之解决

（一）鼓起道德勇气，正直执教

在忠诚困境面前，如果学前教师选择忠诚于同事而忽视幼儿的利益，其行为说到底是一种道德冷漠。教师应当鼓起道德勇气来维护幼儿的利益，正直执教。具备道德勇气意味着："（1）行为者对现实的和可能出现的危险、后果具备清晰的认知；（2）知道什么是正确的价值规范，什么是应该去追寻的道德；（3）最为关键的是能够以实际的、高风险的行动对抗种种威胁，克服自身的意志软弱。"[1]

如前文所述，教师对指正同事的后果和维护幼儿利益的正当性都了然于心，那么如何克服自身的意志软弱就是教师鼓起道德勇气的关键。这时，学前教师应当寻求专业伦理规范的支持。专业伦理规范代表着专业群体中大多数人的期待与承诺。教师应该确信，如果自己所主张的是专业伦理规范所支持的，那么自己冒着高风险挑战或纠正同事的不合伦理行为与要求时，教师就不是孤军作战，而是得到了大多数专业群体成员的支持。同时，在专业伦理规范的支持下，教师自身的道德信念会更加坚定。有了对道德的信奉与珍视，教师会发自内心地捍卫道德，表现出道德勇气，抵制或批判那些违背道德的行为。

在行动策略上，学前教师要化"指正同事"为"关怀同事"。在同事做出伦理失范行为时，教师应当指正同事的行为，维护幼儿的利益。这既是对幼儿关怀的体现，也是对同事关怀的体现。秉着对幼儿的关怀，教师应当保护幼儿远离同事伦理失范行为的作用范围，并安抚幼儿的情绪，给幼儿相应的教育引导。秉着对同事的关怀，教师应当帮助同事认识到伦理失范行为的危害，包括对幼儿的危害，以及对同事自身的危害。当教师的行动目的与行动策略都传达出对同事的关怀，而非简单地批评指正同事的过失，同事会更容易接受教师的意见，并改变自身的行为。

---

[1] 吴迪. 道德勇气：辨析与新诠［J］. 理论月刊，2020（05）：139–145.

（二）正确对待合作，优化合作管理

破解教师合作中的伦理困境，一方面需要教师自身改变观念，不计个人得失，积极带动同事的合作参与；另一方面需要管理者优化对教师合作的管理，减少教师合作中的风险与成本，增强收益分配的公平性。

1. 教师个人应转变观念，正确对待教师合作

作为合作参与者，教师应当转变对合作过程和合作同伴的认识，用同理心站在合作伙伴的立场上，更多地发现同事在合作中的付出和自身在合作中的收益。例如，同样是新老教师搭班合作，一些新教师对老教师的评价就更为积极。这些新教师表示自己在班级管理中付出的精力有限，但是搭班的老教师用心组织班级工作，自己不仅在合作过程中学习了很多，还与老教师一起获得了优秀教师的荣誉。参与同一项课题的情况下，一些教师反倒表示自己没有课题，在参与管理者组织的课题的过程中，自身有了较大的专业成长，并且也有了相应的科研成果。同样是教学管理，一些管理者表示虽然教师当时没有认可自己的建议，但是教师能够开放地展示教学，并完整地倾听管理者的反馈，就已经对教师产生了影响，表明了教师改革教学和提高教育质量的决心与投入。这些教师会更多地放大自身在合作中的收益，而不是抱怨自身的付出过多，或者他人的收益与付出之比大于自己。

同时，教师在观念上应变"收益论"为"价值论"，认识到教师工作的价值在于做好保教工作，促进幼儿的发展。无论教师在合作中如何付出，付出的成果都应该以工作本身的效益和幼儿的发展来衡量，而非按照自己主观认定的外在成果来评价自身工作的价值，或者根据与他人工作回报比较的结果来评价自身工作的价值。这样，教师在同事合作中才能够不计得失，并在劳动付出之后感受到幸福与喜悦。促进幼儿发展是教师和同事在工作中共享的价值。有了对共享价值或愿景的深刻认识，教师之间的联结就会更加紧密，合作就会更加牢固。

另外，教师不仅应将参与合作作为自己的责任，还应意识到自身有义务发挥领导力积极影响和带动同事之间的合作。教师在合作中要多关注身边同事的参与状况，积极地发挥示范和带动作用，鼓励身边的同事一起为提供高质量的学前教育而努力。在同事遇到困难或问题的情况下，教师应主动予以关心，帮

助一起寻求问题解决办法。在自身有能力的情况下，教师应指导同事采用适宜的方法与策略来解决问题。要注意的是，教师在合作中不能越俎代庖，或替代同事来独立解决问题，这样不仅让同事失去了锻炼与学习的机会，还可能会造成同事"搭便车"或失去合作自信。

2. 管理者应优化对教师合作的管理，为教师合作提供支持

首先，管理者应优化奖励机制，鼓励教师合作。学前教育机构的教师评价中应设置考察教师合作的指标，并且评价结果要能够区分教师在合作中的不同贡献程度。根据评价结果，学前教育机构应遵循"多劳多得"的公平原则，给在合作中付出较多的教师个人或团队以奖励。例如，学前教育机构设置"最佳搭档奖"，奖励合作良好的班级教师团队、教研团队或课题研究团队。机构在教师的绩效考核中加大教师合作指标的权重，让在合作中付出较多的个人得到更多的绩效奖励。这样的奖励机制会引导教师注重与同事的沟通合作，使教师们趋于自主合作。

其次，管理者应加强监督机制，防止教师搭便车。学前教育机构的教师评价中可以将教师的个人绩效与团队绩效结合起来，使每个教师都对团队绩效负责。如果团队中有成员的个人绩效不达标，团队绩效得分就会低，每一个人最终的综合绩效也会低。同样，如果团队绩效不达标，哪怕一个人的个人绩效得分再高，最终的综合绩效得分也会低。这样，每一名教师在团队合作中都要有付出，否则个人绩效、团队绩效和个人综合绩效都难以得到理想结果。团队成员就会自觉地互相监督与帮助，使每名成员在合作中都有实际的付出与收益。同时，管理者应监督教师的合作过程，发现教师懈怠偷懒或不愿合作的情况后，应通过谈话等方式帮助教师分析原因，增强教师的合作动机。

最后，管理者应加强教师团队的合作文化建设，支持教师长期合作。"教师合作文化是教师们在日常生活中自然而然地生成的一种相互开放、信赖、支援性的同事关系。"[1] 管理者应加强与教师的交往，增进教师之间的交往，尤其

---

[1] 马玉宾，熊梅. 教师文化的变革与教师合作文化的重建[J]. 东北师大学报（哲学社会科学版），2007（04）：148-154.

要开展一些团建活动增加彼此间的非正式交往和情感联系，以打破教师间的隔阂，增进教师间的了解，在教师中间营造开放与信赖的文化氛围。教师与同事之间的合作关系在理想状况下不只是纯工具性关系，还有情感关系的加入。这样教师在合作中才会互相包容和支持，合作才会长期延续。同时，管理者应为教师提供有关合作的培训，帮助教师解决在合作中遇到的问题。教师与同事合作中总会遇到关于合作本身的问题，而不只是合作内容中的教育问题。合作问题仅靠教师的合作意愿是无法解决的，需要在沟通或协商策略方面得到相应的支持与引导。这需要管理者对教师的合作过程予以观察，给予教师支持与引导。

第八章 学前教师与社会关系中的专业伦理

社会不是具体的一个人或一群人,而是代表所有人的一个抽象的群体存在。在学前教育工作中,社会既是教师的工作环境,也是教师所有工作的最终指向对象。学前教育的直接目标是促进幼儿发展,而借此实现的最终旨归是促进社会的健康运行与发展。学前教师是在代表社会培育社会新人,这是学前教师工作的价值所在。学前教师与社会的关系是隐藏在学前教师所有显性工作背后的一个关系存在。学前教师如何看待与处理与社会的关系,影响着学前教师工作价值的实现与教育成就的取得。

第一节 与社会关系中的伦理期待

学前教师应树立为社会执教,对社会负责的伦理意识。从基本层面来看,学前教师对社会负责就是要为幼儿和家长提供优质的学前教育,促进幼儿的健康与全面发展,保障学前教育质量。扩展来看,学前教师对社会负责还需要教师站在社会长远发展的立场上富有远见地规划与实施专业活动,并且积极参与社会服务工作,在其中承担更多的社会责任,处理好学前教育工作与外部社会环境之间的关系。

一、树立"为社会执教"的教育信念

学前教师应明确树立"为社会执教"的教育信念。表面来看,教师接受的是幼教机构的雇佣与家长的委托。实际上,学前教师工作的最终旨归是培育一代社会新人,促进社会的健康运行与发展。学前教育属于社会公共服务体系的一部分。学前教师代表着国家和社会在开展学前教育工作。学前教师有义务按照国家的要求与社会的期待来对幼儿施加影响,引导幼儿萌发爱国主义情感,并培养幼儿成长为社会主义建设者与接班人。

我国对学前教师社会责任意识的规定与具体要求在《新时代幼儿园教师职业行为十项准则》中有清晰的说明。首先,幼儿园教师应"坚定政治方向""自觉爱国守法""传播优秀文化""落实立德树人根本任务"。具体来讲,学前教师应"坚持以习近平新时代中国特色社会主义思想为指导,拥护中国共产党的领导,贯彻党的教育方针;不得在保教活动中及其他场合有损害党中央权威和违背党的路线方针政策的言行"。其次,学前教师应"忠于祖国,忠于人民,恪守宪法原则,遵守法律法规,依法履行教师职责;不得损害国家利益、社会公共利益,或违背社会公序良俗"。最后,学前教师应"带头践行社会主义核心价值观,弘扬真善美,传递正能量;不得通过保教活动、论坛、讲座、信息网络及其他渠道发表、转发错误观点,或编造散布虚假信息、不良信息"。

二、在专业活动中主动回应社会需求

学前教师应对社会环境保持敏感,关心社会发展与变化,准确地判断社会发展方向与要求。进而,教师应主动地通过专业活动来回应社会,一方面充分利用环境中的资源来开展保教活动,适应和满足社会要求;另一方面在专业活动中帮助解决社会问题,超越和引领社会发展。这是学前教师在专业活动中社会责任的两个层面。

学前教育与社会发展紧密相关。首先,社会影响着学前教育。安全稳定的社会环境是学前教育实践得以正常开展的外部环境与保障。社会的政治、经济、文化影响着学前教育的性质、目标、内容与教育条件。社会的发展变化必然会带来学前教育实践外部环境与内部过程的变化。其次，学前教育具有明显的社会功能。学前教育不仅是社会政治与文化传递、传播的一个途径，也是社会政治变革与文化创新发展的一个阵地。同时，学前教育培育着未来的社会建设者，在一定程度上影响着社会的经济发展与人口素质。学前教师将幼儿培养成怎样的人，影响着我们当下和未来构建怎样的社会，自然也影响着未来社会的政治、文化、经济与人口。因此，学前教师在教育工作中应有意识地关注外部社会的发展与变化，考虑社会对幼儿、幼儿家庭和学前教育机构的影响与要求，思考培养怎样的幼儿才能适应未来的社会要求，开展怎样的保教工作才能满足当下社会对学前教育的期待，以及如何开展教育工作才能应对当下社会环境带来的挑战。

当前，全球化发展、国家身份认同、民族文化自信、经济健康发展、生态保护、疫情防控等诸多社会焦点影响着每一个社会成员的生活。学前教师应当主动关心和了解这些社会焦点，并在学前教育实践中予以回应，从教育目标和课程内容设计上着手，帮助儿童正确地认识相关社会现象，并引导儿童树立正确的价值观。例如，学前教师在教育活动中应引导幼儿感受和体验中国传统文化，在学习优秀中国传统文化的过程中增强幼儿的国家认同感；学前教师应组织幼儿参观研究院所的实验室，到农田里参与简单的农业劳动，让幼儿感受高新科技研究与农业生产的重要性和乐趣，增强幼儿的劳动意识；学前教师应该在日常生活中渗透环境保护常识，帮助幼儿建立起环境保护理念，形成保护环境的良好习惯；学前教师应当引导幼儿关注疫情防控中人们生活的变化，以及以医护人员为主的社会各方人员对疫情防控做出的贡献，引导幼儿从小树立起卫生防疫意识与社会团结互助的理念；等等。通过这些活动，教师对幼儿价值观、知识与能力的培育使得他们能更好地适应与参与社会生活，并在未来更好地引领社会发展。

三、凭借专业知能承担更多社会责任

学前教师不仅应当在专业活动内关注和回应社会发展,还应该凭借自身的专业知能在专业活动之外积极地承担更多职责范围以外的社会责任。例如,在社会危机事件面前,或者在社会责任无法具体落实为某一个群体的特定责任时,学前教师凭借专业知识与能力上的优势承担相应的工作。勇于超越岗位职责承担更多的社会责任,是学前教师作为专业人员的伦理追求。对于学前教师来说,这份社会责任的核心在于扩大对儿童的关心,不只关心幼儿在学前教育机构中的生活与发展,还关心幼儿在家庭和社会中的生活与发展状况。为了给更多的幼儿更好的生活与学习保障,学前教师应参与到更多的相关社会活动与工作中来。

一方面,学前教师应当积极地在社会中宣传儿童保护与教育的重要性,促进整个社会对儿童的关心与教育,包括对教师自身所承担的教育工作的支持,并增进关系儿童福祉的社会各部门之间的合作。在学前教育实践中,教师常常会遇到需要社会多部门协同解决的问题。例如,幼儿出行问题、校车安全问题、留守儿童和流动儿童的照管与教育问题、困难家庭子女的生活保障与教育问题、单亲家庭子女的心理健康与教育问题等。学前教师不仅应该在教育机构内部积极努力解决这些问题,还应该积极呼吁社会有关部门和幼儿家庭共同努力来解决这些问题。在这些问题的解决超出教师机构工作的范围被列为社会责任时,教师应意识到这不是自身行动的止步,而是需要学前教师在学前教育机构外有更多的行动和努力。

另一方面,学前教师应当运用自己的专业知识积极地保护儿童在家庭和社会中的安全与发展。对于那些给儿童带来消极影响或伤害的家庭因素和社会事件,学前教师应指出其错误,并寻求有关部门的帮助,共同努力来减少它们对儿童的消极影响。挪威的《教学工作专业伦理》指出:"当乏力的制度框架给幼儿和学生造成了不可接受的环境条件时,我们有责任警告政府当局和社会公众。"当前,我国存在着一系列与幼儿保护与教育相关的突出问题,亟待全社会的努力来解决。学前教师无疑应该成为其中的关键力量。例如,对于幼儿家庭中常见的暴力或溺爱等错误教育方式，学前教师应当努力与家长沟通，转变其家庭教养方式。对于严重的虐童事件或忽视儿童的现象，学前教师应当及时报告公安机关和儿童救护机构，共同营救和帮助儿童。对于社会中出现的伴有伤害的儿童游戏、玩具和视听资料，学前教师应当借助公共媒体的力量指出其中对幼儿的伤害，引导家长不选择这些游戏、玩具和视听资料。同时，对于那些对幼儿有严重伤害的场所、玩具或事件，学前教师可以向相关管理部门建议采取相应的管理办法，杜绝其对儿童的影响。

第二节 与社会关系中的伦理困境与解决

一、伦理困境

（一）教师是否代表了社会

在谈及与社会的关系时，很多学前教师虽然表面上承认教师应该代表社会执教，但内心常常怀疑自身是否真地能够代表或者是否代表了社会。具体到学前教师的专业伦理表现来看，我们发现部分教师在处理与社会的关系时表现为价值立场模糊或价值立场偏差。

1. 价值立场模糊

价值立场模糊是指教师没有明确地领悟社会的要求与期待，在学前教育工作中对涉及价值立场的过程与内容不敏感，在价值观层面并没有给幼儿和家长明确的引导与示范。很多学前教师认为学前教育实践与政治方向、路线方针政策、法律法规、国家利益、社会主义核心价值观和社会道德等相离甚远。幼儿的生活更多地在围绕生长发育和生理需要的满足展开，幼儿教育更是以游戏为基本活动。为此，部分教师认为自身了解一下国家的政治方向与社会主义核心价值观等内容就好，无须在工作中考虑如何落实的问题。另有部分教师考虑了要在教育实践中维护国家利益与践行社会主义核心价值观，但是发现着实困难，找不到实践中的着力点。例如，一些教师提出疑惑："社会主义核心价值观与学前教育的联系在哪里？"很多幼儿园按照行政管理部门的要求将社会主义核心价值观的标语张贴在了幼儿园班级的墙面上，教师们会质疑："这是否就是践行了社会主义核心价值观？落实行政管理部门的要求是否就是代表了社会？"

2. 价值立场偏差

价值立场偏差是指学前教师在实践中的价值立场与社会主流价值观不同，对幼儿和家长产生了不良影响。学前教育并非价值无涉的社会活动，其中充满了各类价值议题与价值影响。幼儿的社会性发展与社会学习是学前教育目标与内容中的一个重要方面。幼儿园课程与人际互动中有很多内容带有价值属性。幼儿绘本和动画片中的内容主题与元素内涵也在传递和传播着一定的价值观念。价值多元是当代社会的突出特点。不同的价值立场会对教师的价值观念产生冲击，使得教师在教育实践中的价值立场发生偏差。这在课程内容选择、人际互动管理、绘本和动画片解读等方面都有所表现。例如，教师表现出对国外课程、绘本和动画片的极大推崇，并在言语中全面否定我国所有幼儿园本土课程、绘本和动画片的质量。这就会在无形中影响幼儿和家长对我国学前教育的认识，降低幼儿和家长身为中国人的自尊感。再如，教师在引导幼儿理解绘本故事的内容时，传递给幼儿阶层偏见或等级特权等不合理的价值观念，有悖于社会主义核心价值观中所倡导的"自由、平等、公正、法治"观念。

（二）不同社会利益之间的矛盾

在某些情况下，学前教师为之服务的学前教育机构的利益或者学前教育专业自身的利益会与社会整体利益发生冲突，甚至社会自身的不同利益之间也会发生冲突。综合当前学前教育政策、管理与实践活动的情况来看，社会利益与学前教育机构或专业利益之间的矛盾表现为以下几点。

第一，为了实现学前教育的普惠，让更多家庭的幼儿享受到有质量的学前教育，教育行政部门制定价格政策限制了普惠性幼儿园的收费。在限价政策的制约下，普惠性幼儿园家长负担的学费确实减少了。为了节约成本，维系运营，很多幼儿园砍掉了部分教育服务与支出项目，幼儿园的教育质量也受到了一定的威胁。这样，降低家庭负担成本和提高保教质量两个政策目标之间就处于矛盾关系中。作为普惠性幼儿园的管理者，在执行政策的过程中该如何同时兼顾两个政策目标的实现呢？这是一个值得深思的问题。

第二，二孩政策的实施为社会人口持续稳定发展产生了积极作用，但是给学前教育供给造成了较大压力。一些幼儿园为了缓解社会中的入园压力，扩大了班额。但是，班级人数超出标准以后，幼儿在园的安全与教育质量受到了威胁。这时，是扩大班额缓解入园压力，还是坚持按照标准规模招生以保障质量，成了幼儿园管理者面临的选择难题。

第三，在学前教育机构的课程安排上，管理者和教师会苦恼于是选择家长追捧的国外课程、"看得见效果"的学业知识课程，来确保机构的招生与营利，还是为了社会和国家的需要坚持开展中国传统文化课程，或者为了幼儿的终身可持续发展坚持以游戏为主来实施学前教育。

（三）教师责任边界的困扰

学前教师在积极承担社会责任的过程中会困扰责任的边界在哪里。一方面，在教师责任负担过重的情况下，学前教师会希望减轻不必要的社会责任，以集中精力做好本职工作。但是，一些社会责任又无法推脱，教师该怎么办？不少幼儿园教师在访谈中表示，自己所在的幼儿园中有很多外来督导与参观安排、实习生指导与新教师代培工作，以及与社区和其他单位联合开展的实践活动与学前教育宣传活动，这些工作占用了教师大量的精力，影响了教师日常保教工作的开展。教师的社会责任不再是教师的自愿选择与追求，而是教师必须完成的机构内工作的一部分。两部分工作任务叠加后超出了教师的工作时间与精力可承受的范围，使得教师叫苦不迭，也失去了承担社会责任的热情。

另一方面，在教师愿意参与社会工作或联合社会力量为儿童谋福祉时，教师在承担社会责任的过程中会面临许多实际困难。学前教师的工作时间相对较长。一天当中，他们到机构外参与社会工作的机会很有限。这就会使学前教师缺少时间来履行社会责任。教师在机构内的工作与社会工作在时间上出现冲突时该如何处理？在与其他社会部门合作的过程中，学前教师并不处于有权力优势的一方，并且带有改变他人教育观念和教育行为的意图，自然会与其他部门的工作人员发生冲突。其他机构成员对教师过多卷入或干涉他们的工作而提出批评意见时，教师该如何处理？这些都是学前教师在承担社会责任时面对的实际困惑。

二、伦理困境之解决

（一）积极践行社会核心价值观

教师作为社会代表，应该理解社会核心价值观，并自觉地在教育工作中践行核心价值观。所谓核心价值观是"指在社会的价值观念体系中处于支配地位，起主导作用，反映现实生活和社会发展内在要求与趋势以及统治阶级根本利益，又为大多数社会成员所认同的核心价值目标和价值导向"[1]。对任何一个社会来说，核心价值观的确立与传承都是关乎社会存在与发展的重要任务。在中国，学前教师应充分理解社会主义核心价值观的内涵，并将其融入学前教育工作中。这需要学前教师对学前教育的价值属性保持敏感，在课程组织与实施中积极地融入社会核心价值理念，并多选择社会优秀文化作为内容与载体。

面对多元价值取向对社会核心价值观的冲击，学前教师应坚定信念，用核心价值观来统领社会多元价值取向，并积极影响周围人的价值理念。社会核心价值观的确立在于形成社会共识。每个主体都是基于自身生活经历来做出价值判断的，因此多元价值取向的存在是正常的社会现象。同时，不同主体之间通过对话形成价值共识也是可能的。教师应该在社会成员之间的价值对话中发挥积极的影响力，促成社会成员对社会核心价值的认同。在学前教育实践中，学前教师应当主动与幼儿和家长展开价值对话，发挥教育影响力。例如，在亲子阅读活动中，应有意识地选择以爱国、敬业、诚信、友善为主题的绘本，进而组织幼儿和家长围绕这些主题讨论幼儿生活中的事件或现象。

（二）妥善处理教育与社会的矛盾

无论是不同社会利益之间的矛盾，还是社会利益与教育机构或教育专业自身利益之间的矛盾，它们的形成原因与形成机制看似复杂，但在本质上都是不

1　庞卫国. 价值多元与主导价值观 [J]. 求索，2003（01）: 129–131.

同社会团体之间的利益矛盾或社会短期利益与长期利益之间的矛盾。这里的不同团体主要指学前教育的举办者与家庭。教育行政管理者、学前教育机构的管理者与教师需要在举办者的利益与家庭的利益之间做出选择，也需要统一各方的意见，代表幼儿的立场在社会短期利益与长期利益之间做出选择。

无论矛盾的具体内容是什么，这类矛盾的处理都需要学前教师站在社会长远发展的立场上综合考虑多方因素，用适宜的路径或策略来正确地处理利益矛盾，做到对社会负责。在幼儿短期学习效果与终身可持续发展之间，学前教师自然应选择为幼儿终身可持续发展负责。同时，学前教师应尽可能地说服家长接受对幼儿最有利的课程安排。幼儿园管理者在接受更多的幼儿入园的同时，应该增配相应比例的教师，并扩大幼儿活动场地，这样在保证幼儿安全与教育质量的前提下帮助缓解社会入园压力。政府在限制幼儿园收费降低家庭负担成本的同时，应为幼儿园提供相应的财政支持，以保证普惠性幼儿园的正常运营。同时，幼儿园管理者应该提高资源使用效益，并在保证教育质量的前提下压缩办园成本。

（三）合理平衡教师的责任边界

学前教师对社会责任的承担应以在专业活动中回应社会需求为主。对社会责任的承担应主要渗透在教师完成保教工作的过程中，而不是单独额外的一些工作。如果学前教育机构附加给教师的社会服务工作影响或干扰了教师本职保教工作的完成，学前教育机构应该精简部分社会服务工作，以保障教师有精力高质量地完成保教工作本身。同时，学前教师自身应该设法整合社会服务工作与保教工作，尽可能在完成保教工作的过程中放大工作的社会效益，并用社会服务工作来反向支持自身保教工作的改善。例如，在接待外来参观或承担实习指导工作时，教师应该自然地展现在自己的日常工作状态，不需要额外地进行环境布置或设计和组织特别的活动。并且，在与参观者或实习教师交流的过程中，教师在贡献自身教育智慧的同时也应多听取对方对自身工作的反馈与评价，以反思和改进自身工作。这样实现社会服务工作与保教工作的一体化发展。

在与其他部门合作共担社会责任的过程中，学前教师要注意与相关专业人员形成合力，既不推卸责任，也不做超出自身专业范围的过度承诺与责任包揽。在合作中，学前教师应凭借专业知能来给出有依据的意见或可靠的建议，尊重其他专业工作者的专业权利，并运用良好的沟通与协调策略来参与到共同行动中。如果教师的意见或建议不够专业，对儿童福利保护事业和儿童教育工作的开展不能产生有效的帮助，那教师承担社会责任的意愿就无从实现。为此，教师一定要全面了解问题及其形成过程，在比较分析多种解决方案的基础上提出合理可行的建议，或采取建设性行动。学前教师应认识到自身和相关专业人员的优势与局限，在与其他专业人员沟通交流的过程中应坦诚地交换意见，在听取其他专业人员行动方案的基础上给出自己的专业建议。如果学前教师对其他专业人员的优势或贡献都不了解，就很难真正参与到多部门的合作中。

第九章　学前教师与专业和自我关系中的专业伦理

学前教育是一类专业工作。教师是从事教育教学工作的专业人员。教师如何看待和对待这份专业工作，影响着教师对学前教育实践中其他所有关系的处理。正确对待学前教育这份专业工作是教师拥有良好专业伦理表现的前提与基础。有了对学前教育这份专业工作的认同与投入，教师才会在工作过程中用心处理各类关系，使自身表现合乎专业伦理要求。教师能否正确对待学前教育这份专业工作受学前教育工作实际情况的影响，也受教师对工作本身的态度的影响。

学前教师与专业关系的另一面就是学前教师与自我的关系。就像海水中的冰山一样，教师与专业的关系是冰山浮出海面的部分，教师与自我的关系则是潜藏在海水中的那部分冰山。如何对待自我是学前教师专业伦理中一个不可回避的重要问题。"教育的首要问题是培养什么人与为谁培养人的问题，而作为培养人的教师，要回答这个问题，首先得思考自己是一个怎么样的人。"[1] 在教育工作中，教师既是劳动主体，又是劳动手段。教师在教育过程中的每一个道德决策都内含着一个自我对话的过程。教师的自我认知以及对待自我的方式影响着教师对待他人与社会，影响着教师在专业工作中的整体表现，以及教育实践的效果。

---

1 王俭. 自我认同、职业认同与价值认同——兼论培育新时代"四有好老师"的贵州校本实践［J］. 教师教育研究，2019（05）：81-87.

第一节　与专业和自我关系中的伦理期待

讨论学前教师与专业和自我关系中的伦理期待，不仅是在规范论立场上讨论教师应该如何做，还是在存在论立场上思考教师应该如何在。教师的存在有两种可能：一种是作为普通人的存在，回应教师与自我之间的对话；另一种是作为专业人员的存在，解读教师与专业之间的联系。理想状态下，学前教师应高度认同自身的专业工作，在工作中勤奋努力，并在工作中体验到人生幸福感，树立起积极的自我认知。每一名学前教师的努力工作会得到家长和社会公众的认可。这份认可不仅会让教师感受到人生价值在实现，还会为学前教育专业本身赢得社会声誉。在学前教师群体的社会形象得到社会公众的尊重与认可的情况下，学前教师会享有较高的社会地位，工作中会得到较多的社会支持。学前教师"获得的社会支持程度越高，其工作投入水平就会越高"[1]，进而获得的社会认可越多，体验到的幸福感越强，自我评价越积极。这是学前教师的专业工作与自我之间的良性循环状态。其中，专业人员应做到认同专业工作且努力投入，自觉维护专业形象，并且保持和不断提升自身专业水准。

一、认同专业工作且努力投入

学前教师对专业工作的认同包括两个层面的要义：一个是认同工作本身，一个是认同学前教育这份专业工作。对专业工作认同的具体表现是愿意为之付出努力且高度投入。

（一）认同工作本身且勤奋努力

学前教师应认同工作本身的意义，并在工作中勤奋努力。工作对于个体的意义不仅是满足生存与生活所需，还是个体实现自我价值的方式，丰富社会关系网络的途径，达成人生审美境界的载体。人生审美境界是指一种自由自觉的人生状态。勤奋工作是我国儒家伦理传统、西方新教伦理传统与当代工作伦

---

[1] 孙桂林. 社会支持对幼儿园教师工作投入的影响研究［J］. 教育科学研究，2020（07）：92-96.

理的共同主张。管理学和心理学研究中将个体对待工作本身的态度与行为倾向称为工作伦理。按照米勒等人提出的多维工作伦理剖面图（Multidimensional Work Ethic Profile，MWEP）的解释，工作伦理包括"工作中心（centrality of work）、独立自主（self-reliance）、努力工作（hard work）、有道德意识（morality/ethic）、追求休闲（leisure）、延迟满足（delay of gratification）和珍惜时间（wasted time）七个维度的要求"。[1] 个体拥有良好的工作伦理，意味着个体认同工作在生活中的意义，认可工作能够给人带来一定程度的精神满足，认同努力对工作的重要性，以及努力工作对于生活的积极意义。并且，个体会在工作中寻求独立自主地完成事务，遵守社会道德规范，合理安排时间。进而，个体会取得更好的工作绩效，会更容易接受他人对工作的批评意见并不断地改进工作，会更多地从自我内部寻找工作过失的原因，会综合工作数量与时间等多方面的因素来综合评估工作安排的公平性，自然能够在工作中与他人维持较为和谐的人际关系，有较高的工作满意度。相反，如果个体不认同工作本身的意义，不愿意在工作中努力，工作伦理不佳，那么个体的工作绩效自然会差，很难接受他人对自己工作的评价，常把工作过失归咎于外在因素，且仅从工作时间或数量一个维度评估工作安排公平与否，很难处理好工作中的人际关系，工作满意度较低。

（二）认同学前教育且高度投入

在认同工作本身的基础上，学前教师应认同学前教育这项专业工作，并在工作中高度投入。首先，教师应认识到学前教育具有重要的个体价值与社会价值。科学的学前教育对于幼儿的身体生长与发育、认知与社会性发展具有积极的促进作用。学前教育是基础教育中的奠基阶段，学前教育质量的优劣影响着我国教育事业的整体效果。学前教育能够通过对幼儿的影响产生巨大的社会效应，不仅助力家庭生活与教育，还能在政治、经济、文化等多方面对社会产生积极影响。

1　Miller M J, Woehr D J, Hudspeth N. The Meaning and Measurement of Work Ethic: Construction and Initial Validation of a Multidimensional Inventory [J]. Journal of Vocational Behavior, 2002, 60(03): 451–489.

其次，教师应认识到学前教育属于专业工作，合乎国际社会对专业标准的认定，享有较高的社会地位。并非所有的工作都属于专业工作。判断一项工作是否属于专业工作，应该看其是否合乎专业标准。这包括：（1）从业人员是否必须运用专门的知识与技能，因而具有特定的、不可替代的社会功能；（2）从业人员是否必须经过系统的专业教育与训练，并且需要不断地学习进修；（3）从业人员在从业时是否享有专业自主权，及专业组织的保护；（4）从业人员是否注重服务的理念，并有一套严格明确的专业伦理规范。[1]《中华人民共和国教师法》规定，"教师是履行教育教学职责的专业人员"，"全社会都应当尊重教师"。

最后，教师应认识到学前教育属于助人工作，教师在教育幼儿的过程中能够给自身带来极大的幸福感。人的幸福感有两个来源：一个是物质的保障与生理需要的满足，一个是精神的追求与人生意义的实现。个体的生理需求是有限的，并且更迭很快。因此，人很容易获得和失去物质层面的幸福感，这种幸福感十分短暂，甚至不能称为真正意义上的幸福。精神上的幸福感具有长期效应，来自人在社会活动中对他人福祉的贡献，是个体在工作中最终追求的。助人行业的从业者相比其他行业拥有更高的概率与机会获得精神幸福。因为其他行业的从业者需要借助于事物这一中介来帮助他人，助人行业的从业者能够直接作用于人本身，并直接从工作对象的反馈中感受到自己对他人的贡献。在助人行业中，教师在精神幸福获得方面又拥有自己的优势。与医生和护士面对病患与死亡相比，阳光向上的儿童能够给教师更多精神上的积极回应。在教师群体中，学前教师与其他学段教师相比之下的优势更为突出。幼儿正处于生长发育最迅速和发展变化最明显的阶段，教师对幼儿的积极影响会持久且明显地表现出来。并且，幼儿正处于情感外露的时期，会毫不吝啬地向教师反馈和表达他们对教师的喜爱与依恋。

在认识到学前教育工作的价值、地位与优势的基础上，学前教师在教育实践中应做到高度投入。学前教师在工作中是否做到高度投入，不仅关乎

---

[1] 参见刘捷.专业化：挑战21世纪的教师[M].北京：教育科学出版社，2002：55—64.

教育质量和幼儿的健康成长，还关乎教师自身的生活质量、工作绩效与幸福体验。"工作投入（job involvement）是指一个人对其本职工作的积极主动的态度和热爱迷恋程度"[1]，包括有活力（vigor）、奉献（dedication）和专注（absorption）三方面的要求。其中，"活力是指具有充沛的精力和良好的心理韧性，为工作付出努力而不易疲倦；奉献是指对工作意义的肯定及高度的热情，对工作的认同与强烈卷入；而专注则是一种全身心投入工作的愉悦状态"[2]。概而言之，个体的工作投入表现为积极主动与持久专注。在教师积极主动地投身到专业工作中时，教师才能敏锐地发现幼儿的身心发展需要，才能体会到工作的乐趣。在教师持久专注于专业工作的情况下，教师不会被外界的杂务干扰或被物质利益诱惑，会更好地胜任工作，并取得更多的工作成绩。有了工作乐趣和工作成绩，看到了自身工作对于幼儿发展的贡献，教师就有了职业幸福感。

二、自觉维护专业形象

学前教师应该自觉地维护专业形象，包括专业群体的社会形象和个人的专业形象。教师群体的社会形象和教师个人的专业形象是交织在一起的。只有一个专业的群体形象得到了社会公众的尊重与认可，该专业才会享有较高的社会地位，每一名专业人员才会有机会建构起良好的个人形象。同时，专业群体的社会形象是每一名成员专业形象的组合。在大多数成员拥有良好的专业形象的情况下，专业群体才有可能拥有积极的社会形象。

首先，学前教师应严格自律，遵守专业伦理规范要求，树立起良好的个人专业形象。教师应意识到，个别教师不合规范的行为不仅会对幼儿、家长或同事造成伤害，还会直接破坏自身的专业形象和公众对学前教师群体的认识与评价，给同行的专业认同带来消极影响，并给整个专业建设与发展带来不利影

---

[1] 盛建森.教师工作投入：结构与影响因素的研究［J］.心理发展与教育，2006（02）：108-112.
[2] 毛晋平，谢颖.中小学教师心理资本及其与工作投入关系的实证研究［J］.教师教育研究，2013（05）：23-29.

响。近些年来，发生在个别教师身上的虐童事件被媒体曝光，极大地降低了社会公众和家长对学前教师的信任程度，并动摇了很多学前教师的专业信心。所有的教师都应注意维护好自身的专业形象，在专业生活、个人生活和社会公共生活中都表现得合乎道德要求，并高质量地完成专业工作。例如，在工作场合要穿着得体，既要大方美观，又要适合专业活动所需；在工作过程中要保持良好适中的情绪；在单位里做到不迟到，不早退，不在上班时间聊天；不管领导在或不在，自己的工作状态要保持一致；等等。

学前教师要注意，在分析和处理教育问题时，不要超越自己的专业知能范围妄下结论。正所谓"过犹不及"，学前教师应当谨记，掌握和运用专业知能解决专业问题是自身专业性的体现，超越专业知能范围去下结论就破坏了自身的专业性。例如，一些学前教师在发现班上个别幼儿的特殊需要后，会迫不及待地把自己经验所得的结论告知幼儿家长——"这个孩子听力有问题"，"您的孩子患了自闭症"等。这种断然得出的结论常常会遭致家长对学前教师的反感和抵触。因为学前教师不是医生，并不具备评估和鉴定幼儿生理和心理问题的能力。

其次，学前教师应主动参与到专业群体的自治中来，助力建构专业群体的社会形象。面向社会公众，学前教师应积极地宣传学前教育工作的重要性，增强社会公众对学前教育工作的尊重与认可。要注意，只有在得到允许和授权的情况下，学前教师才能代表机构或组织面向社会公众发表言论或采取行动。而且，无论是代表机构或组织，还是代表个人，学前教师在公开表达意见时都应谨慎。在专业群体内部，学前教师应当遵守教育机构和专业团体的各项规章制度。如果不赞同某些制度或规定，应该首先尝试在组织内部通过建设性的行动加以解决。例如，邀请机构的管理者进行对话协商。在组织内部解决无果的情况下，学前教师可以采用书面形式向上级主管部门提出自己的意见和建议，请求支持。作为专业群体中的成员，学前教师不可以帮助不合格的人员进入专业群体，以免这些不合格人员的行为破坏整个专业群体的形象，伤害其他专业成员的专业利益。对于同行在专业活动中的过失或错误，学前教师应该及时指出，并协助同行进行改正。如果同行主观上不努力改正过失，或者过失较为严重，学前教师还应当及时向相关管理部门报告，寻求矫正支持。学前教师不能为同行伪造证据，协助掩盖同行的过失。维护专业群体形象的办法不是专业成员间帮助彼此掩盖过失，而是相互督促来确保大家遵守专业伦理，确立每名成员的专业形象。

三、保持且不断提升专业水准

保持且不断提升专业水准，不断地寻找更好的教育方式，为幼儿和家长提供高质量的教育服务。这既是学前教师的专业责任，也是学前教师对自身负责的方式。为此，学前教师应当终身学习，不断地增强自身的专业知识与专业能力，并提升自身的专业道德，实现专业发展。同时，学前教师应意识到，教师的专业发展内容应该包括专业道德的提升。教育本身就是一项道德事业。学前教师与幼儿的互动不是纯粹的技术活动，其始终带有伦理色彩，是教师整个人与幼儿建立关系的过程。学前教师的专业道德不仅表现在专业实践的过程中，还直接影响着教育的结果，影响着幼儿以什么样的态度和方式来认识与处理周围的关系，也影响着教师自身在教育中的价值体验。有幼儿园用"陪孩子遇见最美的自己"这句话形象地说明了学前教师专业发展之于幼儿和教师自身的双重意义。

在专业发展过程中，学前教师应加强自我反思，警觉"高原现象"。"高原现象"是指在职业生涯的某一阶段中进一步晋升的可能性很小，个体失去了发展动力，甚至职业认同出现了危机。这种情况在学前教师的职业生涯中很容易出现。因为学前教师职称和岗位晋升空间有限，大多数教师都在从事看似重复的日常保教工作。如果教师恰好以职称和岗位晋升作为专业发展的唯一动力，缺乏专业发展的内在动力，教师就有很大的可能遇到"高原现象"。这既影响教师自身职业生涯的发展，也会给教育质量造成消极影响。这种情况下，教师更应加强专业伦理修养，强化责任意识，防止教育投入不足与教育质量下滑。

提升专业水准不仅是每一个学前教师的个体责任，还是整个专业群体的集体责任。为了提升整个专业的水准，学前教师应加强与教育督导和管理人员、幼儿教育研究人员、实习生和其他相关人员之间的合作，共同努力，为幼儿提供优质的教育。例如，在遵守科研伦理的前提下，学前教师应当支持并参与有关幼儿发展和教育的科研工作，通过科学研究改善幼儿教育的质量，并在其中增进自身对幼儿教育的认识与反思。

第二节 与专业和自我关系中的伦理困境与解决

学前教师与专业和自我关系中的伦理困境与学前教师的实际处境和生存状况有着密切关系。在我国，学前教师的实际工作中存在着一系列有待解决的问题，包括工作任务繁重，安全责任带来的压力过大，待遇保障不佳，职称评审制度不完善，等等。这使得学前教师在处理与专业和自我的关系时面临着许多道德理想与外部社会环境之间的矛盾。这些伦理困境的解决需要学前教师有更加坚定的道德意志，来克服疲惫和诱惑的干扰，坚持不懈地履行道德职责，并寻找合理的方式化解与外部社会环境之间的矛盾。

一、伦理困境

（一）物质幸福对精神幸福的冲撞

学前教育工作可以给教师带来丰裕的精神财富的同时，并不能给教师带来优渥的物质财富。学前教师工资待遇普遍偏低，部分教师的工资待遇还缺乏保障。在市场经济社会中，随着人们生活成本的不断增长和人们收入差距的加大，学前教师因工资待遇流失的情况频频发生，教师队伍的稳定性受到了极大影响。很多在岗教师一方面舍不得学前教育工作，另一方面表示希望改善工资待遇。教师内心对物质幸福的渴望不断地冲撞着他们对精神幸福的坚守。

"安贫乐道"是我国历史传统上对教师理想形象的期待，但今天很多学前教师对此并不认同。教师们承认，教师确实需要在学前教育工作中高度投入，不计回报。这样教师才能心无旁骛地做好保教工作，最大程度地促进幼儿发展。但是，很多学前教师同时表示，教师自身需要稳定的生活基础。在自身生活缺乏保障的情况下，教师仅靠道德意志来要求自己投入工作，很难做到高度专注。在如此矛盾的观念之下，很多教师对教师兼职现象表示赞同。即便目前一些学前教师利用职务关系从事营销活动，很多教师也选择默许，并不会因为维护专业形象的责任而去干预。

（二）工作与家庭之间的拉扯

学前教师在工作中常常会遇到工作-家庭冲突，包括因时间、压力和角色行为产生的冲突。工作-家庭冲突最多地表现为工作对家庭的冲击。在工作中努力投入意味着要用更多的时间来工作，这势必会减少教师的闲暇时间和参与家庭生活的时间。在很多幼儿园，加班已经成为教师的一种工作常态。幼儿园教师工作时间相比其他学段教师本就更长，加班使得教师的私人时间所剩无几。很多教师在访谈中表示"对家庭和子女充满了愧疚，因为自己将大部分时间和精力给了别人家的孩子"。除了在时间上工作对家庭的挤占，部分幼儿园教师谈到了隐性的压力与角色行为方面的冲突。幼儿园教师几乎全天候地与很多名幼儿待在一起，高强度地集中注意力关注每一名幼儿的行为，并调动身体机能回应幼儿和组织幼儿活动。同时，幼儿园教师一天中经历了较为嘈杂的声音环境与相对热闹的色彩环境。很多幼儿园教师反映下班后"就想静一静"，"自己家的孩子都不想理"，"对丈夫也没有耐心，觉得他还不如班上的孩子听话"。这就导致部分幼儿园教师回到家中因为疲劳或角色行为迁移，而不能有高质量的家庭生活。

工作-家庭冲突的第二种表现是家庭对工作的冲击。学前教师以女性为主。学前教师在生育和哺乳期间自然会影响到工作投入。同时，无论男女，所有学前教师都承担着多重社会角色。在教师角色以外，他们需要照顾子女和父母。某些情况下，家庭角色责任的履行会占用教师的工作时间与工作精力，影响教师的工作投入。很多教师在这种情况下会感到不安。在访谈中，有教师表示"自己对待班级工作并没有达到自己的预想"，"对不住这批孩子"。

两种工作-家庭冲突都会导致学前教师职业倦怠，并引发学前教师离职。"教师职业倦怠是教师在工作过程中因工作时间过长、工作量过大、工作强度过高及无视自己的个体需要所引起的生理、心智、情绪情感及行为等方面的耗竭状态，主要包括情感衰竭、去个性化和成就感低落等三个维度。"[1] 职业倦怠积累到一定程度时，教师对专业工作的承诺就会降低，甚至选择离开现在的工作岗位，寻找新的职业发展机会。

（三）个人的错位

个人的错位是指学前教师在工作中找不到自身正确的位置，处理不好自我与专业的关系，在学前教师的角色身份中无法做到自我统一，表现为"无我"与"唯我"之间的错位，以及"表我"与"真我"之间的错位。

首先，"无我"是指学前教师在工作中仅考虑工作任务的完成，很少考虑自我的存在与发展。"唯我"是指学前教师在工作中仅考虑自身的存在与发展，忽视工作任务本身与工作对象的感受。在"无我"与"唯我"之间，很多学前教师表示不知该如何确定自身的位置。我国教育传统中有将教师比喻为红烛，用"燃烧自己，照亮别人"来隐喻教师对待职业的鞠躬尽瘁，也同时隐喻了教师在工作中对待自我的态度。红烛隐喻中所表达的奉献精神是值得歌颂的，但是其中所表达的教师牺牲自我的方式使教师职业本身蒙上了悲情色彩。今天的教育实践中只有极少数教师会做到这样一种"无我"的状态，大多数教师并不完全认同这种牺牲自我的方式。甚至，一些教师走向了极端，在工作中表现出"唯我独尊"的一面，丝毫不顾工作任务的完成情况，只考虑自己在工作中获得了哪些奖励和回报。

其次，"表我"是指学前教师严格控制自己在工作中呈现出来的形象。很多教师在工作中不表露真正的观点与情感，只根据工作任务的需要表现出自己应该表现的一面，将真正的自我隔离在工作之外。这样，他们每天都像戴着面具在工作一样，十分疲惫。例如，有教师在访谈中表示："我真的很累，每天都很假。明明对那个孩子很生气，我还得笑着跟他说话；分明是园长和家长的错，我还得诚恳地向园长和家长道歉。""真我"是指学前教师自身真实的形

---

[1] 李明军，王振宏，刘亚，中小学教师工作家庭冲突与职业倦怠的关系：自我决定动机的中介作用 [J]. 心理发展与教育，2015（03）：368-376.

象。部分教师在工作中丝毫不控制自己的情绪，也不会保留自己的观点。无论在任何情况下，他们都"想说什么就说什么"，"永远表现自己最真实的一面"。这样，"虽然很尽兴，但是后果常常很严重"。由于教师的"真我"表现并不顾及周围人的态度和教育伦理规范，很多时候会引发冲突，挑战了管理者的权威或者直接违背了专业伦理规范的要求。在有控制地呈现"表我"和不加控制地做"真我"之间，不少教师显得犹豫不决，不知道究竟该如何对待自我。

无论是"无我"与"唯我"之间的错位，还是"表我"与"真我"之间的错位，这都说明学前教师没能正确地对待自我。在自我错位的状态下，学前教师很难长期坚持在学前教育工作岗位上，并在工作中获得幸福感。因为这使得教师在工作中过度压抑自我，或者感受不到工作的价值与意义。最终，学前教师会因为自我的错位而陷入职业倦怠，甚至主动或被动离职。

二、伦理困境之解决

（一）树立正确的职业幸福观

我们首先承认学前教师的物质幸福应该得到合理保障。政府应逐步改善学前教师的待遇水平，使学前教师过上体面而有尊严的生活。与此同时，学前教师自身应调整观念，树立正确的职业幸福观。

1. 合理对待物质生活

学前教师应认识到物质幸福不等于物质水平，并应在物质生活中注重节制与节俭，确立通过自身劳动提高自身收入水平的信念。在生活中，很多人在物质贫困的情况下有着物质生活上的满足感与幸福感，也有很多人在物质丰裕的情况下仍然不满足已有的物质生活，难以获得物质幸福感。决定着个体能否体验到物质幸福的是个体内在对物质生活水平的期待与自己实际获得的物质生活水平之间的距离，而不是个体实际获得的物质生活水平本身。

将对物质生活的要求调整在一个合理的期待水平，是人们获得物质幸福的关键一步。从生理层面来看，每个人对物质生活的需要都是有限的。超出生理需要的物质附加对生命体来讲不仅无益，甚至可能有害。因此，我国自古倡导人们注重节俭，过有节制的生活。"俭，德之共也；侈，恶之大也。"节俭的生活与行为有助于人的德性养成，反过来奢侈的生活与做法会使人的欲望变多，而欲望为恶之首也。

"俭以养德"是近些年我国大力倡导的社会风向。人们对物质生活的期待和对物质幸福的理解也正在发生转变。当前，很多人推崇极简生活。这可以说是人们降低对物质生活期望的一种积极表现。同时，有研究发现，青年一代在高收入职业与劳动自由职业之间更倾向于选择劳动自由的职业，已经不再一味地追求高收入。这说明青年人已经跳出了一味追求高收入的陷阱，在职业选择时关注劳动付出与劳动收入之间的关系。

学前教师也应在劳动付出和收入之间的动态关系中看待自身的专业工作。尽管学前教师群体的整体收入与社会中很多职业相比不算高，但学前教师群体内部也有收入差距。很多学前教师的收入达到了国家规定的公务员同等水平，甚至高于同一地区的公务员收入水平。学前教师应努力提升自身专业能力，不断提高自身的职称或劳动效益，进而提高收入水平。

2. 努力追求精神幸福

学前教师应认识到职业幸福的根本在于精神幸福，"安贫乐道"应是学前教师在追求精神幸福过程中的主动追求。首先，职业幸福的根本在于精神幸福。有学者指出："幸福不是物质欲望得到满足的自然性、即时性的快感。幸福是人之为人意义实现所给予主体的精神性愉悦。"[1] 只有人的社会价值实现与精神上的愉悦感才算作幸福。学前教师应将促进幼儿全面发展作为自己的价值存在目的，在实现该目的的过程中获得精神上的幸福体验。

其次，尽管学前教师在专业工作中相比其他行业的从业者拥有更高的概率和机会获享幸福，但学前教师需要主动追求幸福，而不是"坐等幸福"。个体获享精神幸福是有条件的：（1）个体要有积极的社会活动目的，以为他人带来幸福为目的；（2）个体要发挥自身的能动性与创造性，努力实现这个目的；（3）个体在目的实现过程中遵从道德规范的要求，不损害他人的利益，并从他

---

[1] 檀传宝. 论教师的幸福 [J]. 教育科学，2002（01）：39-43.

人处获得积极的反馈。在行动目的与行动手段都合乎道德的期许时，个体才能体验到个体价值实现时精神上的愉悦。所以，亚里士多德说"幸福即是合乎德性的现实活动"。在现实的社会生活中，个体在依据德性确立自身行动的目的与手段时常面临着各种诱惑与阻扰。对金钱或物质的渴望是个体追求精神幸福时的阻力之一。因此，中国古人才有安贫乐道的智慧，倡导人们在追求价值实现的过程中不被物质欲望驱使，宁愿选择贫困，也要坚守价值目标并为之投入。安贫乐道并不是对教师的专门倡导，而是对所有知识分子的倡导，可以适用于今天为自身价值实现这一目标而努力的所有人。

学前教师应在专业工作中努力投入，主动发挥创造性，并以合乎专业伦理的方式来实现保教工作目标。这样教师才可能获享精神幸福。学前教师在工作中的投入程度不同，工作目标的实现程度不同，工作过程中对他人利益的关照程度不同，学前教师感受到的幸福多少就会不同。为了获享更多的职业幸福，学前教师应不断地提升自身的师德修养，这样更好地处理与他人的互动与人际关系。如果教师只是认同学前教育的价值，但是在工作中并不积极投入，教师就很难感受到幸福。哪怕教师降低自己对物质生活的期望，甘愿选择贫困的生活，教师在工作中不投入仍然没有机会享受职业幸福。"乐道"是学前教师专业伦理的内在要求，是说学前教师应乐于投入专业工作，但"安贫"不是学前教师工作中的必然要求，只适用于学前教师在追求教育目标实现过程中面对物质诱惑时的自我调适。"安贫"并不必然带来教师"乐道"，但是教师"乐道"之后在面对物质生活的干扰时一般会自觉地"安贫"。

（二）让工作与家庭相互促进

工作与家庭之间的冲突事实上是学前教师的角色整合出现了问题。在专业工作中，学前教师承担着教师的角色。在家庭生活中，学前教师承担着母亲（父亲）、妻子（丈夫）、女儿（儿子）等角色。学前教师应该兼顾工作与家庭中的不同角色，保持工作与家庭生活边界清晰，不将某一领域中的角色行为带入到另一领域中。并且，学前教师应实现工作与家庭的相互促进，整合不同的角色，使自己的生活进入一种整体良好的状态。

化解工作-家庭冲突的办法首先在于提升学前教师的专业知能，以及提高教师的角色调适能力。学前教师的专业知能得到提升后，工作效率就会相应提高，进而减弱或化解因工作时间长引发的工作－家庭冲突。其次，学前教师专业知能的提升能够增强教师的专业自主权，使教师在工作时间和工作任务管理方面有更多的自主空间，避免加班或工作任务堆积现象，更利于教师动态调整工作与家庭的边界。最后，学前教师专业知能的提升能够增强教师的专业胜任感，减少或化解因角色压力造成的工作－家庭冲突。除了专业知能以外，学前教师还应提高角色调适能力，在专业工作和家庭生活中遵循不同的角色要求，及时调整两种不同的角色身份，以减少将工作方式带入家庭生活所导致的家庭生活不适。

在化解工作－家庭冲突的基础上，学前教师还应通过提升自身的专业知能，来让工作与家庭相互促进。学前教师在工作中积累的经验与资源可以增益家庭生活。最直观的，幼儿园教师在保教工作中掌握了各种游戏的玩法，在家庭中可以带着自己的子女来游戏，丰富自己的家庭生活；为了指导班级中其他家长做好家庭教育工作，幼儿园教师会阅读家庭教育或儿童心理读物，这不仅助力了教师的专业工作，也能帮助提高教师自己家庭中的教育质量。反过来，学前教师在家庭中积累的经验与资源也可以增益自身的专业工作。最明显的，幼儿园教师为人父母后，有了照料婴幼儿的经验，在班级中对幼儿的生活照料会更细致，与其他家长沟通时会更好地设身处地地站在家长的立场思考问题，家园沟通工作的效果会更好。

当然，在教师自身提升专业知能的同时，学前教育机构和教师的家庭也应该给予教师更多的支持，并且学前教育机构应该对家庭友好。例如，一些幼儿园给予教师育儿福利，以员工折扣价接受教师子女入托，并将教师子女安排在非教师本人执教的班级。这样的安排一方面防止了教师工作－家庭边界不清晰，另一方面又给了教师工作－家庭整合的可能。学前教师在工作的同时兼顾了对子女的照护，并且学前教师会在工作中更加努力与投入。因为教师的工作状态会直接展现在子女面前，并且教师的工作投入所带来的教育效益会直接让自己的子女受益，教师会自觉地想在子女面前做好榜样。进而，这在工作与家庭之间建立起了正向支持关系。

（三）全身心投入到学前教育工作中

为了防止个人的错位，学前教师在工作中应做到全身心投入，身心和谐统一，并不断地发展自我，进而更好地促进儿童发展。

1. 在专业工作中联结自我与他人

学前教师要在专业工作中将自我与他人相联结，将"我在"与"我为"相统一，改变"无我"和"唯我"两种错位偏向。关注自我，发展自我，是教师对他人发挥积极影响的前提与基础。只有"我在"，才能"我为"他人贡献福祉。反过来，"我为"他人贡献福祉是"我在"的目的与意义。"无我"状态破坏了教师可持续劳动的根基，折损了教师作为劳动工具的效益。"唯我"状态失去了教师存在的价值与意义，使"我"本身呈虚无状态。

从工具论的意义来讲，教师自身是劳动工具，教师对自我的关注，以及对自我发展的投入，最终都是为了更好地开展保教工作。或者说，这些是保教工作的条件要求。学前教育实践不仅对教师的专业道德有很高的要求，对教师的身体状况、通识知识与生活常识也有很高的要求。最简单的例子，如果幼儿园教师患了流行性感冒，就需要请假暂时停止工作，以防传染幼儿。但是，类似身体抱恙的情况在其他学段或许不需要教师暂停工作。这就是学前教育工作对教师自身作为劳动工具与劳动手段的严格要求。为了保障学前教育工作的正常开展，学前教师应当关注自我，保持一个良好的存在状态。这包括身体、情绪、个性与信念追求等各方面，以给婴幼儿积极的示范。同时，为了高质量地开展学前教育工作，学前教师应不断地发展自我，更新自身的专业知识，提高专业能力。

从目的论的角度来讲，学前教师应将对幼儿福祉的裨益作为自身存在的价值与目的。自我存在的价值并不只是满足个人的生存所需，更重要的是通过自身潜能的实现来贡献于社会。学前教师应关注自我和发展自我，但不能将自我本身作为目的，陷入"唯我独尊"的极端利己主义之中。学前教师应该将促进幼儿全面发展视为最高存在价值，并且将自我全面发展作为第二层面的价值。教师自身的全面发展既是教师存在的目的之一，也是教师实现最高存在价值的手段与途径。在工作中成就他人的同时发展自我，实现教学相长，这是很多教师对教师职业与自身关系的理想期待。这需要学前教师将自我与他人联结在一起，尤其将自我与幼儿联结在一起，在与幼儿的联结中发挥自身的潜能，促进幼儿的全面发展。

2. 在专业工作中做到身心统一

"教师总是根据对教学情境的个人认知，有策略地控制自己表现出来的形象，以此达成特定的教育目的。"[1] 教师有意展现出来的形象可以称为"表我"，教师控制自己掩饰下来或者试图掩饰但未成功而流露出来的部分都可以称为"真我"。"表我"与"真我"之间的错位事实上反映了教师专业认同的不彻底与身心统一的不完善。

首先，学前教师应当正确认识专业伦理要求，减少因错误认知带来的形象负担，以及对"真我"的过度压抑。有教师认为"在学生面前不流露真实情感"[2]才能维护教师的威严，因此在工作中抑制各种情绪表达；有教师认为"在幼儿面前要一直微笑"才合乎学前教师的专业伦理要求，因此强迫自己生气时也要微笑；有教师认为"不能批评幼儿或家长"，才能与幼儿和家长建立良好的关系，因此总是忽略幼儿或家长的错误；甚至有教师认为"内向性格的人做不了学前教师"，因为学前教师专业伦理要求教师性格开朗活泼，进而在专业上始终没有自信感。这些其实都是对专业伦理要求的错误认知，以及所导致的对"真我"的过度压抑与否定。学前教师在专业工作中应该秉持积极的态度与情绪和幼儿互动，应该用合理的方式来表达自己的消极情绪，以及对幼儿或家长行为的批评意见。正常的人都会有产生消极情绪的时候。教师只要将消极情绪控制在一个合理的程度，并且用理性的方式来表达即可。面对幼儿或家长的错误行为，学前教师有责任指出错误，并帮助幼儿或家长改正错误。专业伦理要求与个性特点、心理健康等方面的要求会有比较紧密的联系。学前教师要注意区分专业伦理要求与其他要求之间的不同，以及社会期待与规范要求之间的区别，尤其是社会习俗与专业伦理规范之间的区别。在合乎专业伦理要求的前

---

[1] 皮武. 教师自我呈现偏差及纠正[J]. 中国教育学刊，2013（11）：88-92.

[2] 李霞云. "教师形象"自我构建与心理健康的认知分析[J]. 内蒙古师范大学学报（教育科学版），2005（01）：68-71.

提下，学前教师当然可以有自己的个性特点与教育风格。

其次，学前教师应当加强专业认同，自觉践行专业伦理要求。教师"表我"的有意展现通常是根据专业伦理的要求来的。如果教师只是被动遵循外在的伦理规范，并不认可专业伦理要求，教师的"表我"与"真我"之间自然是一种分离的状态。如果教师有足够的专业认同，教师就会认可自己所有意展现出的"表我"，将其视为自我本身，而不是与"真我"相分离的部分自我。这样教师就不会出现疲惫或厌倦的情绪。若教师深度认同专业要求，将专业伦理内化，并习惯于如伦理规范所要求的那样来行动，教师就不需要有意地控制自我形象，而是自然而然地做合乎伦理的行为，实现了身心统一。如果教师所谓的"真我"就是毫无顾忌地行动，不考虑教师形象或专业伦理的要求，那么教师还是需要控制"真我"，以免伦理有失。学前教师在保教工作中的所有行为都应该在理性与情感的共同作用下合乎专业伦理，而不是抛却理性随意行动，更不是在消极情绪的支配下任意对待幼儿。

第十章 学前教师专业伦理建设

学前教师专业伦理建设的最终目的在于提升学前教师的专业伦理表现。这需要学前教师自身提升专业道德修养，学前教育机构加强专业伦理建设，也需要教师教育机构做好专业伦理教育。三方面主体的努力缺一不可。学前教师自身主动提升专业道德修养，是学前教师专业伦理表现提升的动力和核心所在。学前教育机构的专业伦理建设与教师教育机构的专业伦理教育要发挥作用，都需要调动起教师自身的积极性、主动性方可。

第一节 学前教师自身的专业道德修养

一、个体专业道德修养的目标与内容

个体道德修养的提升需要个体立志向善，将学习、反思与行动相统一，不断追求道德境界的提升，并且努力克服自身与外界因素的干扰。阅读、反思与对话是个体提升道德修养的主要方法。与学前教师专业伦理表现的心理构成相对应，学前教师自身专业道德修养的提升应该从以下五个方面入手。

（一）提升专业伦理敏感性

专业伦理敏感性是指学前教师对专业活动中蕴含的伦理价值，以及潜在的伦理风险和伦理问题的知觉、领悟与解释能力。拥有较强的专业伦理敏感性，学前教师才能重视并尽可能合乎伦理地作为，也才能规避潜在的伦理风险与伦

理问题，提前避免伦理失范行为的发生。

要提升专业伦理敏感性，学前教师应首先立志做一名师德高尚的好老师，这样在向善目标的指引下才能敏感地知觉专业活动中的伦理价值与伦理风险。其次，学前教师应不断地反思自我和他人的教育行为，在反思中领悟与解释专业活动中的伦理价值与伦理问题，进而提升自身的专业伦理敏感性。最好的反思是去倾听儿童的声音。儿童的评价与反应是教师道德反思中不可或缺的依据。儿童通常会注意到成人忽视的细节或角度，敏感地识别周围人因某一教育行为发生的变化。一些教育行为在成人看来也许不是道德问题，但儿童会从道德角度进行不同的考量。最后，无论是确立伦理目标，还是提高伦理反思能力，学前教师都需要掌握一定的专业伦理知识。

（二）学习专业伦理知识

学习专业伦理知识不仅有助于学前教师提升专业伦理敏感性，更有益于教师提高辨别善恶的能力，即道德判断能力。教师不能辨别善恶或辨别不清的情况下，教师就会陷入伦理困境，甚至表现为伦理失范。这时即便有较强的伦理敏感性也不能确保教师做出正确的道德选择与行为。

首先，学前教师应领会学前教师专业伦理规范的内容。很多教师反映，在把握专业伦理体系时，伦理理想过于宏观抽象，伦理规则过于细碎繁多，掌握起来比较困难。要把握专业伦理体系，抓住伦理原则来学习的效果会更好。伦理理想在方向上指引着教师的专业行动，伦理规则直接约束着教师的专业行动。在专业伦理体系的结构中，伦理原则向上承接伦理理想，向下对应伦理规则。并且，伦理原则能够更好地指导教师处理不同教育情境下的选择与行为。教师应以伦理原则为中心，领会和践行伦理理想，并牢记和遵守伦理规则。

除了直接学习学前教师专业伦理规范，学前教师还应广泛阅读，了解有关教师伦理、专业伦理与伦理等方面的知识。教师可以有针对性地比较分析学前教师专业伦理与其他学段教师专业伦理的异同，以及与其他专业的专业伦理的异同，并全面学习普通社会成员应了解的伦理常识。这样，学前教师能够在比较的基础上更深入地理解学前教师专业伦理规范的要求，并从其他专业工作者和社会公众的伦理实践中寻找榜样与行为参考，从历史先贤的著作中获得鼓励与支持，为成为一个有道德的好老师做好准备。

（三）做好情绪管理与调节

学前教师的情绪与情绪管理在其专业伦理表现中发挥着重要作用。情绪与理性共同影响着个体的道德判断与道德行为。甚至，在一些情境中，情绪会独立驱动个体的道德判断。研究发现，由外源性因素引发的厌恶情绪会使"被试对随后的道德事件做出更苛责的道德评判"[1]。"教师在师幼互动中表达出大量的正向与负向情绪，其中负向情绪数量更多。"[2] 在负向情绪的影响下，学前教师对幼儿的行为判断会更加严苛，并倾向于用专制的方式对待幼儿。在负向情绪积累到一定程度时，学前教师有可能失去理性控制，表现出伦理失范。

同时，"个体根据一定的道德标准评价自己或他人的行为和思想时"[3]会产生一定的情绪体验，即道德情绪。常见的道德情绪有"内疚和羞耻""厌恶""尴尬""自豪和感戴"。道德情绪具有"反馈""强化与动力"和"调节"功能。[4] 例如，个体在做出利他行为后，会感到自豪，这种自豪感会强化个体进一步做出利他行为；个体在做出损人行为后，会感到内疚和羞耻，进而采用道歉或其他补偿方式来调节自我。

学前教师应学会情绪调节与情绪管理。一方面，学前教师应有意识地减少负向情绪的产生与持续时间，并合理地表达负向情绪，防止因负向情绪影响自己的道德判断与道德行为。另一方面，学前教师应增强与扩展正向情绪体验，并借助正向情绪的表达来强化与支持道德行为。已有研究表明，学前教师"情绪调节能力的提升能够增加师幼关系的亲密并减少师幼关系的冲突"[5]。除此之外，学前教师情绪调节能力的提升能帮助学前教师全面改善人际关系，支持学

---

1 谢熹瑶，罗跃嘉. 道德判断中的情绪因素——从认知神经科学的角度进行探讨 [J]. 心理科学进展，2009（06）：1250–1256.
2 许倩倩. 师幼互动中的教师情绪研究 [D]. 南京：南京师范大学，2013.
3 任俊，高肖肖. 道德情绪：道德行为的中介调节 [J]. 心理科学进展，2011（08）：1224–1232.
4 谭文娇，王志艳，孟维杰. 道德情绪研究十年：回顾与展望 [J]. 心理研究，2012（06）：3–7.
5 李敏. 幼儿园教师情绪调节策略与师幼关系改进研究 [D]. 北京：北京师范大学，2020.

前教师有更好的专业伦理表现。

（四）坚守专业伦理立场

坚守专业伦理立场，是指学前教师要有较强的道德意志，努力克服自身和外在因素的干扰，坚持做合乎专业伦理的选择与行为。道德意志有两方面的功能：一是激励人向善，二是阻止人行恶。"在支配道德行为的诸多道德意识要素中，道德意志是由道德认识、道德情感到道德行为的中介环节，是道德意识的最终体现，是道德意识向道德行为转化的最后阶段，是实施道德行为的直接动力因素。"[1] 要磨炼道德意志，学前教师应首先强化自身做好老师的信念。正如朱熹所言："诚其意者，自修之首也。"有了坚定的信念追求，学前教师才会避免被欲望和怠惰驱使，也才不会受他人不道德行为的影响，更不会因教育环境中的问题或困难而放弃履行自身的伦理责任。其次，为了拥有较强的道德意志，学前教师应做到慎独——无论是否有外在监督力量的存在，学前教师都应积极地履行教育责任，正确地对待包括幼儿在内的他人。

（五）提高伦理实践能力

伦理实践能力是指个体能够做出合乎专业伦理行为的能力。"为善不仅涉及'做什么'，而且关联着'如何做'，了解普遍的规范与具体的境遇固然可以告诉我们应该做什么，但若缺乏必要的背景知识，对如何做（达到善的条件、过程、程序等）浑然无知，则行善依然只能停留在良好的愿望中。"[2] 就伦理困境的解决来看，学前教师不仅需要具备一定的专业伦理知识来找到纾解困境的观念之道，更需要拥有丰富的教育策略来发现解决困境的策略之径。对如何做"为善"之事的娴熟，以及用于化解伦理困境的教育策略与经验的丰富，就表现为较强的伦理实践能力。在较强的伦理实践能力的支持下，学前教师才能够长期一贯地表现出优良的专业道德。

---

1 周斌. 试论道德意志在个人品德形成中的重要使命 [J]. 伦理学研究，2010（01）：127-131.
2 杨国荣. 道德系统中的德性 [J]. 中国社会科学，2000（03）：85-97，205.

二、当前学前教师专业道德自我修养中的问题与建议

当前，学前教师的专业道德修养中存在三类常见的问题，分别表现为教师的伦理不涉、伦理拒涉与缺少进步三种现象。三类问题的原因皆关乎学前教师自身对待专业道德修养的态度与方式。要避免或解决类似的问题，学前教师自身需重视专业道德修养，并采用适宜的方式来进行伦理反思和对话。

（一）伦理自信与伦理不涉

一部分学前教师认为自己的专业伦理表现很好，不需要进行伦理反思，更不需要考虑提升专业道德素养。事实上，他们认为的"很好"只是没有触及底线，不曾做出有违伦理的行为，对教师专业伦理表现的期许较低。同时，他们在教育实践中很少对自身的专业伦理表现进行反思，也不会主动学习专业伦理规范。这样的自信会使教师放松对自身的要求，反倒使教师在实践中容易出现行为偏差与行为问题。

学前教师应转变态度，重视专业道德修养。事实上，对教育实践进行伦理反思与不断改进是教师做好教育工作的一项重要保障。教育实践说到底是道德实践。即便教师在教育实践中并没有表现出伦理失范的一面，教师也有必要加强自我修养，不断提升自身的道德境界。学前教师应经常观察和反思自己和身边同事的教育行为，以"见贤思齐，见不贤而内自省之"。

（二）勉强为师与拒涉伦理

一部分教师虽然能够看到自身的伦理不足，但是抗拒在伦理上做出努力与改变。这与他们的从教动机"以谋生为主"有关，也与他们的道德意志薄弱有着一定的联系。一些学前教师为了生存，"勉强"自己做了一名教师，缺乏专业认同，内心并不认为自己应该为成为一名好教师而努力。甚至，一些教师认为社会对学前教师不公正，没能提供足够优裕的回报给教师，却给了教师很多的责任与义务。如果教师迫于外在的要求与压力做了好教师应该有的样子，内心会很"委屈"，认为自己的付出不值得。在这样的心理状态下，教师抗拒他人对自己提出更多的义务要求，也抗拒进行伦理反思。"拒涉伦理"的情况下，学前教师很难提供高质量的保教服务，更不可能改进自身的教育实践。甚至，

教师在犯错时会认为这是"自然的",是"情有可原"的,为自己推脱。

针对这种情况,学前教师应当改变对学前教育专业与学前教师专业伦理的认识,重塑自身的专业认同,并意识到专业伦理对教育实践质量和教师个人幸福的重要性。进而,学前教师应积极学习专业伦理规范,主动尝试改变自身实践中的不足,以为幼儿提供更高质量的保教服务。

(三)停于反思与缺少进步

一部分学前教师有较强的伦理敏感性,会常常反思自身的教育行为,但是反思停留在发现问题这一步,并没有进一步寻求问题的解决。同时,另一些教师在反思后做出了行为调整,但由于不得要领,并没有真正改善教育实践。或者,教师在实践中做出了改变,一段时间后又恢复了旧习,并没有真正地解决实践问题。这使得学前教师的专业道德修养停滞不前,不能在反思中进步。

这种现象出现的原因在于,教师的反思只是个人的"独白",教师在反思的基础上缺乏进一步的学习,以及与他人经验的"对话"。这就使得教师在反思之后仍然停留在个人原有的经验水平上,没有明显的道德修养上的提升。个人对自身教育实践的反思很重要,但是教师在反思之后应该有对专业伦理规范的进一步学习,以及对他人优秀教育实践的观摩分析,或者对相关著作的阅读思考。这样教师才能超越自身原有的经验水平,在问题驱动下不断提升自身的道德修养。

第二节　学前教育机构中的专业伦理建设

一、专业伦理建设的途径与方法

学前教育机构的专业伦理建设是指在学前教育机构内开展的以提升教师专业伦理表现为目的的一系列管理与培训活动。这包括营造组织伦理氛围、制定伦理制度和开展伦理培训三方面的工作。

（一）营造积极的组织伦理氛围

在学前教育机构中，遵守专业伦理要求与做好老师应当成为被倡导的行为和价值追求。当大部分教师都感知到这一倡导时，组织中就形成了积极的伦理氛围。在积极的组织伦理氛围影响下，学前教师会自觉地选择遵循专业伦理要求，追求做好老师。已有实证研究指出，组织伦理氛围有三种类型，分别为自利型、关怀型和规则型伦理氛围。"自利型伦理氛围是指个体行为决策以满足个人利益为首要目标而不考虑可能对他人的影响；关怀型伦理氛围是指组织成员充分考虑行为决策可能对他人带来的影响，关心他人和组织的整体利益；规则型伦理氛围是指组织成员只有严格遵守组织内既定的规则才是符合群体规范的价值取向。"[1]要减少组织成员的不道德行为，就应该在组织中建立明确的规则；要鼓励组织成员的道德行为，就应该在组织中倡导对他人的关怀。学前教育机构的组织氛围应该是关怀型与规则型伦理氛围的复合，这样既营造一种积极的鼓励道德行为的伦理氛围，又有明确的规则来提示教师规避伦理风险。

具体来讲，学前教育机构可以定期组织开展师德演讲与师德标兵评选活动，在各种集会与宣传中赞扬与肯定教育实践中教师合乎专业伦理要求的做法，并强调专业伦理的原则要求。同时，学前教育机构管理者应以身示范，积极践行专业伦理规范，并在与学前教师的互动中表达出对专业伦理原则的重视与认可。另外，管理者应该在各种正式和非正式的场合表达出对好教师的肯定与支持，对教师的不合伦理行为表达明确的否定与批评。如果管理者对专业伦理的态度不明朗，机构内在专业伦理方面表现良好的教师不能得到赞扬与支持，学前教育机构中就很难形成积极的组织伦理氛围。

（二）制定和使用具有约束力的伦理制度

学前教育机构不仅要倡导教师做好老师，还应该将专业伦理落实在有约束力的制度中，加强对教师的规约与指导。学前教育机构可以直接使用国家或专业组织的专业伦理规范，将其列为本机构的制度，再次强调其在本机构的适用

---

1 张永军，江晓燕，赵国祥.伦理氛围与亲组织非伦理行为：道德辩护的中介效应[J].心理科学，2017（05）：1189–1194.

性与效力,并配套制定相应的处罚或奖励措施。学前教育机构也可以在国家或专业组织的伦理规范指导下,根据本机构教师的实际表现或机构所处的特定环境需要,来制定更具有针对性的适用于自己机构的专业伦理规范。要注意,学前教育机构的专业伦理规范要与国家或专业组织的专业伦理规范在价值与原则层面保持一致,更要符合社会一般伦理的价值导向与要求。拥有自己机构更加具体的专业伦理规范能够为教师提供更具有针对性的行为指导。并且,参与制定本机构专业伦理规范的过程也会对教师的专业伦理修养有积极贡献。

与专业伦理规范配套,学前教育机构应在对教师的考核中加入专门的师德考核。在每学期,学前教育机构应组织教师对照专业伦理规范进行自评和他评,根据评价结果给教师相应的奖励或惩罚,以督促教师不断提升专业伦理修养。他评包括管理者评价、同行评价与家长评价。无论是自评还是他评,师德评价应基于证据来开展,请评价者给出相应的事实依据,并使用合理的评价标准。例如,以师德底线作为合格标准,以师德理想作为满分标准,根据教师践行师德原则的程度将师德评价结果划分为不同的分数区间。目前,在很多幼儿园中,管理者对教师专业伦理表现的评价占有较大的比重,并且幼儿园会定期使用家长满意度调查的方式来请家长评价教师的师德。要注意的是,同行评价应得到重视与运用,这更有助于加强教师之间的协作与互相监督。

(三)开展具有针对性的专业伦理培训

学前教育机构应定期组织教师参与专业伦理培训,并保障培训的针对性与有效性。专业伦理培训的目的在于提升教师的专业伦理敏感性,增长教师的专业伦理知识,帮助教师提高情绪调节能力,增强教师的道德意志,并丰富教师的伦理实践策略。幼儿园已有培训经验表明,有针对性的专业伦理培训能够帮助教师更好地进行伦理决策。

在众多的专业伦理培训方式中,最有效的方式是案例分析法。培训者应提前观察分析教师的教育实践,发现教师自身的伦理不足或伦理失范之处。同时,培训者应提前对教师进行访谈,了解教师实际遭遇的伦理困境。进而,培训者应结合具体的伦理不足、伦理失范或伦理困境来安排培训内容,设计典型案例。在培训中,培训者应通过案例分析,指出教师的伦理不足、伦理失范或伦理困境，并帮助教师解析其产生原因或形成机制，最后给教师提供具体的道德策略建议。这样支持教师实现从道德认知到道德行为的转化。案例的呈现方式可以多种多样，包括语言描述、角色扮演、视频再现等。使用案例的目的是进入具体的教育情境中进行伦理反思与对话，并将抽象的伦理规范与具体的教育行为联系起来。

二、当前学前教育机构专业伦理建设中的问题与建议

（一）伦理氛围营造上重情感轻理性

目前，很多幼儿园都在坚持开展师德演讲与师德标兵评选活动。但是，这些活动对园所伦理氛围的影响是短暂的，且很难触及教师行为的转变。这是因为幼儿园在伦理氛围营造上表现出了重道德情感轻道德理性的缺憾。很多园长表示："演讲的时候大家都说说自己做得好的地方，自己感动一把，演讲结束了就回归原初状态，就像刮了一阵感动的风，没留下什么。"很多幼儿园的师德标兵评选已经变质为"老好人评选"。教师们在评选时更多地考虑同事之间个人情感关系的远近，而较少基于专业伦理要求来理性衡量同事的表现。

为了真正发挥组织伦理氛围的作用，学前教育机构在师德演讲或师德标兵评选活动中应引导教师理性参与，同时激发教师的伦理情感，增长教师的伦理认知。例如，师德演讲要求教师不仅说明自己教育行为中的善之所在，还要说明善之实现背后的行为逻辑。师德标兵评选之前就向教师全面解读评选标准，即专业伦理的理想与原则要求。这样教师在参与投票的过程中就再次学习了专业伦理规范。师德标兵评选中请教师在投票时写出投票理由。这样教师就在投票过程中内化与运用了关于伦理规范的知识。评选结果产生后，当选者对同事给出的评选理由进行回应，介绍自己对专业伦理理想的追求与践行办法。这样在教师写作和彼此对话的过程中，教师对专业伦理的认知会与伦理动机和情感等一同再次获得提升。

（二）制度建设上形式主义问题突出

很多幼儿园将专业伦理规范写在了制度之列，并且列出了配套的奖惩办

法。但是，制度本身不具有可操作性。一些幼儿园的专业伦理规范停留在原则层面，并没有对应的内涵解释与规则说明。这样教师是否遵循了专业伦理原则，无法在行为层面进行判断。同时，对同一原则，不同的人会有不同的解释，师德评价中难以形成一致的意见。这样也就无法依据评价结果给教师以奖惩，缺乏可靠的奖惩依据。一些幼儿园列出的奖惩办法只有表扬与批评教育这样的务虚手段，实际效力不大，并且缺乏执行标准。

其次，一些幼儿园的教师伦理制度虽然具有可操作性，但是园所管理者在实施中并不严格，将奖励同等程度地分配给每位教师，并且在教师当罚之时不罚或轻罚。在教师年度考核时，学前教育机构的管理者、教师和家长都倾向于"你好我好大家好"，用是否合乎师德底线要求作为师德满分的标准，降低了师德评价标准。只要教师没有出现严重的违背师德底线的行为，教师师德考核的结果在绝大多数情况下都为良好或优秀。时日已久，教师对伦理制度的效用就不再忌惮，认为那"无非就是个形式"。

为了解决制度建设上的形式主义问题，学前教育机构应做好制度设计与制度实施两方面的工作。一方面，学前教育机构应制定具有可操作性的专业伦理规范。专业伦理规范应包括理想、原则与规则三个层面的内容，对伦理原则的内涵进行具体阐释并具体到规则层面。学前教育机构的专业伦理规范应根据机构内教师的专业伦理表现给出有针对性的规范与引导。专业伦理规范制定后应可转化为师德评价的标准，并且可以将教师的师德表现区分为不同的层次水平，激励教师不断追求师德素养的提升。另一方面，学前教育机构应切实实施专业伦理制度，严格依据师德评价标准来评价教师，并根据评价结果给以相应的奖励或惩罚。这样让专业伦理表现突出的教师得到实质性奖励，激励所有教师自觉提升专业伦理表现，并且让伦理有缺失的教师受到应有的惩罚，保障教育公平的同时加强所有教师对师德底线的警醒意识。

（三）师德培训的有效性不足

不少学前教育机构组织的师德培训有效性不足，对教师的影响微弱，劳而无功。其原因来自培训者和受培训者两方面。一方面，培训组织者对教师的专业伦理表现缺乏调查了解，培训内容脱离教师的工作实际，培训方式以劝诫为主，多次培训之间的重复性较多。另一方面，参与培训的教师对师德培训抱有偏见，认为接受师德培训就是对自身师德表现的否定，就意味着接受批评教育，抗拒师德培训。

为了提高师德培训的有效性，学前教育机构应严选培训者，加强对培训内容的设计，丰富培训方法，并改变教师对师德培训的认识。首先，培训者应具备教师教育的能力，对师德和师德培训有深入的理解。其次，培训者应对机构内教师的专业伦理表现进行提前调查了解，基于教师们的实际表现来设计有针对性的内容。同时，培训者应考虑教师专业伦理素养提升的内在规律，将培训内容区分为不同的层次，安排好多次培训之间的顺序，确保内容上既有联系，又有区别。再次，培训者应采用多种培训方式，加入案例分析与情境表演等带有互动性的培训方式，加强教师的参与。最后，培训者应转变对学习者的认识，并帮助学习者认识到师德培训对个体职业幸福的功用，以协助教师进行专业发展的立场来定位师德培训，使培训者与教师在培训中的互动处于一种积极氛围之中。

第三节 学前教师教育机构中的专业伦理教育

教师教育机构中的专业伦理教育对学前教师专业伦理素养的提升至关重要。在学前教师职前和职后教育中，我们都应加强对学前教师的专业伦理教育，以提高学前教师的专业伦理素养，进而保障学前儿童接受到安全和有质量的保教服务。面对学前教师伦理失范事件频出，学前教师数量快速增长，以及学前教师教育质量不清这些状况，加强学前教师专业伦理教育显得刻不容缓。

一、学前教师专业伦理教育的目标、内容与方法

（一）目标

学前教师专业伦理教育的目标不是笼统地提升学前教师的道德品质，而是

要具体地依次实现以下目标：（1）增进学习者对伦理或道德，以及专业伦理的敏感性；（2）提升学习者自觉遵守或维护专业伦理的意愿，以及提升自身专业伦理素养的意愿；（3）引导学习者树立正确的学前教育价值取向；（4）提高学习者的专业伦理判断能力；（5）让学习者学会综合处理学前教育实践中的伦理难题。

学前教师专业伦理教育应首先让学习者意识到学前教师专业伦理是个人职业生涯中的"朋友"，与自身的专业生活和专业发展联系紧密，能够帮助专业人员在专业领域安身立命，并收获职业幸福。其次，专业伦理教育应让学习者认识到学前教师专业伦理不是"空而论道"，而是从伦理视角入手对自身专业素养的一种综合培养，要实现专业理念与师德、专业知识、专业能力的相互转化以及三者的综合运用。

（二）内容

学前教师专业伦理教育的内容应该包括：（1）对道德和伦理的理解，以及对社会伦理与环境的正确认识。专业伦理是社会伦理的一部分，具有一定的独立性，又受社会伦理与社会环境的影响。学前教师专业伦理教育的内容应以专业伦理规范与伦理实践为主，但同时要关照社会的整体伦理环境与变化，帮助学生统整社会不同领域中的伦理要求。（2）对学前教师专业伦理规范的理解与认同。专业伦理规范既是一个专业内相对稳定的、成系统的价值与原则要求，又会随着社会和专业实践的发展变化而不断更新，目的是协调专业人员的教育交往，确保受教育者和教育者的利益都不受损，并且引导教育实践朝向理想状态实现。学前教师专业伦理教育应采用动态发展的立场来引导学生认识专业伦理规范，支持学生灵活地运用伦理规范，并成为未来专业伦理发展的拥护者与支持者。（3）对学前教育中不合伦理行为的识别与批判。学前教师专业伦理教育应及时反映当前学前教师伦理表现中的问题，并对之进行批判分析，以帮助学生意识到问题的存在，提升学生的伦理敏感性，坚定学生的伦理判断。（4）对学前教育中伦理困境的分析与解决。学前教师专业伦理教育的内容应以伦理困境分析为主。对伦理困境的分析既联系了应然意义上的伦理规范，又对接了实然状态中的伦理缺失，能够综合前边的所有内容，帮助学生提升联系教育情境分析问题与解决问题的能力，丰富学生的伦理策略。

（三）途径

学前教师教育机构中的专业伦理教育可以通过三种途径展开：（1）开设专门的学前教师专业伦理课程。（2）在其他课程中渗透关于专业伦理的学习。例如，"学前教育学"这门课程在讲解教育原则、教师资格、师幼互动和家园沟通等内容时会有很多伦理方面的讨论。"幼儿园教师专业发展"课程中可以专门的板块儿或维度来讨论教师专业伦理。教学方法类课程在涉及幼儿园教学组织与实施时也必然与伦理有关，教师可有意关注学生在幼儿园教学实施过程中的伦理表现。（3）营造向善的精神文化环境，并在实践活动中积极影响学生的价值观与伦理判断。教师教育机构中的精神环境或文化环境可以向学生传递积极的伦理价值追求。并且，教师教育机构中组织的各类实践活动应考虑其内容和形式对学生专业价值的影响。

（四）方法

专业伦理教育的方法是多种多样的，主要包括：（1）案例分析法；（2）价值澄清法；（3）角色扮演法；（4）道德讨论法；（5）生活史法。

1. 案例分析法

案例分析法是以来源于实践的案例为基本材料，围绕案例进行分析与讨论的一种方法。案例可以是实践中的真实案例，也可以是基于实践改造后的案例。案例可以是单一的正面或反面案例，也可以是内含着矛盾与冲突的复杂案例，或同时展现对同一情境不同处理的复合案例。案例可以通过文字描述呈现，也可以通过图片、视频或音频来呈现。分析与讨论可以由学习者自主进行，也可以通过师生对话完成，并且可以有小组和集体多种形式。

案例分析法具有情景化、启发式和参与性特点。[1] 在案例分析过程中，学习者如亲身进入了教育实践，可充分地表达自己对案例中教师行为的评价或设想，并在与他人的对话中调整自身的认识或影响他人的认识。整个过程不仅能够增强学习者的伦理敏感性和道德判断能力，还可以丰富学习者的人际互动策

---

1 郭凤广. 案例教学法的误区分析及实施例谈 [J]. 中国电化教育，2007（09）：91—94.

略，提高学习者的伦理实践能力。

案例分析法的效果取决于三个环节：（1）选择的案例要恰当，要能够反映学前教师专业伦理实践中的普遍现象、典型问题和主要矛盾，又要能够代表新时期学前教育实践中的新要求与新形势；（2）根据案例提出的问题要具有引导性，要能够通过明确的问题引导学习者关注案例中的焦点内容，并给学习者提示必要的思考方向与方法；（3）案例分析后的总结要能够加深学习者的思考。在学习者充分表达自身的见解之后，教师或学习者自己要进行总结分析，对应学前教师专业伦理的理想与原则指出问题的实质，并对学习者的见解和分析过程进行评价，发现和改变其中的认识不足。

2. 价值澄清法

价值澄清法是美国价值澄清理论中提出的一套方法，重在帮助学习者澄清自己的价值观，而非掌握他人的价值观。在价值多元的社会中，教师在教育实践中面临着诸多的价值选择，并且教师之间的价值观念存在差异。教师的价值观念与价值选择影响着自身的职业道德。但教师常常觉察不到隐藏在自身教育行为背后的价值观念。学习者可以采用价值澄清的方法来不断地澄清自身的价值观念，并在此基础上反思与调整自身的教育行为。

价值澄清的过程包括三个阶段七个步骤[1]——

● 阶段1：选择。

（1）自由地选择。在具体的情境下，学习者在完全自由和没有外在控制或强迫的情况下进行选择。

（2）从各种可能选择中进行选择。在学习者的选择之外，教师给学习者提供其他多种可能的选择，增加学习者的选择机会与可能，再请学习者进行选择。

（3）思考每一种可能选择的后果后做出选择。教师请学习者审慎、全面地思考每一种可能选择的后果，理性地评估与衡量不同选择的后果，然后做出明智的选择。

---

1 ［美］拉思斯. 价值与教学［M］. 谭松贤，译. 杭州：浙江教育出版社，2003.

● 阶段2：珍视。

（4）赞同。"有的选择，即使是自由的和审慎的选择，我们也不一定会为此高兴。""当说起那些我们珍视的东西时，我们总是语气坚定。我们会赞同它，珍视它，尊重它，坚持它。我们会为所珍视的感到高兴。"[1]如果学习者对自己的选择感到高兴，说明这个选择是学习者赞同和珍视的。如果不是，那学习者需要重新选择。

（5）确认。在他人面前，公开确认自己的选择。如果学习者愿意当众确认，这就是学习者的价值选择。如果学习者羞于承认自己的立场，那这就不是学习者的价值选择。

● 阶段3：行动。

（6）根据选择行动。学习者将选择的价值观运用到行动中，来指导自己的行动。

（7）以某种生活方式不断重复。价值观的践行不是一次性的，而应该是经常和习惯性的，以最终形成某种道德生活方式。

在价值澄清过程中，教师可以通过澄清反应、列出价值单、公开访谈等多种讨论和书写策略来逐步引导学习者完成。例如，教师在每一步可以通过一些提问来澄清学习者的反应[2]——

（1）自由地选择。

你的思想来自哪里？

是否有人反对你的选择？

（2）从各种可能选择中进行选择。

你有没有考虑过其他可能的选择？

（3）思考每一种可能选择的后果后做出选择。

每一种选择会导致怎样的结果？

你是在指……（有意地曲解学生的陈述）？

---

1 檀传宝.德育原理[M].北京：北京师范大学出版社，2007：38.
2 同上：38–41。

这种选择好在哪里？

（4）赞同。

它真的是你所重视和珍爱的吗？

每个人都应当按照你的方法来做这件事吗？

假如没有它，你的生活会有什么不同？

（5）确认。

你愿意公开支持这件事吗？

你是在说，你认为……（重复学习者的观点）？

（6）依据选择行动。

这件事如何影响你的生活？以后会怎样影响你的生活？

（7）不断反复。

你会经常做这件事吗？

还有一些你能做的类似的事情吗？

3. 角色扮演法

角色扮演法是让学习者在一种特定的或创设的情境中扮演某一角色，使学习者"站在一个新的立场去体验、了解和领会别人的内心世界，理解自己反应的适当性，由此来增加扮演者的自我意识水平、移情能力，并改变其过去的行为方式，使之更适合于自己的社会角色"[1]，从而调整学习者的态度与行为，最终改善学习者的专业伦理表现。

角色扮演法有四种形式：（1）模拟——在一个特殊情境中，让学习者自编自导自演一个可能发生的情形；（2）再扮演——让学习者重新扮演一个真实事件，同时突出比较关键的瞬间，使他们真切体会到冲突情境带来的影响；（3）预演——让学习者扮演他们想要练习的角色；（4）角色倒置——为了使学习者更好地理解他人的反应和行为改变，转换角色的一种形式。[2]

角色扮演的步骤包括：（1）暖身；（2）挑选参与者；（3）布置情境；

---

1 章志光. 社会心理学 [M]. 北京：人民教育出版社，2015：295.
2 王爱芬. 浅析角色扮演法及其在学生心理发展中的意义 [J]. 教育理论与实践，2007（27）：91–93.

(4)安排观众;(5)演出;(6)讨论;(7)再扮演;(8)再讨论;(9)分享与结论。[1] 讨论的时候一定要集中于学习者在角色下的社会体验,请学习者评价角色行为的正当性与可能性。

4. 道德讨论法

道德讨论法有两种含义。广泛意义上来说,围绕道德问题展开讨论,激发学习者对道德问题或道德现象进行思考,就是道德讨论法。严格意义上讲,道德讨论法专指由科尔伯格开创的,围绕道德两难故事,按照规定的流程展开讨论的方法。它的过程是:(1)教师引入话题,引起学生讨论的动机;(2)教师呈现两难故事,提出焦点问题;(3)学生根据不同的立场分组讨论;(4)学生上台报告各组的主张和理由;(5)教师组织学生概括各自的观点。[2]

5. 生活史法

生活史是个人的生活历程与经验叙事,是个人、行动与环境的互动组合。生活史可以作为质性研究的一种方式,也可以作为专业伦理教育的一种方法。学习者可以通过回忆、叙述或撰写自己的生活经历,剖析个人生活经历中的关键事件和影响源,进而明晰个人的价值观,或者深度认识自我,进而增强做好教师的动机与意愿。

学习者也可以通过访谈、聆听或阅读等形式了解他人的生活史,分析他人职业生涯中的经验与教训,进而促进自身教师专业道德的形成。这里的他人可以是被称为道德榜样的教师,也可以是道德失范的教师,还可以是其他行业中的代表。学习者在了解他人生活史的过程中,可以分析哪些因素影响着个体的职业选择与表现,也可以分析教师所面临的道德挑战与冲突有哪些。在分析之后,学习者要注意发现榜样、识别风险,激发自己学习他人优秀的道德表现,寻找有效的策略来规避风险,并不断地鞭策自己做一名好教师。

---

1 武蓝蕙. 幼儿教保专业伦理[M]. 新北:群英出版社,2015:102–103.
2 同上:99–100。

二、当前学前教师专业伦理教育中的问题与建议

当前,我国少部分教师教育机构开展了学前教师专业伦理教育,但还有很多教师教育机构的人才培养过程缺少了这部分教育。他们要么认为专业伦理教育是个人修养问题,教师教育过程无能为力;要么认为师德或师德教育就是形式或口号,可有可无,对教师教育的结果毫无贡献。这样的做法和观念是错误的。教师的专业伦理既是教师质量的首要体现,也是教师质量的保障。专业伦理教育是学前教育人才培养中的基础部分与质量保障。专业伦理教育的缺失使得学前教师专业伦理修养的提升变得十分困难,并且会加大学前教育机构专业伦理建设的难度。

就已开展的学前教师专业伦理教育来看,其中尚存在系统性、全面性与实效性三方面的不足,有待进一步改进。

(一)加强专业伦理教育内容的系统性

部分教师教育机构没有开设专门的专业伦理课程,只依靠在其他课程中渗透和组织一些实践活动来实施专业伦理教育。这样,专业伦理教育内容的系统性不强,不利于学生理解学前教师专业伦理的原理,建构起对专业伦理的结构性认识。

为了避免学生对专业伦理的认识碎片化和零散,教师教育机构应当设置专门的专业伦理课程。这样在课程中系统介绍学前教师专业伦理规范的内容与要求,梳理分析学前教师专业伦理表现中常见的伦理困境,和学生一起探讨如何化解伦理困境,以及如何持续不断地提升自身的专业伦理素养,追求成为师德高尚的教师。

(二)增强专业伦理教育方式的全面性

与上述情况相反,部分教师教育机构只是开设了专门的专业伦理教育课程,其他课程中很少渗透伦理方面的讨论与思考,学校实践活动中也很少考虑在伦理层面对学生的影响。这样,专业伦理教育的全面性就不够。

为了全面增强专业伦理教育的影响力,教师教育机构应当将专门课程、其他课程渗透、精神文化环境营造与实践活动组织多种途径联系起来综合使用。

这样，学生能够更好地将其他专业知识与专业伦理结合起来，并在校园师生交往和实践活动中体验专业伦理的重要性与其中的智慧，让学生成为有"德知""德行"与"德能"的好教师。

（三）提高专业伦理教育过程的实效性

不少教师教育机构的教师和学习者反映，专业伦理教育虽然开展了，但是实效性十分有限。部分教师指出，学习者在专业伦理课程中的兴趣与参与程度不高，缺乏对专业伦理的重视和足够的敏感性。很多学习者表示学习过后只是模糊知道了专业伦理规范的存在，对专业伦理规范的具体要求记忆并不深；一些学习者记住了教师在课堂上提出的个别案例，但是在进入实践后仍然可能做出与案例中相似的错误选择。也就是说，专业伦理教育对学习者的伦理认知、伦理敏感性和伦理判断的影响是有限的，更难以确保学习者在获得伦理认知的基础上就能够在行为中有一致的良好表现。这与教师在方法上以说教为主，教学过程脱离学习者实际经验有关。

为了提高专业伦理教育过程的实效性，教师一定要加强专业伦理课程内容与学习者生活或已有经验的联系，运用丰富多样的方法来触动学习者的反思与学习。对于职前学生来说，教师可以引导学生反思个人的受教育经历与身边他人的受教育体验，进而理解学前教师专业伦理的重要性。在职后教师教育中，教师可以基于学习者对个人教育实践的反思来组织安排课程内容，并组织学习者多探讨伦理策略的运用。例如，教师可以引导学生比较分析同样的伦理困境中优秀教师与普通教师的表现差异，这样帮助学习者认识到不同伦理策略的效果，并增强学习者的伦理敏感性与伦理动机。同时，教师可以多采用情境模拟和微格分析的方式，帮助学习者践行专业伦理规范要求。

附 录

附录 1　我国学前教师专业伦理规范及相关规范要求

1-1 《新时代幼儿园教师职业行为十项准则》及与其他学段准则的比较

新时代幼儿园教师职业行为十项准则	新时代中小学教师职业行为十项准则	新时代高校教师职业行为十项准则
一、坚定政治方向。坚持以习近平新时代中国特色社会主义思想为指导，拥护中国共产党的领导，贯彻党的教育方针；不得在保教活动中及其他场合有损害党中央权威和违背党的路线方针政策的言行。	一、坚定政治方向。坚持以习近平新时代中国特色社会主义思想为指导，拥护中国共产党的领导，贯彻党的教育方针；不得在教育教学活动中及其他场合有损害党中央权威、违背党的路线方针政策的言行。	一、坚定政治方向。坚持以习近平新时代中国特色社会主义思想为指导，拥护中国共产党的领导，贯彻党的教育方针；不得在教育教学活动中及其他场合有损害党中央权威、违背党的路线方针政策的言行。
二、自觉爱国守法。忠于祖国，忠于人民，恪守宪法原则，遵守法律法规，依法履行教师职责；不得损害国家利益、社会公共利益，或违背社会公序良俗。	二、自觉爱国守法。忠于祖国，忠于人民，恪守宪法原则，遵守法律法规，依法履行教师职责；不得损害国家利益、社会公共利益，或违背社会公序良俗。	二、自觉爱国守法。忠于祖国，忠于人民，恪守宪法原则，遵守法律法规，依法履行教师职责；不得损害国家利益、社会公共利益，或违背社会公序良俗。
三、传播优秀文化。带头践行社会主义核心价值观，弘扬真善美，传递正能量；不得通过保教活动、论坛、	三、传播优秀文化。带头践行社会主义核心价值观，弘扬真善美，传递正能量；不得通过课堂、论坛、讲座、	三、传播优秀文化。带头践行社会主义核心价值观，弘扬真善美，传递正能量；不得通过课堂、论坛、讲座、

续表

新时代幼儿园教师职业行为十项准则	新时代中小学教师职业行为十项准则	新时代高校教师职业行为十项准则
讲座、信息网络及其他渠道发表、转发错误观点,或编造散布虚假信息、不良信息。 四、潜心培幼育人。落实立德树人根本任务,爱岗敬业,细致耐心;不得在工作期间玩忽职守、消极怠工,或空岗、未经批准找人替班,不得利用职务之便兼职兼薪。 五、加强安全防范。增强安全意识,加强安全教育,保护幼儿安全,防范事故风险;不得在保教活动中遇突发事件、面临危险时,不顾幼儿安危,擅离职守,自行逃离。 六、关心爱护幼儿。呵护幼儿健康,保障快乐成长;不得体罚和变相体罚幼儿,不得歧视、侮辱幼儿,严禁猥亵、虐待、伤害幼儿。 七、遵循幼教规律。循序渐进,寓教于乐;不得采用学校教育方式提前教授小学内容,不得组织有碍幼儿身心健康的活动。 八、秉持公平诚信。坚持原则,处事公道,光明磊落,为人正直;不得在入园招生、绩效考核、岗位聘用、职称评聘、评优评奖等工作中徇私舞弊、弄虚作假。 九、坚守廉洁自律。严于律己,清廉从教;不得索要、收受幼儿家长财物或参加由家长付费的宴请、旅游、娱乐休闲等活动,不得推销幼儿读物、社会保险或利用	信息网络及其他渠道发表、转发错误观点,或编造散布虚假信息、不良信息。 四、潜心教书育人。落实立德树人根本任务,遵循教育规律和学生成长规律,因材施教,教学相长;不得违反教学纪律,敷衍教学,或擅自从事影响教育教学本职工作的兼职兼薪行为。 五、关心爱护学生。严慈相济,诲人不倦,真心关爱学生,严格要求学生,做学生良师益友;不得歧视、侮辱学生,严禁虐待、伤害学生。 六、加强安全防范。增强安全意识,加强安全教育,保护学生安全,防范事故风险;不得在教育教学活动中遇突发事件、面临危险时,不顾学生安危,擅离职守,自行逃离。 七、坚持言行雅正。为人师表,以身作则,举止文明,作风正派,自重自爱;不得与学生发生任何不正当关系,严禁任何形式的猥亵、性骚扰行为。 八、秉持公平诚信。坚持原则,处事公道,光明磊落,为人正直;不得在招生、考试、推优、保送及绩效考核、岗位聘用、职称评聘、评优评奖等工作中徇私舞弊、弄虚作假。 九、坚守廉洁自律。严于律己,清廉从教;不得索	信息网络及其他渠道发表、转发错误观点,或编造散布虚假信息、不良信息。 四、潜心教书育人。落实立德树人根本任务,遵循教育规律和学生成长规律,因材施教,教学相长;不得违反教学纪律,敷衍教学,或擅自从事影响教育教学本职工作的兼职兼薪行为。 五、关心爱护学生。严慈相济,诲人不倦,真心关爱学生,严格要求学生,做学生良师益友;不得要求学生从事与教学、科研、社会服务无关的事宜。 六、坚持言行雅正。为人师表,以身作则,举止文明,作风正派,自重自爱;不得与学生发生任何不正当关系,严禁任何形式的猥亵、性骚扰行为。 七、遵守学术规范。严谨治学,力戒浮躁,潜心问道,勇于探索,坚守学术良知,反对学术不端;不得抄袭剽窃、篡改侵吞他人学术成果,或滥用学术资源和学术影响。 八、秉持公平诚信。坚持原则,处事公道,光明磊落,为人正直;不得在招生、考试、推优、保研、就业及绩效考核、岗位聘用、职称评聘、评优评奖等工作中徇私舞弊、弄虚作假。 九、坚守廉洁自律。严于律己,清廉从教;不得索

续表

新时代幼儿园教师职业行为十项准则	新时代中小学教师职业行为十项准则	新时代高校教师职业行为十项准则
家长资源谋取私利。 十、规范保教行为。尊重幼儿权益，抵制不良风气；不得组织幼儿参加以营利为目的的表演、竞赛等活动，或泄露幼儿与家长的信息。	要、收受学生及家长财物或参加由学生及家长付费的宴请、旅游、娱乐休闲等活动，不得向学生推销图书报刊、教辅材料、社会保险或利用家长资源谋取私利。 十、规范从教行为。勤勉敬业，乐于奉献，自觉抵制不良风气；不得组织、参与有偿补课，或为校外培训机构和他人介绍生源、提供相关信息。	要、收受学生及家长财物，不得参加由学生及家长付费的宴请、旅游、娱乐休闲等活动，或利用家长资源谋取私利。 十、积极奉献社会。履行社会责任，贡献聪明才智，树立正确义利观；不得假公济私，擅自利用学校名义或校名、校徽、专利、场所等资源谋取个人利益。

1-2 《幼儿园教师违反职业道德行为处理办法》

第一条　为规范幼儿园教师职业行为，保障教师、幼儿的合法权益，根据《中华人民共和国教育法》《中华人民共和国未成年人保护法》《中华人民共和国教师法》《教师资格条例》和《新时代幼儿园教师职业行为十项准则》等法律法规和制度规范，制定本办法。

第二条　本办法所称幼儿园教师包括公办幼儿园、民办幼儿园的教师。

第三条　本办法所称处理包括处分和其他处理。处分包括警告、记过、降低岗位等级或撤职、开除。警告期限为 6 个月，记过期限为 12 个月，降低岗位等级或撤职期限为 24 个月。是中共党员的，同时给予党纪处分。

其他处理包括给予批评教育、诫勉谈话、责令检查、通报批评，以及取消在评奖评优、职务晋升、职称评定、岗位聘用、工资晋级、申报人才计划等方面的资格。取消相关资格的处理执行期限不得少于 24 个月。

教师涉嫌违法犯罪的，及时移送司法机关依法处理。

第四条　应予处理的教师违反职业道德行为如下：

（一）在保教活动中及其他场合有损害党中央权威和违背党的路线方针政

策的言行。

（二）损害国家利益、社会公共利益，或违背社会公序良俗。

（三）通过保教活动、论坛、讲座、信息网络及其他渠道发表、转发错误观点，或编造散布虚假信息、不良信息。

（四）在工作期间玩忽职守、消极怠工，或空岗、未经批准找人替班，利用职务之便兼职兼薪。

（五）在保教活动中遇突发事件、面临危险时，不顾幼儿安危，擅离职守，自行逃离。

（六）体罚和变相体罚幼儿，歧视、侮辱幼儿，猥亵、虐待、伤害幼儿。

（七）采用学校教育方式提前教授小学内容，组织有碍幼儿身心健康的活动。

（八）在入园招生、绩效考核、岗位聘用、职称评聘、评优评奖等工作中徇私舞弊、弄虚作假。

（九）索要、收受幼儿家长财物或参加由家长付费的宴请、旅游、娱乐休闲等活动，推销幼儿读物、社会保险或利用家长资源谋取私利。

（十）组织幼儿参加以营利为目的的表演、竞赛活动，或泄露幼儿与家长的信息。

（十一）其他违反职业道德的行为。

第五条　幼儿园及幼儿园主管部门发现教师存在第四条列举行为的，应当及时组织调查核实，视情节轻重给予相应处理。作出处理决定前，应当听取教师的陈述和申辩，调查了解幼儿情况，听取其他教师、家长委员会或者家长代表意见，并告知教师有要求举行听证的权利。对于拟给予降低岗位等级以上的处分，教师要求听证的，拟作出处理决定的部门应当组织听证。

第六条　给予教师处理，应当坚持公平公正、教育与惩处相结合的原则；应当与其违反职业道德行为的性质、情节、危害程度相适应；应当事实清楚、证据确凿、定性准确、处理恰当、程序合法、手续完备。

第七条　给予教师处理按照以下权限决定：

（一）警告和记过处分，公办幼儿园教师由所在幼儿园提出建议，幼儿园主管部门决定。民办幼儿园教师由所在幼儿园提出建议，幼儿园举办者做出决定，并报主管部门备案。

（二）降低岗位等级或撤职处分，公办幼儿园由教师所在幼儿园提出建议，幼儿园主管部门决定并报同级人事部门备案。民办幼儿园教师由所在幼儿园提出建议，幼儿园举办者做出决定，并报主管部门备案。

（三）开除处分，公办幼儿园在编教师由所在幼儿园提出建议，幼儿园主管部门决定并报同级人事部门备案。未纳入编制管理的教师由所在幼儿园决定并解除其聘任合同，报主管部门备案。民办幼儿园教师由所在幼儿园提出建议，幼儿园举办者做出决定并解除其聘任合同，报主管部门备案。

（四）给予批评教育、诫勉谈话、责令检查、通报批评，以及取消在评奖评优、职务晋升、职称评定、岗位聘用、工资晋级、申报人才计划等方面资格的其他处理，按照管理权限，由教师所在幼儿园或主管部门视其情节轻重作出决定。

第八条　处理决定应当书面通知教师本人并载明认定的事实、理由、依据、期限及申诉途径等内容。

第九条　教师不服处理决定的，可以向幼儿园主管部门申请复核。对复核结果不服的，可以向幼儿园主管部门的上一级行政部门提出申诉。

对教师的处理，在期满后根据悔改表现予以延期或解除，处理决定和处理解除决定都应完整存入人事档案及教师管理信息系统。

第十条　教师受到处分的，符合《教师资格条例》第十九条规定的，由县级以上教育行政部门依法撤销其教师资格。

教师受处分期间暂缓教师资格定期注册。依据《中华人民共和国教师法》第十四条规定丧失教师资格的，不能重新取得教师资格。

教师受记过以上处分期间不能参加专业技术职务任职资格评审。

第十一条　教师被依法判处刑罚的，依据《事业单位工作人员处分暂行规定》给予降低岗位等级或者撤职以上处分。其中，被依法判处有期徒刑以上刑罚的，给予开除处分。教师受到剥夺政治权利或者故意犯罪受到有期徒刑以上刑事处罚的，丧失教师资格。

第十二条　公办幼儿园、民办幼儿园举办者及主管部门不履行或不正确履行师德师风建设管理职责，有下列情形的，上一级行政部门应当视情节轻重采取约谈、诫勉谈话、通报批评、纪律处分和组织处理等方式严肃追究主要负责人、分管负责人和直接责任人的责任：

（一）师德师风长效机制建设、日常教育督导不到位；

（二）师德失范问题排查发现不及时；

（三）对已发现的师德失范行为处置不力、方式不当或拒不处分、拖延处分、推诿隐瞒的；

（四）已作出的师德失范行为处理决定落实不到位，师德失范行为整改不彻底；

（五）多次出现师德失范问题或因师德失范行为引起不良社会影响；

（六）其他应当问责的失职失责情形。

第十三条　省级教育行政部门应当结合当地实际情况制定实施细则，并报国务院教育行政部门备案。

第十四条　本办法自发布之日起施行。

附录2 其他国家学前教师专业伦理规范英文原文与中文译文

2-1-A 全美幼教协会《伦理规范与承诺声明》英文原文

Code of Ethical Conduct and Statement of Commitment[1]

Revised April 2005,

Reaffirmed and Updated May 2011

A position statement of the National Association for the Education of Young Children

Endorsed by the Association for Childhood Education International

Adopted by the National Association for Family Child Care

Preamble

NAEYC recognizes that those who work with young children face many daily decisions that have moral and ethical implications. The NAEYC Code of Ethical Conduct offers guidelines for responsible behavior and sets forth a common basis for resolving the principal ethical dilemmas encountered in early childhood care and education. The Statement of Commitment is not part of the Code but is a personal acknowledgement of an individual's willingness to embrace the distinctive values and moral obligations of the field of early childhood care and education.

The primary focus of the Code is on daily practice with children and their families in programs for children from birth through 8 years of age, such as infant/toddler programs, preschool and prekindergarten programs, child care centers, hospital

---

1 National Association for the Education of Young Children.Code of Ethical Conduct and Statement of Commitment [EB/OL]. Revised April 2005, Reaffirmed and Updated May 2011: http://www.naeyc.org/files/naeyc/file/positions/PSETH05_supp.pdf.

and child life settings, family child care homes, kindergartens, and primary classrooms. When the issues involve young children, then these provisions also apply to specialists who do not work directly with children, including program administrators, parent educators, early childhood adult educators, and officials with responsibility for program monitoring and licensing. (Note: See also the "Code of Ethical Conduct: Supplement for Early Childhood Adult Educators," online at www.naeyc.org/about/positions/pdf/ethics04. pdf. and the "Code of Ethical Conduct: Supplement for Early Childhood Program Administrators," online at http://www.naeyc.org/files/naeyc/file/positions/PSETH05_supp.pdf)

Core values

Standards of ethical behavior in early childhood care and education are based on commitment to the following core values that are deeply rooted in the history of the field of early childhood care and education. We have made a commitment to

· Appreciate childhood as a unique and valuable stage of the human life cycle

· Base our work on knowledge of how children develop and learn

· Appreciate and support the bond between the child and family

· Recognize that children are best understood and supported in the context of family, culture,[1] community, and society

· Respect the dignity, worth, and uniqueness of each individual (child, family member, and colleague)

· Respect diversity in children, families, and colleagues

· Recognize that children and adults achieve their full potential in the context of relationships that are based on trust and respect

Conceptual framework

The Code sets forth a framework of professional responsibilities in four sections.

---

[1] The term culture includes ethnicity, racial identity, economic level, family structure, language, and religious and political beliefs, which profoundly influence each child's development and relation-ship to the world.

Each section addresses an area of professional relationships: (1) with children, (2) with families, (3) among colleagues, and (4) with the community and society. Each section includes an introduction to the primary responsibilities of the early childhood practitioner in that context. The introduction is followed by a set of ideals (I) that reflect exemplary professional practice and by a set of principles (P) describing practices that are required, prohibited, or permitted.

The ideals reflect the aspirations of practitioners. The principles guide conduct and assist practitioners in resolving ethical dilemmas.[1] Both ideals and principles are intended to direct practitioners to those questions which, when responsibly answered, can provide the basis for conscientious decision making. While the Code provides specific direction for addressing some ethical dilemmas, many others will require the practitioner to combine the guidance of the Code with professional judgment.

The ideals and principles in this Code present a shared framework of professional responsibility that affirms our commitment to the core values of our field. The Code publicly acknowledges the responsibilities that we in the field have assumed, and in so doing sup-ports ethical behavior in our work. Practitioners who face situations with ethical dimensions are urged to seek guidance in the applicable parts of this Code and in the spirit that informs the whole.

Often "the right answer"—the best ethical course of action to take—is not obvious. There may be no readily apparent, positive way to handle a situation. When one important value contradicts another, we face an ethical dilemma. When we face a dilemma, it is our professional responsibility to consult the Code and all relevant parties to find the most ethical resolution.

Section I Ethical Responsibilities to Children

Childhood is a unique and valuable stage in the human life cycle. Our paramount

---

1 There is not necessarily a corresponding principle for each ideal.

responsibility is to provide care and education in settings that are safe, healthy, nurturing, and responsive for each child. We are committed to supporting children's development and learning; respecting individual differences; and helping children learn to live, play, and work cooperatively. We are also committed to promoting children's self-awareness, competence, self-worth, resiliency, and physical well-being.

Ideals

I-1.1—To be familiar with the knowledge base of early childhood care and education and to stay informed through continuing education and training.

I-1.2—To base program practices upon current knowledge and research in the field of early childhood education, child development, and related disciplines, as well as on particular knowledge of each child.

I-1.3—To recognize and respect the unique qualities, abilities, and potential of each child.

I-1.4—To appreciate the vulnerability of children and their dependence on adults.

I-1.5—To create and maintain safe and healthy settings that foster children's social, emotional, cognitive, and physical development and that respect their dignity and their contributions.

I-1.6—To use assessment instruments and strategies that are appropriate for the children to be assessed, that are used only for the purposes for which they were designed, and that have the potential to benefit children.

I-1.7—To use assessment information to understand and support children's development and learning, to support instruction, and to identify children who may need additional services.

I-1.8—To support the right of each child to play and learn in an inclusive environment that meets the needs of children with and without disabilities.

I-1.9—To advocate for and ensure that all children, including those with special needs, have access to the support services needed to be successful.

I-1.10—To ensure that each child's culture, language, ethnicity, and family structure are recognized and valued in the program.

I-1.11—To provide all children with experiences in a language that they know, as well as support children in maintaining the use of their home language and in learning English.

I-1.12—To work with families to provide a safe and smooth transition as children and families move from one program to the next.

Principles

P-1.1—Above all, we shall not harm children. We shall not participate in practices that are emotionally damaging, physically harmful, disrespectful, degrading, dangerous, exploitative, or intimidating to children.

This principle has precedence over all others in this Code.

P-1.2—We shall care for and educate children in positive emotional and social environments that are cognitively stimulating and that support each child's culture, language, ethnicity, and family structure.

P-1.3—We shall not participate in practices that discriminate against children by denying benefits, giving special advantages, or excluding them from programs or activities on the basis of their sex, race, national origin, immigration status, preferred home language, religious beliefs, medical condition, disability, or the marital status/family structure, sexual orientation, or religious beliefs or other affiliations of their families. (Aspects of this principle do not apply in programs that have a law-ful mandate to provide services to a particular population of children.)

P-1.4—We shall use two-way communications to involve all those with relevant knowledge (including families and staff) in decisions concerning a child, as appropriate, ensuring confidentiality of sensitive information. (See also P-2.4.)

P-1.5—We shall use appropriate assessment systems, which include multiple sources of information, to provide information on children's learning and development.

P-1.6—We shall strive to ensure that decisions such as those related to enrollment, retention, or assignment to special education services, will be based on multiple sources of information and will never be based on a single assessment, such as a test score or a single observation.

P-1.7—We shall strive to build individual relationships with each child; make individualized adaptations in teaching strategies, learning environments, and curricula ; and consult with the family so that each child benefits from the program. If after such efforts have been exhausted, the current placement does not meet a child's needs, or the child is seriously jeopardizing the ability of other children to benefit from the pro-gram, we shall collaborate with the child's family and appropriate specialists to determine the additional services needed and/or the placement option(s) most likely to ensure the child's success. (Aspects of this principle may not apply in programs that have a lawful mandate to provide services to a particular population of children.)

P-1.8—We shall be familiar with the risk factors for and symptoms of child abuse and neglect, including physical, sexual, verbal, and emotional abuse and physical, emotional, educational, and medical neglect. We shall know and follow state laws and community procedures that protect children against abuse and neglect.

P-1.9—When we have reasonable cause to suspect child abuse or neglect, we shall report it to the appropriate community agency and follow up to ensure that appropriate action has been taken. When appropriate, parents or guardians will be informed that the referral will be or has been made.

P-1.10—When another person tells us of his or her suspicion that a child is being abused or neglected, we shall assist that person in taking appropriate action in order to protect the child.

P-1.11—When we become aware of a practice or situation that endangers the health, safety, or well-being of children, we have an ethical responsibility to protect children or inform parents and/or others who can.

Section II Ethical Responsibilities to Families

Families[1] are of primary importance in children's development. Because the family and the early childhood practitioner have a common interest in the child's well-being, we acknowledge a primary responsibility to bring about communication, cooperation, and collaboration between the home and early childhood program in ways that enhance the child's development.

Ideals

I-2.1—To be familiar with the knowledge base related to working effectively with families and to stay informed through continuing education and training.

I-2.2—To develop relationships of mutual trust and create partnerships with the families we serve.

I-2.3—To welcome all family members and encourage them to participate in the program, including involvement in shared decision making.

I-2.4—To listen to families, acknowledge and build upon their strengths and competencies, and learn from families as we support them in their task of nurturing children.

I-2.5—To respect the dignity and preferences of each family and to make an effort to learn about its structure, culture, language, customs, and beliefs to ensure a culturally consistent environment for all children and families.

I-2.6—To acknowledge families' childrearing values and their right to make decisions for their children.

I-2.7—To share information about each child's education and development with families and to help them understand and appreciate the current knowledge base of the early childhood profession.

I-2.8—To help family members enhance their under-standing of their children, as

---

1 The term family may include those adults, besides parents, with the responsibility of being involved in educating, nurturing, and advocating for the child.

staff are enhancing their understanding of each child through communications with families, and support family members in the continuing development of their skills as parents.

I-2.9—To foster families' efforts to build support net-works and, when needed, participate in building networks for families by providing them with opportunities to interact with program staff, other families, community resources, and professional services.

Principles

P-2.1—We shall not deny family members access to their child's classroom or program setting unless access is denied by court order or other legal restriction.

P-2.2—We shall inform families of program philosophy, policies, curriculum, assessment system, cultural practices, and personnel qualifications, and explain why we teach as we do—which should be in accordance with our ethical responsibilities to children (see Section I).

P-2.3—We shall inform families of and, when appropriate, involve them in policy decisions. (See also I-2.3.)

P-2.4—We shall ensure that the family is involved in significant decisions affecting their child. (See also P-1.4.)

P-2.5—We shall make every effort to communicate effectively with all families in a language that they under-stand. We shall use community resources for translation and interpretation when we do not have sufficient resources in our own programs.

P-2.6—As families share information with us about their children and families, we shall ensure that families' input is an important contribution to the planning and implementation of the program.

P-2-7—We shall inform families about the nature and purpose of the program's child assessments and how data about their child will be used.

P-2.8—We shall treat child assessment information confidentially and share this information only when there is a legitimate need for it.

P-2.9—We shall inform the family of injuries and incidents involving their child, of risks such as exposures to communicable diseases that might result in infection, and of occurrences that might result in emotional stress.

P-2.10—Families shall be fully informed of any proposed research projects involving their children and shall have the opportunity to give or withhold consent without penalty. We shall not permit or participate in research that could in any way hinder the education, development, or well-being of children.

P-2.11—We shall not engage in or support exploitation of families. We shall not use our relationship with a family for private advantage or personal gain, or enter into relationships with family members that might im-pair our effectiveness working with their children.

P-2.12—We shall develop written policies for the protection of confidentiality and the disclosure of children's records. These policy documents shall be made available to all program personnel and families. Disclosure of children's records beyond family members, program personnel, and consultants having an obligation of confidentiality shall require familial consent (except in cases of abuse or neglect).

P-2.13—We shall maintain confidentiality and shall respect the family's right to privacy, refraining from dis-closure of confidential information and intrusion into family life. However, when we have reason to believe that a child's welfare is at risk, it is permissible to share confidential information with agencies, as well as with individuals who have legal responsibility for intervening in the child's interest.

P-2.14—In cases where family members are in conflict with one another, we shall work openly, sharing our observations of the child, to help all parties involved make informed decisions. We shall refrain from becoming an advocate for one party.

P-2.15—We shall be familiar with and appropriately refer families to community resources and professional support services. After a referral has been made, we shall follow up to ensure that services have been appropriately provided.

Section III Ethical Responsibilities to Colleagues

In a caring, cooperative workplace, human dignity is respected, professional satisfaction is promoted, and positive relationships are developed and sustained. Based upon our core values, our primary responsibility to colleagues is to establish and maintain settings and relationships that support productive work and meet professional needs. The same ideals that apply to children also apply as we interact with adults in the workplace. (Note: Section III includes responsibilities to co-workers and to employers. See the "Code of Ethical Conduct: Supplement for Early Childhood Program Administrators" for responsibilities to personnel (employees in the original 2005 Code revision), online at http://www.naeyc.org/ files/naeyc/file/ positions/PSETH05_supp.pdf.)

A—Responsibilities to co-workers

Ideals

I-3A.1—To establish and maintain relationships of respect, trust, confidentiality, collaboration, and cooperation with co-workers.

I-3A.2—To share resources with co-workers, collaborating to ensure that the best possible early childhood care and education program is provided.

I-3A.3—To support co-workers in meeting their professional needs and in their professional development.

I-3A.4—To accord co-workers due recognition of professional achievement.

Principles

P-3A.1—We shall recognize the contributions of col-leagues to our program and not participate in practices that diminish their reputations or impair their effectiveness in working with children and families.

P-3A.2—When we have concerns about the professional behavior of a co-worker, we shall first let that person know of our concern in a way that shows respect for personal dignity and for the diversity to be found among staff members, and then attempt to resolve the matter collegially and in a confidential manner.

P-3A.3—We shall exercise care in expressing views regarding the personal attributes or professional conduct of co-workers. Statements should be based on firsthand knowledge, not hearsay, and relevant to the interests of children and programs.

P-3A.4—We shall not participate in practices that dis-criminate against a co-worker because of sex, race, national origin, religious beliefs or other affiliations, age, marital status/family structure, disability, or sexual orientation.

B—Responsibilities to employers

Ideals

I-3B.1—To assist the program in providing the highest quality of service.

I-3B.2—To do nothing that diminishes the reputation of the program in which we work unless it is violating laws and regulations designed to protect children or is violating the provisions of this Code.

Principles

P-3B.1—We shall follow all program policies. When we do not agree with program policies, we shall attempt to effect change through constructive action within the organization.

P-3B.2—We shall speak or act on behalf of an organization only when authorized. We shall take care to ac-knowledge when we are speaking for the organization and when we are expressing a personal judgment.

P-3B.3—We shall not violate laws or regulations de-signed to protect children and shall take appropriate action consistent with this Code when aware of such violations.

P-3B.4—If we have concerns about a colleague's behavior, and children's well-being is not at risk, we may address the concern with that individual. If children are at risk or the situation does not improve after it has been brought to the colleague's attention, we shall re-port the colleague's unethical or incompetent behavior to an appropriate authority.

P-3B.5—When we have a concern about circumstances or conditions that impact the quality of care and education within the program, we shall inform the program's administration or, when necessary, other appropriate authorities.

Section IV Ethical Responsibilities to Community and Society

Early childhood programs operate within the context of their immediate community made up of families and other institutions concerned with children's welfare. Our responsibilities to the community are to provide programs that meet the diverse needs of families, to cooperate with agencies and professions that share the responsibility for children, to assist families in gaining access to those agencies and allied professionals, and to assist in the development of community programs that are needed but not currently available.

As individuals, we acknowledge our responsibility to provide the best possible programs of care and education for children and to conduct ourselves with honesty and integrity. Because of our specialized expertise in early childhood development and education and because the larger society shares responsibility for the welfare and protection of young children, we acknowledge a collective obligation to advocate for the best interests of children within early childhood programs and in the larger community and to serve as a voice for young children everywhere.

The ideals and principles in this section are presented to distinguish between those that pertain to the work of the individual early childhood educator and those that more typically are engaged in collectively on behalf of the best interests of children—with the understanding that individual early childhood educators have a shared responsibility for addressing the ideals and principles that are identified as "collective."

Ideal (Individual)

1-4.1—To provide the community with high-quality early childhood care and education programs and services.

Ideals (Collective)

I-4.2—To promote cooperation among professionals and agencies and interdisciplinary collaboration among professions concerned with addressing issues in the health, education, and well-being of young children, their families, and their early childhood educators.

I-4.3—To work through education, research, and advocacy toward an environmentally safe world in which all children receive health care, food, and shelter; are nurtured; and live free from violence in their home and their communities.

I-4.4—To work through education, research, and advocacy toward a society in which all young children have access to high-quality early care and education programs.

I-4.5—To work to ensure that appropriate assessment systems, which include multiple sources of information, are used for purposes that benefit children.

I-4.6—To promote knowledge and understanding of young children and their needs. To work toward greater societal acknowledgment of children's rights and greater social acceptance of responsibility for the well-being of all children.

I-4.7—To support policies and laws that promote the well-being of children and families, and to work to change those that impair their well-being. To participate in developing policies and laws that are needed, and to cooperate with families and other individuals and groups in these efforts.

I-4.8—To further the professional development of the field of early childhood care and education and to strengthen its commitment to realizing its core values as reflected in this Code.

Principles (Individual)

P-4.1—We shall communicate openly and truthfully about the nature and extent of services that we provide.

P-4.2—We shall apply for, accept, and work in positions for which we are personally well-suited and profession-ally qualified. We shall not offer services that we do not have the competence, qualifications, or resources to provide.

P-4.3—We shall carefully check references and shall not hire or recommend for employment any person whose competence, qualifications, or character makes him or her unsuited for the position.

P-4.4—We shall be objective and accurate in reporting the knowledge upon which we base our program practices.

P-4.5—We shall be knowledgeable about the appropriate use of assessment strategies and instruments and interpret results accurately to families.

P-4.6—We shall be familiar with laws and regulations that serve to protect the children in our programs and be vigilant in ensuring that these laws and regulations are followed.

P-4.7—When we become aware of a practice or situa-tion that endangers the health, safety, or well-being of children, we have an ethical responsibility to protect children or inform parents and/or others who can.

P-4.8—We shall not participate in practices that are in violation of laws and regulations that protect the children in our programs.

P-4.9—When we have evidence that an early childhood program is violating laws or regulations protecting children, we shall report the violation to appropriate authorities who can be expected to remedy the situation.

P-4.10—When a program violates or requires its employees to violate this Code, it is permissible, after fair assessment of the evidence, to disclose the identity of that program.

Principles (Collective)

P-4.11—When policies are enacted for purposes that do not benefit children, we have a collective responsibility to work to change these policies.

P-4.12—When we have evidence that an agency that provides services intended to ensure children's well-being is failing to meet its obligations, we acknowledge a collective ethical responsibility to report the problem to appropriate authorities or to the public. We shall be vigilant in our follow-up until the situation is resolved.

P-4.13—When a child protection agency fails to provide adequate protection for abused or neglected children, we acknowledge a collective ethical responsibility to work toward the improvement of these services.

Statement of Commitment[1]

As an individual who works with young children, I commit myself to furthering the values of early childhood education as they are reflected in the ideals and principles of the NAEYC Code of Ethical Conduct. To the best of my ability I will

· Never harm children.

· Ensure that programs for young children are based on current knowledge and research of child development and early childhood education.

· Respect and support families in their task of nurturing children.

· Respect colleagues in early childhood care and education and support them in maintaining the NAEYC Code of Ethical Conduct.

· Serve as an advocate for children, their families, and their teachers in community and society.

· Stay informed of and maintain high standards of professional conduct.

· Engage in an ongoing process of self-reflection, realizing that personal characteristics, biases, and beliefs have an impact on children and families.

· Be open to new ideas and be willing to learn from the suggestions of others.

· Continue to learn, grow, and contribute as a professional.

· Honor the ideals and principles of the NAEYC Code of Ethical Conduct.

2-1-B 全美幼教协会《伦理规范与承诺声明》中文译文

导 言

全美幼教协会认识到了从事幼儿相关工作的人一天中的许多决策都带有伦

---

[1] This Statement of Commitment is not part of the Code but is a personal acknowledgment of the individual's willingness to embrace the distinctive values and moral obligations of the field of early childhood care and education. It is recognition of the moral obligations that lead to an individual becoming part of the profession.

理和道德的意味。全美幼教协会的《伦理规范》为幼儿保教工作提供指南，确保工作人员负责任地作为，并建立一个解决主要伦理困境的共识基础。《承诺声明》不是《伦理规范》的一部分，但它是工作人员愿意遵守本领域的独特价值观与道德义务的个人意愿的表达。

本《伦理规范》主要关注的是为从出生到 8 岁儿童提供服务的项目中与儿童及其家庭有关的日常实践，例如婴儿/学步儿项目（infant/toddler programs）、学前班和幼儿班项目（preschool and prekindergarten programs）、儿童看护中心（child care centers）、医院和儿童生命看护机构（hospital and child life settings）、家庭式儿童看护机构（family child care homes）、幼儿园（kindergartens）和小学班级教育（primary classrooms）。当事务涉及儿童时，这些规定也适用于那些不直接与儿童一起工作的专业人员，包括项目管理者、父母教育者、学前教师教育者和有项目监督与资格审查责任的政府行政人员。[备注：也可见《伦理行为守则：面向学前教师教育者的增补条款》（在线见 www.naeyc.org/about/positions/pdf/ethics04.pdf）和《伦理行为守则：面向幼儿教育项目管理者的增补条款》（在线见 http://www.naeyc.org/files/naeyc/file/positions/PSETH05_supp.pdf）]

核心价值观

在幼儿保育与教育中，有一些在历史上就逐渐深植本领域的核心价值观。幼儿保育与教育中的伦理行为标准就建立在这些核心价值观的基础上。我们有责任——

- 认识到童年是人生中一个独特的、重要的阶段。
- 认识到我的工作应该建立在掌握儿童发展和学习相关知识的基础上。
- 认识并增进儿童与家庭之间的联系。
- 认识到在家庭、文化、社区和社会背景中来理解和支持儿童是最好的。
- 尊重每个人的尊严、价值和独特性（包括儿童、家庭成员和同事）。
- 尊重儿童、家庭和同事之间的多样性。
- 认识到在相互信任和尊重的关系中才能让儿童和成人发挥全部潜能。

概念框架

《伦理规范》提出了四个方面的专业责任。每个方面的责任针对一种专业关系，分别是：（1）与儿童的关系；（2）与家庭的关系；（3）同事间的关系；（4）与社区和社会的关系。每一部分都会先概述幼儿教育实践者在特定关系中的主要责任，接着给出一系列反映专业实践典范的理想（Ideals，以 I 表示），以及用于阐明要求、禁止和许可的一系列原则（Principles，以 P 表示）。

理想反映的是实践者的热切期望。原则用来指导实践，并帮助实践者解决伦理困境。[1] 理想和原则都是为了指导实践者尽责地解决问题，为实践者认真决策提供依据。《伦理规范》能够为解决某些伦理困境提供明确的指导，但还有许多伦理困境的解决需要实践者将《伦理规范》的指导与自己的专业判断结合起来。

《伦理规范》中的理想与原则提供了一个共享的专业责任框架，确立了我们对本领域核心价值观的责任。《伦理规范》公开规定了我们在本领域的责任，以支持我们在工作中合乎伦理地行动。在遇到带有伦理意味的情境时，实践者能够在这份《伦理规范》的应用部分获得指导，也能够在整体反映出的信念里得到启示。

通常，最合乎伦理的行动，即"正确答案"，是不明确的。我们很难找到显而易见的积极方式来应对情境。当一个重要的价值观念与另一个相抵触时，我们陷入了伦理困境。面对伦理困境，我们负有专业责任来寻求《伦理规范》的指导和相关部门的帮助，来找到最合乎伦理的解决办法。

第一部分　对儿童的伦理责任

童年是整个人生中独一无二的、宝贵的阶段。我们的首要职责是在安全、健康、具有支持性和反应性的环境中为每一个儿童提供保育和教育。我们有责任支持儿童的发展和学习，尊重个体差异，帮助儿童学会生活、游戏与合作。我们也有责任增进儿童的自我意识、能力、自我价值感、适应能力和身体素质。

1　理想和原则不是一一对应的。

1. 理想

I-1.1 熟知儿童保育与教育的基础知识,并且通过继续教育和培训保持知识更新。

I-1.2 在现有关于儿童保教、儿童发展及相关学科的知识与研究的基础之上,以及在具体了解每个儿童情况的前提下,开展保教实践。

I-1.3 认识并尊重每名儿童独特的素质、能力和发展潜力。

I-1.4 意识到儿童的脆弱和他们对父母的依赖。

I-1.5 创造并维持一个安全、健康的环境,以促进儿童的社会性、情绪、认知和身体发展,并尊重他们的尊严和贡献。

I-1.6 运用适宜儿童的评价工具和评价方式来评价儿童,保证按照评价工具设计的本来目的来评价儿童,本着有利于儿童的目的来评价儿童。

I-1.7 评价结果要用来理解和支持儿童的发展和学习,要用于改进教学,以及发现可能需要特别帮助的儿童。

I-1.8 支持每一名儿童的游戏与学习权利,为正常儿童和特殊需要儿童提供一个包容性环境,在这样的环境中满足他们的需要。

I-1.9 倡导并确保所有儿童能够获得他们成功所需要的支持和服务,包括有特殊需要的儿童。

I-1.10 确保在教育项目中了解和重视每一个儿童的文化、语言、种族和家庭结构。

I-1.11 为每个儿童提供使用他们自己熟悉的语言的机会,除了学习英语,还要让儿童能够继续使用自己的母语。

I-1.12 在儿童转换学习环境时,我们要与家庭合作,保证儿童安全、平稳地过渡。

2. 原则

P-1.1 我们不能伤害儿童。不能对儿童做出有情感伤害的、不利于身体的、不尊重的、有辱人格的、危险的、剥削性的或恐吓性的行为。这条原则是所有原则之首。

P-1.2 我们应在积极的情绪和社会环境中照料和教育儿童,这种环境能够刺激儿童的认知，能够对儿童的文化、语言、种族和家庭结构有所支持。

P-1.3 我们不能歧视儿童，不能损害儿童的利益，不能因儿童的性别、种族、国籍、移民状况、母语、宗教信仰、医疗状况、残疾给某些儿童特殊待遇或剥夺某些儿童参与教育项目或活动的权利，也不能因为儿童家庭中的婚姻状态/家庭结构、家庭成员的性取向、宗教信仰或其他属性而给某些儿童特殊待遇或剥夺某些儿童参与教育项目或活动的权利。（当有法律规定应对某些特殊儿童群体提供特殊服务时，本条原则某些方面不适用。）

P-1.4 我们要进行双向沟通，确保考虑到所有相关信息（包括家庭和工作人员方面），做出对儿童适宜的决策，也做到对一些敏感信息保密。

P-1.5 我们应使用适当的评估系统，其中包括多种信息的来源，来提供关于儿童学习和发展的信息。

P-1.6 像入学、留级或进行特殊的教育安排这些事关儿童的决定，我们绝不能仅依据一次简单的评估来完成，例如一次测验的分数或一次观察，而要依据多方来源的综合信息。

P-1.7 我们应努力与每名儿童建立良好的人际关系，为儿童提供个性化的教学策略、学习环境和课程设置，并与家长协商，使每名儿童都能从课程中受益。如果竭尽努力后现有的教育安排都不能满足个别儿童的需要，或者个别儿童严重妨碍了其他儿童从教育项目中受益，我们应与个别儿童的家长协商，并咨询相关专家，来决定是否要为个别儿童提供最有利于其发展的特别服务或/（和）特殊的安排。（在有明确法律规定应对某些特殊儿童群体提供特殊服务的情况下，本原则或许不适用。）

P-1.8 我们应熟悉虐待和忽视儿童的风险因素和症状表现，包括对儿童身体、性、语言和情感的虐待，以及对其身体、情感、教育和医疗的忽视。我们应了解和遵守保护儿童免受虐待和忽视的国家法律和社区处理程序。

P-1.9 如果有充分的理由怀疑儿童受到了虐待或忽视，我们应向相应的社区机构报告，并持续关注，确保有关机构采取了适宜的措施。可行的情况下，可以告知父母或监护人，此事准备或已经向有关部门报告。

P-1.10 如果有人告诉你，他/她怀疑有儿童受到了虐待或忽视，我们应该协助那人采取适当的行动来保护儿童。

P-1.11 当得知一种行为或情况威胁到儿童的健康、安全或者福利时，我们有责任保护儿童，或通知能够保护儿童的家长或其他人。

第二部分　对家庭的伦理责任

家庭[1]对于儿童的发展至关重要。因为家庭和幼儿教育实践者都希望增进儿童的幸福，我们有责任与家庭沟通、合作和相互协调，以通过多种方式促进儿童的发展。

1. 理想

I-2.1 掌握相关知识，与家庭有效合作，并通过继续教育和培训保持相关知识的更新。

I-2.2 与我们所服务的家庭建立相互信任的关系，并密切合作。

I-2.3 欢迎并鼓励所有的家庭成员参与到教育项目中来，包括参与共同决策。

I-2.4 倾听家庭的声音，承认并增强他们的优势与能力，在支持家庭养育孩子的同时向家庭学习。

I-2.5 尊重每个家庭的尊严和喜好，并努力了解他们的家庭结构、文化、语言、风俗和信仰，为每个儿童和家庭提供与文化相适的环境。

I-2.6 尊重家长的教养观和他们为子女做决定的权利。

I-2.7 与家长分享儿童教育与发展方面的信息，并帮助家长理解和掌握幼儿教育专业的最新知识。

I-2.8 帮助家长增进他们对子女的理解，并通过与家长的交流增进自身对每名儿童的理解，支持家长不断提升自身的家庭教养能力。

I-2.9 帮助家庭建立支持网络，必要的情况下，参与建立家庭支持网络，为家庭提供与教育项目工作人员、其他家庭、社区资源和专业服务机构交流的机会。

---

1 "家庭"不仅包括父母，还包括家中对儿童负有教育、培养、支持责任的其他成年人。

2. 原则

P-2.1 我们不能拒绝家长进入他们子女的教室或教育机构，除非有法庭的命令或其他法律限制他们进入。

P-2.2 我们要告知家长教育项目的理念、制度、课程、评价系统、文化实践和人员资格，并解释我们为什么要这样教。我们的教育安排应与我们对儿童的伦理责任保持一致。（见第一部分）

P-2.3 我们应告知家长制度规定，并在适当的时候请家长参与制定制度。（也见 I-2.3）

P-2.4 我们应确保家长参与对儿童有重大影响的决定。（也见 P-1.4）

P-2.5 我们应尽可能用家长能懂的语言与家长有效沟通。当我们自己的教育项目中没有足够的资源来完成有效沟通时，我们应运用社区资源来承担翻译和解释工作。

P-2.6 当家长与我们分享儿童和家庭的情况时，我们应重视，并将这些信息用到教育项目的计划和实施中。

P-2.7 我们应告知家长教育项目中儿童评估的性质和目的，以及如何使用他们子女的评价信息。

P-2.8 我们应对儿童评估信息严格保密，只有在需求合法的情况下才能让人获得这些信息。

P-2.9 我们应告知家长儿童遇到的伤害、事故和风险，如传染性疾病可能对儿童和家庭带来的危险和可能导致的情绪压力。

P-2.10 针对儿童进行的任何研究都应该全面告知家长，家长应有机会表达赞同或反对的意见，并且不会因为不参与研究而受到处罚。我们不能允许或参与任何可能妨碍儿童教育、发展或获得幸福的研究。

P-2.11 我们不能参与或支持对家庭的不法利用。我们不应利用与家长的关系谋取私人利益或个人所得，不能与家庭成员建立可能会削弱幼儿教育工作效益的关系。

P-2.12 我们应提出书面规定来保护儿童的隐私，防止儿童信息泄露。这些制度规定对所有项目员工和家庭都是有效的。如果要向家庭成员、项目员工和咨询人员以外的人透露幼儿的信息，我们有义务征求家长的同意（儿童虐待或忽视情况除外）。

P-2.13 我们应该保守秘密，尊重家长的隐私权，防止敏感信息的泄露和对家庭生活的侵犯。然而，在我们确信儿童的利益受到威胁时，我们可以向有关部门分享这些敏感信息，或者向有合法的责任来干预儿童事务的人士透露有关信息。

P-2.14 在家长之间有冲突的情况下，公开地对他们做工作，并向他们提供我们对儿童的观察，帮助他们做出明智的决定。教师要避免成为家庭中任何一方的辩护者。

P-2.15 我们应熟悉社区资源和专业支持服务，并适当指导家庭运用社区资源和专业支持服务。如果家庭接受了我们推荐的服务，我们应当跟进了解服务是否恰当。

第三部分　对同事的伦理责任

在一个充满关怀与合作良好的工作场所中，个人尊严会得到尊重，专业满意度会增进，积极的人际关系也会得到建立和维护。在核心价值观的基础上，我们对同事的主要责任体现在建立和维持某种关系和氛围上，这种氛围能够使工作更有效益，并满足我们的专业需要。适用于和幼儿互动时的一些理想同样适用于和工作场所中的成年人交往。[注意：第三部分包括对合作者和对雇主的责任。对员工的责任（2005 年修订版中对雇员的责任）见《伦理行为守则：面向幼儿教育项目管理者的增补条款》，在线见 http://www.naeyc.org/files/naeyc/file/positions/PSETH05_supp.pdf。]

1. A 一对合作者的责任

（1）理想。

I-3A.1 与合作者建立并维持相互尊重、信任、知心、协助与配合的关系。

I-3A.2 与合作者分享资源，互相合作，来保证为儿童提供最好的看护和教育服务。

I-3A.3 帮助合作者满足他们的专业需求和专业发展。

I-3A.4 对合作者取得的专业成就给予应有的认可。

（2）原则。

P-3A.1 我们应该认可同事对我们教育工作的贡献，不要做损害他们声誉或削弱他们对儿童及其家庭所做工作有效性的事情。

P-3A.2 当我们对一个合作者的专业行为有不同意见时，我们首先应该向合作者表示对其人格尊严的尊重和对工作行为多样性的理解，然后尝试用信任的、合作的方式来解决问题。

P-3A.3 在表达对合作者个人贡献或专业行为的看法时，我们应表达出关切。我们的表达应以所掌握的一手资料为基础，而不是依靠道听途说，并且要与儿童和教育的利益相关。

P-3A.4 我们不能因合作者的性别、种族、国籍、宗教信仰或其他从属关系、年龄、婚姻状况／家庭结构、残疾或性取向而歧视对方。

2. B—对雇主的责任

（1）理想。

I-3B.1 协助教育机构提供最高质量的服务。

I-3B.2 绝不做任何损害所在教育机构名誉的事情，除非机构内的活动违反了保护儿童的法律法规或者本《伦理规范》的要求。

（2）原则。

P-3B.1 我们应遵守教育机构的各项规章制度。如果我们不认可机构规定，应该尝试在机构组织内通过建设性的行动加以解决。

P-3B.2 只有得到允许，我们才能代表机构发表言论或采取行动。无论是代表机构发言，还是代表个人做判断，我们都应言行慎重以争取获得认可。

P-3B.3 我们不能违反保护儿童的法律和制度。当意识到存在违反的情况时，我们应该采取恰当的行动来保持与本《伦理规范》的要求一致。

P-3B.4 如果我们发现同事的行为不当但并没有威胁到儿童的利益，我们可以与同事个别交流表达我们的担忧。如果事情危及儿童的权益，或者在个别提醒后情况没有好转，我们应该向有关上级部门检举同事的不道德或不称职行为。

P-3B.5 当我们发现教育机构的环境或条件影响到了儿童保教质量时，我们应该告知机构管理人员，或者在必要时报告有关其他上级部门。

第四部分 对社区和社会的伦理责任

幼儿教育要在关系紧密的社区环境中进行，社区由许多家庭和其他关心儿童福祉的机构组成。我们对社区的责任是：为满足家庭多样化的需要提供儿童教育服务，与有关机构和专业人士共同承担儿童教育的责任，帮助家庭与有关机构和专业人士联系沟通，帮助发展建立必要的、目前尚缺乏的社区教育服务。

从教师个人立场来讲，我们承诺为儿童提供最好的保教服务，并且诚实、正直地工作。因为我们具有儿童发展与教育方面的专长，分担着社会中保护儿童和维护儿童权益的责任，我们教师作为一个集体，有责任在儿童教育机构和更大范围的社区内最大程度地维护儿童的利益，并且有责任在各种场合代表儿童的声音。

这部分的理想与原则分为个人和集体两个层面来呈现。个人层面适合说明幼儿教育工作者个人的工作。集体层面更典型地说明幼儿教育工作者集体代表儿童利益的工作。幼儿教育工作者个人应分担集体的理想与原则中所强调的共同责任。

1. 理想（个人）

I-4.1 为社区提供高质量的幼儿保教机构与服务。

2. 理想（集体）

I-4.2 增进专业人员与机构之间的合作，促进与儿童健康、教育和福祉相关领域的专业人员之间的跨学科协作，以及这些领域的专业人员与家庭、幼儿教育工作者之间的合作。

I-4.3 通过教育、研究和宣传，建设一个环境安全的世界，使所有的儿童能够得到健康照料、食物和庇护所，都能受到精心培育，在家庭和社区中远离暴力。

I-4.4 通过教育、研究和宣传，使所有的儿童都能接受高质量的早期保教服务。

I-4.5 通过多种来源的信息，使用恰当的评估系统，实施对儿童有利的评价。

I-4.6 增进对儿童及其需要的了解与理解，努力使社会上更多的人认可儿童权利，使整个社会愿意承担起更大的改善全体儿童福祉的责任。

I-4.7 支持能够增进儿童及其家庭福祉的政策和法律，努力修订那些削弱儿童及其家庭福祉的政策和法律。如果需要，与家庭、其他社会个体和组织一起努力，参与制定相应的政策和法律。

I-4.8 促进幼儿保教领域人员的专业发展，加强专业人员的责任承诺，实现本《伦理规范》中所反映的核心价值观。

3. 原则（个人）

P-4.1 我们应该公开、诚实地探讨我们所提供的服务的性质和范围。

P-4.2 我们应该申请、接受、从事那些我们个人适合和专业胜任的岗位工作，绝不提供那些我们没有能力、资格或资源来完成的服务。

P-4.3 我们应进行慎重的考察，不雇佣或推荐不具备岗位所需的能力、资格和特点的人。

P-4.4 对于我们专业实践所依据的知识，我们一定要做到客观、准确的表述。

P-4.5 我们应熟练、适宜地使用评价策略与评价工具，并准确地向家长解释评价结果。

P-4.6 我们应熟悉保护儿童的法律和教育机构的规定，并密切留意这些法律和规定的执行情况。

P-4.7 如果我们发现有危害儿童健康、安全或福祉的实践或情况，我们有道德义务去保护儿童或告知其父母或其他可以保护儿童的人。

P-4.8 在教育实践中，我们不能有违反保护儿童法律法规的情况。

P-4.9 当有证据表明教育活动中有违反保护儿童的法律法规的情况时，我们应将情况报告给能够改善这种情况的有关权力部门。

P-4.10 如果一个教育机构违反了或要求其雇员违反本《伦理规范》时，在允许的情况下，在对有关证据做出公正评估后披露该机构的情况。

4. 原则（集体）

P-4.11 当制度规定有不利于儿童的效果时，我们有责任去努力改变这些制度规定。

P-4-12 当有证据表明，旨在保护儿童利益的机构没有履行其义务时，我们有责任把这些问题报告给有关权力部门或披露给公众。我们还要持续关注，直到问题解决。

P-4-13 如果儿童保护机构没能给受虐或受忽视儿童提供足够的保护时，我们有责任努力使这些机构的服务得到改善。

承诺声明[1]

作为从事幼儿教育工作的一员，我承诺遵守全美幼教协会《伦理规范》中理想与原则所反映出的幼儿教育价值观，尽我最大努力做到——

● 绝不伤害儿童。

● 保证将幼儿教育活动建立在最新知识的基础上，建立在对儿童发展和幼儿教育研究的基础上。

● 尊重和支持家庭在养育儿童过程中的努力。

● 尊重同事们在幼儿保教工作中的努力，并支持同事们遵守全美幼教协会的《伦理规范》。

● 在社区和社会中做儿童及其家庭和教师的支持者。

● 时刻关注自身专业行为，并保持对自身专业行为的高标准要求。

● 不断地进行自我反思，认清自身特点、偏见和信念对儿童及其家庭的影响。

● 对新观念保持开放的心态，愿意吸取他人的建议。

● 不断学习和成长，做出一个专业人员应有的贡献。

● 遵守全美幼教协会《伦理规范》中的理想与原则。

---

1 《承诺声明》不是《伦理规范》的一部分，但它是工作人员愿意遵守幼儿保教领域的独特价值观和道德义务的个人意愿的表达。这是引导个体从事幼儿保教工作所必须认可的道德义务。

2-2-A 英国早期教育协会《伦理准则》英文原文

Code of ethics[1]

This code of ethics places the utmost importance on the protection and well being of children and families. Taking action to counteract unethical practice is therefore the responsibility of every early childhood professional.

In relation to children:

1. Respect the rights of children as laid out in the United National Convention on the Rights of the Child (1991) and commit to endorsing these rights. www.unicef.org/crc

2. Recognise and respect the individual qualities and potential of each child and that they are active citizens participating in different communities.

3. Understand the vulnerability of children and their dependence on adults.

4. Help children understand that they are global citizens with shared responsibilities to the environment and humanity.

5. Create and maintain safe and healthy environments which foster children's social, emotional, cognitive and physical development which respect their contributions to communities and their dignity.

6. Respect the relationship between children and families and acknowledge this in all interactions with children.

7. Ensure that all children and their families with special needs and disabilities have access to appropriate support services.

8. Ensure that each child's culture, language, ethnicity, and family structure are acknowledged and valued.

9. Advocate the right of each child to play and learn in an environment that meets the needs of children with and without disabilities.

10. Provide all children with a language that they know, as well as support

---

1　The British Association for Early Childhood Education. Code of ethics [EB/OL]. www.early-education.org.uk, 2011.

children in maintaining the use of their home language and in learning English.

11. Advocate and ensure that children are not discriminated against on the basis of gender, age, ability, economic status, family structure, lifestyle, ethnicity, religion, language, culture or national origin.

In relation to families:

1. Develop relationships of mutual trust with positive, open and honest communication.

2. Accept the family's right to make decisions (or be involved) about their own children.

3. Maintain respect and the family's right to confidentiality.

4. Learn from families so that they can build on their strengths and be supported in their role of nurturing children.

5. Respect the dignity and preferences of each family and endeavour to learn about their structure and lifestyle, culture and customs, language, religion and beliefs.

6. Share information about the child's education and development with families and help them understand and appreciate the current knowledge base of the early childhood profession.

7. Support the continuing development of parents' skills to enhance their understanding of their children.

In relation to communities:

1. Learn about the communities we work with their priorities and needs and ensure that our work with the children reflects these.

2. Promote shared and informed aspirations among communities which benefit children's happiness, health, enjoyment and wellbeing.

3. Advocate the implementation of laws and policies that promote child and family-friendly communities.

4. Promote developmentally and culturally appropriate knowledge and understanding of young children as well as their individual needs.

5. Use knowledge and research to advocate for an environmentally safe world in which all children receive health care, food, shelter, are nurtured and live free from violence and abuse in their home and communities.

6. Promote multi agency working and cooperation among professionals concerned with addressing issues in health, education and care, and wellbeing of young children, their families and their early childhood educators.

In relation to employers:

1. Adhere to lawful policies and procedures and when there is conflict, attempt to effect change through constructive action within the organization or seek change through appropriate procedures.

2. Do nothing to diminish the reputation of the work unless it violates the laws and regulations designed to protect children or this code of ethics.

3. Support workplace policies, standards and practices that are fair, non-discriminatory and are in the best interests of children, families and professionals.

In relation to colleagues:

1. Build collaborative relationships based on trust, respect and honesty.

2. Encourage colleagues to act in accordance with this code and take action in the presence of unethical behaviours.

3. Acknowledge the personal strengths, professional experience and diversity which other colleagues bring to work.

4. Share knowledge, experiences and resources with colleagues.

5. Use constructive methods to manage differences of opinion in the workplace.

In relation to students:

1. Acknowledge the support and personal strengths, professional knowledge, diversity and experience which students bring to the learning environment.

2. Know the requirements of the students' individual institutions and communicate openly with the representatives of that institution.

3. Provide ongoing constructive criticism and feedback as well as assessment that is fair.

4. Implement strategies that encourage and empowers students to make positive contributions to the workplace.

5. Maintain confidentiality in relation to students.

6. Provide students with professional opportunities and resources so that they can demonstrate their abilities.

7. Demonstrate this code of ethics to students through practical experience so that they adhere to these standards in the workplace.

In relation to my profession:

1. Keep updated with research, theory, content knowledge, high-quality early childhood practices and understanding of children and families.

2. Be aware of, and if appropriate challenge the power dimensions within professional relationships.

3. Pursue and build collaborative professional relationships.

4. Undertakes reflection, critical self-study, continuing professional development and engage with evidence based theory and practice.

In relation to the conduct of research:

1. Be aware of potential results of children's participation in research such as fatigue, privacy, and their interest.

2. Support research to strengthen and broaden the knowledge base of early childhood.

3. Endeavour to understand the purpose and value of proposed research

projects.

4. Ensure that research in which I am involved meets standard ethical procedures including informed consent, opportunity to withdraw and confidentiality.

5. Represent the findings of all research accurately and objectively.

6. Ensure that images of children and other data are collected with informed consent only and are stored and utilised according to legislative and policy requirements.

7. Understand the knowledge base related to working with children, families, communities, colleagues and students.

2-2-B 英国早期教育协会《伦理准则》中文译文

这份《伦理准则》高度重视对儿童及其家庭的保护，以及他们的幸福。因此，每名幼儿教育工作者都有责任采取行动来抵制那些不合伦理的做法。

有关儿童

（1）尊重在《儿童权利公约》（1991年）里提出的儿童权利，并且承诺支持这些权利。详见www.unicef.org/crc。

（2）认可并且尊重每个儿童的个性特点和潜能，承认并且尊重他们是参与到不同社区中的积极公民。

（3）理解儿童的脆弱性和他们对成人的依赖。

（4）帮助儿童理解他们是对环境和人类负有共同责任的全球公民。

（5）创造并且维持一个安全、健康的环境，来促进儿童的社会性、情感和认知发展，以及身体发育，尊重他们对社区的贡献和他们的尊严。

（6）尊重儿童和家庭之间的关系，并且在所有与儿童的互动中承认这点。

（7）确保特殊需要和残疾儿童及其家庭能够获得合适的支持服务。

（8）确保每个儿童的文化、语言、种族和家庭结构都被认可和珍视。

（9）无论儿童是否有特殊需要，支持每个儿童游戏与学习的权利，创设能够满足他们需要的环境。

（10）为儿童提供他们能懂的语言，同样地支持儿童持续使用他们本族的语言和学习英语。

（11）拥护并且确保儿童没有因性别、年龄、能力、经济状况、家庭结构、生活方式、种族、宗教、语言、文化或国籍而遭受歧视。

有关家庭

（1）与家庭建立彼此信任的关系，积极、开放和诚实地交流。

（2）认可家长有权利在关于他们孩子的事务中做决定（或者参与决策）。

（3）保持尊重，并且维护家长的隐私权。

（4）向家庭学习，使他们在养育孩子方面既能发挥自己的力量，又能获得支持。

（5）尊重每个家庭的尊严和偏好，尽量去了解每个家庭的家庭结构、生活方式、文化传统、语言、宗教和信仰。

（6）与家庭分享关于儿童教育和发展的信息，并且帮助他们理解和认可当下幼儿教育专业的知识基础。

（7）支持家长能力持续增长，以增强他们对自己孩子的理解能力。

有关社区

（1）了解我们工作所在社区的优先考虑和需要，并确保我们的儿童教育工作能反映这些考虑和需要。

（2）促进社区内的愿望共享与传播，以增进儿童的幸福、健康、娱乐和福祉。

（3）拥护那些促进儿童和家庭友好社区建设的法律与政策。

（4）增进人们对儿童及其个别需要的认识与理解，做到发展适宜与文化适宜。

（5）运用知识和研究来促进一个环境安全的世界，以使每个儿童都能得到健康照料、食物、避难所，并让他们成长和生活在一个远离暴力和虐待的家庭和社区当中。

（6）促进多机构联合工作，增进涉及儿童健康、教育、照护和幸福的专业人员与家庭和幼儿教育工作者之间的合作。

有关雇主

（1）遵守法律与程序规定。在遇到冲突时，努力通过组织内的建设性行动来影响变动，或通过适当的程序去寻求改变。

（2）绝不做毁坏工作名誉的事情，除非它违反了保护儿童的法律法规或本伦理准则。

（3）支持工作机构的政策、标准和实践是公正、无歧视的，支持工作机构代表儿童、家庭和专业人员的利益。

有关同事

（1）在基于信任、尊重和诚实的基础上建立合作关系。

（2）鼓励同事依据这一准则行事，并在面对不合伦理的行为时采取行动。

（3）认可其他同事在工作中表现出的个人能力、专业经验和多样性。

（4）与同事共享知识、经验和资源。

（5）用建设性的方法来对待工作机构中的不同观点。

有关实习生

（1）承认实习生带到学习环境中的支持、个人能力、专业知识、多样性和经验。

（2）了解实习生所属机构的要求，并与实习生所属机构的代表坦诚交流。

（3）不断给实习生提供建设性批评意见和反馈，并且对实习生的评价要公正。

（4）所使用的策略要能给实习生以鼓励和自主权，使他们在工作中做出积极的贡献。

（5）保护实习生的隐私。

（6）给实习生提供专业机会和资源，使他们能够展现自己的能力。

（7）通过自身的实践经验向实习生示范这一伦理准则，使他们在工作中能够遵循这些要求。

有关我的专业

（1）不断更新对研究、理论和内容知识的认识，对高质量幼儿教育实践的了解，以及对儿童及其家庭的理解。

（2）要意识到专业关系中的权力维度，以及其中的权力是否得到了适宜的挑战。

（3）努力建立专业上的合作关系。

（4）基于理论和实践方面的证据进行反思、批判性地自我学习和持续性的专业发展。

有关研究管理

（1）意识到儿童参与研究可能带来的结果，例如疲劳、隐私和他们的兴趣。

（2）支持研究工作，以增进和拓展幼儿教育的知识基础。

（3）尽力理解被推荐研究项目的目的和价值。

（4）确保我所参与的研究合乎伦理程序规范，包括知情同意、退出机会和保密。

（5）准确、客观地描述所有研究发现。

（6）确保仅在知情同意的情况下搜集儿童的照片和其他信息，并且在合乎法律和政策要求的情况下储存和使用这些照片与信息。

（7）在面向儿童、家庭、社区、同事和学生工作时，理解其中相关的知识基础。

2-3-A 澳大利亚早期教育协会《伦理守则》英文原文

Code of Ethics[1]

Preamble

Early Childhood Australia recognizes that Aboriginal and Torres Strait Islander people have been nurturing and teaching children on this land for thousands of years. The Code of Ethics acknowledges Aboriginal and Torres

---

1 Early Childhood Australia. Code of Ethics [EB/OL]. http://www.earlychildhoodaustralia.org.au/our-publications/eca-code-ethics/, 2016.

Strait Islander traditional ways of being and caring for children.

This Code of Ethics is informed by the principles in the United Nations Convention on the Rights of the Child (1991) and the Declaration on the Rights of Indigenous Peoples (2007).A Code of Ethics is an aspirational framework for reflection about the ethical responsibilities of childhood professionals who work with, or on behalf, of children and their families. In this Code of Ethics the protection and wellbeing of children is paramount and therefore speaking out or taking action in the presence of unethical practice is an essential professional responsibility.

Being ethical involves thinking about everyday actions and decision making, either individually or collectively, and responding with respect to all concerned. The Code of Ethics recognizes that childhood professionals are in a unique position of trust and influence in their relationships with children, families, colleagues and the community, therefore professional accountability is vital.

Core principles

The core principles in this Code of Ethics are based on the fundamental and prized values of the profession. They act to guide decision making in relation to ethical responsibilities. These core principles require a commitment to respect and maintain the rights and dignity of children, families, colleagues and communities.

- Each child has unique interests and strengths and the capacity to contribute to their communities.
- Children are citizens from birth with civil, cultural, linguistic, social and economic rights.
- Effective learning and teaching is characterized by professional decisions that draw on specialized knowledge and multiple perspectives.
- Partnerships with families and communities support shared responsibility

for children's learning, development and wellbeing.

●Democratic, fair and inclusive practices promote equity and a strong sense of belonging.

●Respectful, responsive and reciprocal relationships are central to children's education and care.

●Play and leisure are essential for children's learning, development and wellbeing.

●Research, inquiry and practice-based evidence inform quality education and care.

Commitments to action

In relation to children, I will:

●act in the best interests of all children

●create and maintain safe, healthy, inclusive environments that support children's agency and enhance their learning

●provide a meaningful curriculum to enrich children's learning, balancing child and educator initiated experiences

●understand and be able to explain to others how play and leisure enhance children's learning, development and wellbeing

●ensure childhood is a time for being in the here and now and not solely about preparation for the future

●collaborate with children as global citizens in learning about our shared responsibilities to the environment and humanity

●value the relationship between children and their families and enhance these relationships through my practice

●ensure that children are not discriminated against on the basis of gender, sexuality, age, ability, economic status, family structure, lifestyle, ethnicity, religion, language, culture, or national origin

●negotiate children's participation in research, by taking into account their safety, privacy, levels of fatigue and interest

- respect children as capable learners by including their perspectives in teaching, learning and assessment
- safeguard the security of information and documentation about children, particularly when shared on digital platforms.

In relation to colleagues, I will:

- encourage others to adopt and act in accordance with this Code, and take action in the presence of unethical behaviors
- build a spirit of collegiality and professionalism through collaborative relationships based on trust, respect and honesty
- acknowledge and support the diverse strengths and experiences of colleagues in order to build shared professional knowledge, understanding and skills
- use constructive processes to address differences of opinion in order to negotiate shared perspectives and actions
- participate in a 'lively culture of professional inquiry' to support continuous improvement
- implement strategies that support and mentor colleagues to make positive contributions to the profession
- maintain ethical relationships in my online interactions.

In relation to families, I will:

- support families as children's first and most important teacher and respect their right to make decisions about their children
- listen to and learn with families and engage in shared decision making, planning and assessment practices in relation to children's learning, development and wellbeing
- develop respectful relationships based on open communication with the aim of encouraging families' engagement and to build a strong sense of

belonging

- learn about, respect and respond to the uniqueness of each family, their circumstances, culture, family structure, customs, language, beliefs and kinship systems
- respect families' right to privacy and maintain confidentiality.

In relation to the profession, I will:

- base my work on research, theories, content knowledge, practice evidence and my understanding of the children and families with whom I work
- take responsibility for articulating my professional values, knowledge and practice and the positive contribution our profession makes to society
- engage in critical reflection, ongoing professional learning and support research that builds my knowledge and that of the profession
- work within the scope of my professional role and avoid misrepresentation of my professional competence and qualifications
- encourage qualities and practices of ethical leadership within the profession
- model quality practice and provide constructive feedback and assessment for students as aspiring professionals
- mentor new graduates by supporting their induction into the profession
- advocate for my profession and the provision of quality education and care.

In relation to community and society, I will:

- learn about local community contexts and aspirations in order to create responsive programs to enhance children's learning, development and wellbeing
- collaborate with people, services and agencies to develop shared understandings and actions that support children and families
- use research and practice-based evidence to advocate for a society where

all children have access to quality education and care
- promote the value of children's contribution as citizens to the development of strong communities
- work to promote increased appreciation of the importance of childhood including how children learn and develop, in order to inform programs and systems of assessment that benefit children
- advocate for the development and implementation of laws and policies that promote the rights and best interests of children and families.

2-3-B 澳大利亚早期教育协会《伦理守则》中文译文

序 言

澳大利亚早期教育协会认识到原住民和托雷斯海峡岛民已经在这片土地上养育和教育孩子数千年之久。这一《伦理守则》承认原住民和托雷斯海峡岛屿上的养育和照顾儿童的方法。

本《伦理守则》以《联合国儿童权利公约》（1991年）和《土著人民权利宣言》（2007年）的原则为根据。《伦理守则》是一个理想框架，反映了与儿童及其家庭一起工作的幼儿教育专业人员的伦理责任。在本《伦理守则》中，对儿童的保护和儿童的幸福至关重要，因此在有违伦理的行为发生时发声或采取行动是基本的专业职责。

伦理要求人们审视日常行为与决策，无论是个体行为与决策，抑或集体行为与决策，并且对所有相关人员予以尊重。本《伦理守则》承认，幼儿教育专业人员在他们与儿童、家庭、同事和社区的关系中受到了高度信任，并发挥着独特的影响力，因此专业人员的责任至关重要。

核心原则

本《伦理守则》的核心原则以幼儿教育专业最基本和最重要的价值观为基础。它们指导专业人员做出合乎伦理责任的决策。这些核心原则要求专业人员承诺尊重和维护儿童、家庭、同事和社区的权利与尊严。

- 每个儿童都有独特的兴趣和优势，并有能力为社区做出贡献。
- 儿童从出生起便拥有公民、文化、语言、社会和经济权利。
- 专业决策要吸收运用特定知识和多种视角，这是有效学习和教学的特点。
- 与家庭和社区结成伙伴关系，这有利于三方共同承担对儿童学习、发展和幸福的责任。
- 在实践中做到民主、公正和包容，这能够促进公平，并给人强烈的归属感。
- 尊重、回应和互惠的关系是儿童保教的核心。
- 游戏和休闲在儿童的学习、发展和幸福中不可或缺。
- 研究、调查和基于实践的证据影响着儿童保教质量。

行为承诺

在关乎儿童时，我会：

- 为所有儿童的最佳权益行动。
- 创建和维持安全、健康、包容的环境，以支持儿童的主体性，并加强他们的学习。
- 提供有意义的课程来丰富幼儿的学习，在儿童发起的体验和教育者发起的体验之间达到一种平衡。
- 理解并能够向他人解释游戏和休闲是如何促进儿童的学习、发展和幸福的。
- 确保童年是代表此时当下的一段时光，而不仅仅是为了未来所做的准备。
- 将儿童视为全球公民，与儿童合作，一起去了解我们对环境与人类的共同责任。
- 重视儿童与家庭之间的关系，并通过我的教育实践去增强这些关系。
- 确保儿童不因性别、性取向、年龄、能力、经济状况、家庭结构、生活方式、种族、宗教、语言、文化或国籍受歧视。
- 在协商儿童参与研究的问题时要考虑儿童的安全、隐私、疲劳程度和兴趣。
- 尊重儿童，将他们视为有能力的学习者，在教学、学习和评价时要考虑儿童的视角。

● 保护关于儿童的信息和文件的安全，特别是在共享数字平台上。

在关乎同事时，我会：

● 鼓励他人遵守且依据本守则行动，并在面对不合伦理的行为时采取行动。

● 基于信任、尊重和诚实建立合作关系，形成合作共享专业精神。

● 承认并支持同事的多种优势和经验，以共享专业知识、理解和技能。

● 使用建设性程序来解决观点的不同，以便协商达成共同的视角和行动。

● 参与到"活跃的专业研究文化氛围"中，以支持持续的专业发展。

● 设法支持和指导同事，帮助同事对专业做出积极贡献。

● 在网络互动中使关系合乎伦理。

在关乎家长时，我会：

● 为家长提供支持，他们是儿童的第一任教师，也是最重要的教师。并且，在关于儿童的事务上尊重家长的决定权。

● 在关乎儿童的学习、发展与幸福方面，倾听家长的意见，向家长了解情况，与家长共同决策、制订计划、进行评价。

● 在开放交流的基础上与家长建立彼此尊重的关系，以鼓励家长多参与，并帮助家长形成归属感。

● 了解、尊重和回应每个家庭的独特性、环境、文化、家庭结构、习俗、语言、信念和亲属关系。

● 尊重家庭的隐私权，并对他们的隐私保密。

在关乎专业时，我会：

● 在研究、理论、学科知识、实践证据和对我为之工作的儿童及其家庭的理解的基础上开展工作。

● 有责任向他人介绍我专业的价值、知识、实践以及我们专业对社会的积极贡献。

● 进行批判性反思，不断地进行专业学习，支持我们专业的研究工作，以建构我的知识。

● 在自己职业角色的范围内工作，不能做与自身专业能力和资格不符的陈述。

● 鼓励追求专业质量与道德领导。

● 作为有抱负的专业人士，应规范实践质量，并为学生提供建设性的反馈和评估。

● 通过支持新的毕业生的入职培训来指导他们入职。

● 拥护我的专业，并提供有质量的保教服务。

在关乎社区和社会时，我会：

● 了解当地社区的环境和期望，以便制订有针对性的计划，以促进儿童的学习、发展与幸福。

● 与周围的人、服务项目和机构合作，增进共同理解，开展合作，以支持儿童及其家庭。

● 运用研究和基于实践的证据来倡导社会为所有儿童提供优质教育和照料。

● 儿童作为公民能够对社区的繁荣发展做出贡献，我们应增进这一价值的实现。

● 努力促进社会对童年重要性的理解，包括对儿童的学习与发展的理解，以便幼儿教育项目与评估系统有利于儿童。

● 倡导制定和实施促进儿童和家庭权利和最大利益的法律与政策。

2-4-A 挪威教育协会《教学工作专业伦理》英文原文

Professional ethics for the teaching profession[1]

We are one profession of teachers and leaders in early childhood education and in primary and secondary schools. Our political mandate is to promote learning, development and bildung for all children and pupils. Our values, attitudes and actions influence the impact of our work. These ethical

---

[1] Union of Education Norway. "Professional ethics for the teaching profession" (English). https://www.utdanningsforbundet.no/upload/1/L%c3%a6rerprof_etiske_plattform_a4_engelsk_31.10.12.pdf.

principles constitute a common ground for the development of our ethical awareness. It is our responsibility to act in accordance with these values and principles.

Basic values of the teaching profession

Human values and human rights

Our work is founded on values and principles set down in universal human rights, especially the UN convention on the rights of children. These rights must be promoted and defended in early childhood education and in schools. The inviolability of human individual freedom and the need for safety and care are fundamental.

Respect and equality

Each individual person's personality and integrity must be met with respect. No form of oppression, indoctrination or prejudiced opinions shall be tolerated. All children in early childhood education and all pupils in schools have a right to participate and have their views heard and taken into account. They shall have a right to freedom within the framework of the education community.

Professional integrity

Ethical consciousness and high professional competence are the basis of the profession's integrity and are essential in creating good conditions for play, learning and bildung. Our right to methodological freedom and our professional discretion gives us a special responsibility to be open about our academic and pedagogical choices. Society should be confident that we use our professional autonomy both properly and ethically.

Privacy

Adherence to confidentiality and information standards is crucial in our work. Everyone has a right to privacy. Personal information must be managed in ways that protect the integrity and dignity of children, pupils, parents and colleagues. Electronic information dissemination requires a special critical awareness.

Ethical responsibility of the teaching profession

– in our work with children, pupils and parents

Our responsibility is to build a trusting relationship with those we work for and with. Our loyalty rests with the children and the pupils, to promote what is in their best interest. Truthful communication of knowledge and high quality pedagogical facilitation is essential.

All teachers and leaders of pedagogical institutions:

- promote the possibility to play, learning and bildung for all children and pupils
- work to be up to date academically and pedagogically
- are caring and are aware of the power we have by virtue of our position
- are academically sound and ethically aware in evaluation work
- promote equality
- meet children, pupils and parents with respect
- intervene and protect children and pupils against violations, regardless of who the violator is
- meet criticism with openness and well founded professional arguments

– in the work place

We are knowledgeable, responsible and present grown-ups in children's and pupils' lives. As a professional community we have a common responsibility to develop good education and to promote and develop our professionality.

The professional community:

- initiates ethical reflection and dialogue with all employees at the work place
- cooperates to further develop knowledge, competences and ethical judgment, both internally and in interaction with relevant institutions in

higher education and research

- creates and participates in a culture of positive cooperation where all opinions are treated seriously
- is loyal to the goals and regulations governing their institution as long as these are in line with the political mandate and our professional ethics
- works in a culture of openness and facilitates transparency
- respects the competence of other professions and acknowledge the limits of one's own disciplinarity
- supports and takes responsibility when colleagues meet special challenges in their work
- takes responsibility to find good solutions, and, if necessary highlights unacceptable conditions when they are discovered in the work place

– for early childhood education and schools as public institutions

We are committed to the values of early childhood institutions and schools as these are set down in regulations decided by legal democratic institutions. The individual teacher and leader share the profession's responsibility to advance the purposes and goals of education.

The profession:

- shows courage and defends our political mandate
- use the freedom of speech actively and participates in relevant academic discussions and in policy debates on education
- take responsibility to warn authorities and the public when poor framework causes
- unacceptable conditions for children and pupils
- strive for good cooperation, but not by taking over responsibilities that are part of other professions' expertise
- do not compromise the values of the political mandate, our professional knowledge or our ethical value

Teachers and leaders in education are committed to the professional ethics and can never shirk their professional responsibilities.

2-4-B 挪威教育协会《教学工作专业伦理》中文译文 [1]

我们是早期教育和中小学教育中专业的教师和领导者。我们的政治使命是促进所有幼儿和学生的学习与发展，提升他们的教养。我们的价值观、态度和行为影响着我们的工作效果。这些伦理原则是我们伦理意识发展的基础。我们有责任依据这些价值观和原则来行动。

（一）教学专业的基本价值观

1. 人的价值和权利

我们的工作建立在基于普遍人权的价值观和原则的基础上，尤其是联合国对儿童权利的约定。在早期教育和学校教育中，这些权利必须得到促进和保护。人的个体自由不容侵犯，每个人都有对安全和关怀的基础需要。

2. 专业形象

伦理意识和较强的专业能力是专业形象的基础，也是我们为儿童创造好的游戏、学习和教养条件的基础。我们有选择方法的自由和进行专业判断的权利，这给了我们特殊的责任，要求我们公开在学业和教育上的选择。社会公众应该相信我们能够适当且合乎伦理地使用我们的专业自主权。

3. 尊重和平等

我们应当尊重每个人的个性和人格。任何形式的压迫、灌输或偏见都不能被容忍。早期教育中的所有幼儿和学校教育中的所有学生都有参与的权利，他们的观点应该被听取和考虑。在教育共同体的框架内，他们应该有权利享有自由。

4. 隐私

在我们的工作中，遵守保密和信息传播标准是至关重要的。每个人都有隐私权。我们应该以保护幼儿、学生、家长和同事的人格与尊严的方式管理好他们的个人信息。在传播电子信息时，我们应保有专门的批判意识。

---

[1] 该规范为胡晓慧译，冯婉桢校。

（二）教学专业的伦理职责

1. 在我们的工作中与幼儿、学生和家长相处

对我们为其工作的人和我们与其一起工作的人，我们有责任建立起彼此间的信任关系。我们忠诚地对待幼儿和学生，以对他们最有利的方式来促进他们的发展。实事求是地交流知识，高质量的教育设施，这些是至关重要的。

教育机构的所有教师和领导者需要：

- 增加所有幼儿和学生游戏、学习和接受教育的机会。
- 掌握最新的学科知识和教育学知识来开展工作。
- 关心并意识到我们凭借这个职位所掌握的权力。
- 评价工作要足够科学，并在其中保有良好的伦理意识。
- 促进平等。
- 尊重幼儿、学生和家长。
- 干预和保护幼儿和学生不受侵犯，不管侵犯者是谁。
- 在专业争论中，要有开放的心态接受他人的批评，并有根据地进行辩论。

2. 在工作场所

在幼儿和学生的生活中，我们是知识渊博、负责任的和陪伴在侧的成年人。作为一个专业共同体，我们有共同的责任去推动教育发展和促进我们的专业化。

专业共同体需要：

- 在工作场所提倡与所有员工进行道德反思和对话。
- 在工作场所内部，以及在与相关高等教育和研究机构的相互交流中，与专业共同体成员合作，以提升自身的知识、能力和道德判断。
- 创造并参与积极合作的文化氛围，使在其中的所有人的意见都会得到认真对待。
- 遵守所在机构的目标和规则，只要这些目标和规则合乎我们的政治使命和专业伦理的要求。
- 在开放的文化氛围中工作，并增加文化氛围的透明度。
- 尊重其他专业工作者的能力，并承认自己专业的局限性。

● 当同事在工作中遇到某一个挑战时,给予支持,并分担责任。

● 负责找到良好的解决方案,并且如果必要的话,指出工作场所中现有条件的弊端。

3. 对早期教育机构和学校

我们有责任践行早期教育机构和学校的价值准则,因为这些已经由有法律效力的民主机构规定好了。每位教师和领导者都要分担专业责任,推进教育目的和教育目标的实现。

对专业:

● 展示出勇气,捍卫我们的政治使命。

● 积极使用言论自由,参与相关的学术讨论和有关教育的政策研讨。

● 当乏力的制度框架给幼儿和学生造成了不可接受的环境条件时,我们有责任警告政府当局和社会公众。

● 争取良好的合作,但避免对其他专业工作者的职责越俎代庖。

● 要坚持我们使命中的价值观、我们的专业知识和伦理标准,决不妥协。

教师和教育工作的领导者要坚守专业伦理,永远不能逃避其专业职责。

参考文献

1. ［美］史蒂芬妮·菲尼，南希·弗里曼. 幼儿教保人员专业伦理 [M]. 张福松，等，译. 台北：五南图书出版公司，2007.
2. ［美］内尔·诺丁斯. 学会关心——教育的另一种模式 [M]. 于天龙，译. 北京：教育科学出版社，2014.
3. ［美］雷斯特. 品德的主要成分 [J]. 陈学锋，译. 心理发展与教育，1987（01）.
4. Laura L. Brock & Timothy W. Curby. Emotional Support Consistency and Teacher-Child Relationships Forecast Social Competence and Problem Behaviors in Prekindergarten and Kindergarten [J]. Early Education and Development, 2014 (25).
5. Miller M J , Woehr D J, Hudspeth N . The Meaning and Measurement of Work Ethic: Construction and Initial Validation of a Multidimensional Inventory[J]. Journal of Vocational Behavior, 2002, 60 (3).
6. Pianta, R. C. , M. S. Steinberg & K. B. Rollins. The first two years of school: teacher-child relationships and reflections in children's classroom adjustment[J]. Development and Psychopathology, 1995 (7).
7. 曹刚. 责任伦理：一种新的道德思维 [J]. 中国人民大学学报，2013（02）.
8. 陈鹤琴. 怎样做幼稚园教师 [M]. 上海：华东师范大学出版社，2013.
9. 陈会昌，马利文. 中小学生对尊重的理解 [J]. 教育理论与实践，2005（12）.
10. 陈延斌，王体. 再论人与自我身心关系是道德调节的应有之义 [J]. 江海学刊，2012（02）.

11. 冯婉桢，洪潇楠. 幼儿园师幼关系类型分布及其与幼儿因素的关系 [J]. 教师教育研究，2018（04）.

12. 冯婉桢. 教师专业伦理的边界——以权利为基础 [M]. 北京：教育科学出版社，2012.

13. 傅维利，朱宁波. 试论我国教师职业道德规范的基本体系和内容 [J]. 中国教育学刊，2003（02）.

14. 郭凤广. 案例教学法的误区分析及实施例谈 [J]. 中国电化教育，2007（09）.

15. 何晓夏. 简明中国学前教育史 [M]. 北京：北京师范大学出版社，2015.

16. 胡晓慧. 理想的幼儿园教师道德形象研究——历史梳理、国际比较与现实分析 [D]. 北京：北京师范大学，2017.

17. 李莉. 20世纪50年代幼儿园课程中国化、科学化探索的结晶——《幼儿园教育工作指南（初稿）》述评 [J]. 学前教育研究，2003（06）.

18. 李敏. 幼儿园教师情绪调节策略与师幼关系改进研究 [D]. 北京：北京师范大学，2020.

19. 李明军，王振宏，刘亚，中小学教师工作家庭冲突与职业倦怠的关系：自我决定动机的中介作用 [J]. 心理发展与教育，2015（03）.

20. 李霞云. "教师形象"自我构建与心理健康的认知分析 [J]. 内蒙古师范大学学报（教育科学版），2005（01）.

21. ［美］丽莲·凯兹. 与幼儿教师对话 [M]. 廖凤瑞，译. 南京：南京师范大学出版社，2011.

22. 廖其发. 中国幼儿教育史 [M]. 太原：山西教育出版社，2006.

23. 吕静，周谷平. 陈鹤琴教育论著选 [M]. 北京：人民教育出版社，1994.

24. 马玉宾，熊梅. 教师文化的变革与教师合作文化的重建 [J]. 东北师大学报（哲学社会科学版），2007（04）.

25. 毛晋平，谢颖. 中小学教师心理资本及其与工作投入关系的实证研究 [J]. 教师教育研究，2013（05）.

26. 庞卫国. 价值多元与主导价值观 [J]. 求索，2003（01）.

27. 皮武. 教师自我呈现偏差及纠正 [J]. 中国教育学刊，2013（11）.

28. 任俊，高肖肖. 道德情绪：道德行为的中介调节 [J]. 心理科学进展，2011（08）.

29. 盛建森. 教师工作投入：结构与影响因素的研究 [J]. 心理发展与教育，2006（02）.

30. 隋燕飞.《儿童权利公约》：保护儿童权利、增进儿童福利的专门人权法律文件 [J]. 人权，2015（04）.

31. 孙桂林. 社会支持对幼儿园教师工作投入的影响研究 [J]. 教育科学研究，2020（07）.

32. 谭文娇，王志艳，孟维杰. 道德情绪研究十年：回顾与展望 [J]. 心理研究，2012（06）.

33. 檀传宝. 德育原理 [M]. 北京：北京师范大学出版社，2007.

34. 檀传宝. 教师伦理学专题——教育伦理范畴研究 [M]. 北京：北京师范大学出版社，2010.

35. 檀传宝. 论教师的幸福 [J]. 教育科学，2002（01）.

36. 唐淑，钟昭华. 中国学前教育史 [M]. 北京：人民教育出版社，1993.

37. 唐淑. 学前教育思想史 [M]. 北京：人民教育出版社，2009.

38. 王爱芬. 浅析角色扮演法及其在学生心理发展中的意义 [J]. 教育理论与实践，2007（27）.

39. 王本余. 儿童权利的基本价值：一种教育哲学的视角 [J]. 南京社会科学，2008（12）.

40. 王海明. 新伦理学 [M]. 北京：商务印书馆，2001.

41. 王俭. 自我认同、职业认同与价值认同——兼论培育新时代"四有好老师"的贵州校本实践 [J]. 教师教育研究，2019（05）.

42. 吴迪. 道德勇气：辨析与新诠 [J]. 理论月刊，2020（05）.

43. 武蓝蕙. 幼儿教保专业伦理 [M]. 新北：群英出版社，2015.

44. 谢熹瑶，罗跃嘉. 道德判断中的情绪因素——从认知神经科学的角度进行探讨 [J]. 心理科学进展，2009（06）.

45. 徐廷福. 论我国教师专业伦理的建构 [J]. 教育研究，2006（07）.

46. 许倩倩. 师幼互动中的教师情绪研究 [D]. 南京：南京师范大学，2013.

47. 杨国荣. 道德系统中的德性 [J]. 中国社会科学，2000（03）.

48. 杨继平，王兴超，高玲. 道德推脱的概念、测量及相关变量 [J]. 心理科学进展，2010（04）.

49. 张惠敏. 亲师关系与儿童社会适应的相关研究——以上海幼儿园为例 [D]. 上海：华东师范大学，2015.

50. 张永军，江晓燕，赵国祥. 伦理氛围与亲组织非伦理行为：道德辩护的中介效应 [J]. 心理科学，2017（05）.

51. 张宗麟. 张宗麟幼儿教育论集 [M]. 张沪，编. 长沙：湖南教育出版社，1985.

52. 章志光. 社会心理学 [M]. 北京：人民教育出版社，2015.

53. 郑信军，岑国桢. 道德敏感性的研究现状与展望 [J]. 心理科学进展，2007（01）.

54. 中国学前教育史编写组. 中国学前教育史资料选 [M]. 北京：人民教育出版社，1989.

55. 中国学前教育研究会. 中华人民共和国幼儿教育重要文献汇编 [M]. 北京：北京师范大学出版社，1999.

56. 周斌. 试论道德意志在个人品德形成中的重要使命 [J]. 伦理学研究，2010（01）.

57. 周刚志. 论"消极权利"与"积极权利"——中国宪法权利性质之实证分析 [J]. 法学评论，2015（03）.